Goldstadt-Reiseführer
Oberpfalz
Gernot Messarius

Die Oberpfalz
und ihre Kreisstädte

Goldstadt-Reiseführer
Band 310

Oberpfalz

Zwischen Altmühltal und Böhmerwald

Städte, Orte und Strecken

Gernot Messarius

16 Farbfotos
32 Fotos schwarzweiß
1 farbige Landkarte
1 Übersichtsskizze
1 Stadtplan
7 Routenskizzen

GOLDSTADTVERLAG PFORZHEIM

Titelbild: Kallmünz mit der Naab, dem Hauptfluß der Oberpfalz, überragt von der stattlichen Ruine einer Wittelsbacherburg aus dem 13. Jahrhundert. (Foto: Gernot Messarius)

Die Farbfotos im Vorspann stellten zur Verfügung:
Klemens Unger, Regensburg (4), Kulturamt Amberg (1),
Verkehrsamt Weiden (1) und Gernot Messarius, Gütersloh (9).

Die Straßenkarte wurde, mit freundlicher Genehmigung des Reise- und Verkehrsverlags Berlin-Stuttgart, der RV 81 (1 : 500 000) entnommen.

ISBN 3-87269-310-7

5. Auflage

Herstellung: Karl A. Schäfer, Buch- und Offsetdruckerei, Pforzheim
Vertrieb: GeoCenter Verlagsvertrieb GmbH, München

0591119030

INHALTSVERZEICHNIS

Urlaub in der Oberpfalz

Die Oberpfalz im Nordosten Bayerns gilt noch heute als eine Art Geheimtip für Individualisten. Das Gebiet nördlich von Regensburg gehört zu den wenigen noch kaum entdeckten deutschen Ferienlandschaften. Und dabei ist die Oberpfalz durch neue Autobahnen hervorragend erschlossen und besonders über das Nürnberger Autobahnkreuz gut zu erreichen.

Wohin Sie auch fahren: Lassen Sie sich überraschen von dem überaus reizvollen Wechsel der oberpfälzischen Landschaft. Da ist der weitläufige Oberpfälzer Wald entlang der böhmischen Grenze mit aussichtsreichen Höhen bis zu fast tausend Metern und dem einsamen Stiftland, in dem sich Hunderte von Fischteichen spiegeln. Da ist der an das Fichtelgebirge grenzende auch geologisch interessante Steinwald, den schon der Mineralienforscher und Naturliebhaber Johann Wolfgang von Goethe besuchte, mit bizarren Granitfelsformationen und mächtigen Basaltkegeln. Da ist die von geradezu wilden Dolomitfelspartien, zahlreichen Höhlen und leuchtenden Mischwäldern geprägte Oberpfälzer Alb mit den tief eingeschnittenen Flußtälern von Altmühl, Schwarzer Laber und Vils. Da ist der liebliche Vorwald in Donaunähe rund um den Luftkurort Falkenstein mit seinem geschützten Klima. Und im Oberen Bayerischen Wald, der seit 1972 durch eine Gebietsreform ebenfalls zur Oberpfalz gehört, erwarten Sie noch der Kaitersberg-Höhenzug mit dem 1133 m hohen Riedelstein sowie der Lamer Winkel mit dem 1293 m hohen Osser. Kein Wunder, daß die Oberpfalz auch ein ideales Wanderland ist, das durch ein markiertes Wegenetz gut erschlossen ist.

Als einzige Großstadt zeigt sich Regensburg am nördlichsten Punkt der Donau, reich an Bauwerken aus vielen Jahrhunderten. Tagelang können Sie diese mittelalterliche Stadt durchstreifen, um immer wieder neue Entdeckungen zu machen. Amberg, Weiden, Neumarkt, Schwandorf, Cham, Tirschenreuth und Neustadt/Waldnaab sind die nächst größeren Städte; doch nur Amberg, das alte oberpfälzische Kulturzentrum, erreicht gerade 45 000 Einwohner. Sonst überwiegen die vielen kleinen historischen

Städtchen und Marktflecken, die ihr mittelalterliches Antlitz weitgehend bewahren konnten. Unberührtes Mittelalter finden Sie besonders in Berching im Tal der Sulz, einem Nebenfluß der Altmühl: Das von einem unversehrten Mauergürtel umgebene Städtchen können Sie wie in uralten Zeiten nur durch eines der vier Tore betreten.

Beliebte Ausflugziele sind immer wieder die zahlreichen Burgen und Burgruinen, die einst als Bollwerk die Grenze schützten. Rund hundert mehr oder weniger gut erhaltene Burganlagen erheben sich in der Oberpfalz, die man nicht ohne Grund als bayerisches Burgenland bezeichnet.

In dieser Region gibt es noch keine Urlaubsindustrie: Hotelpaläste und Touristensilos in riesigen Betonhochhäusern werden Sie vergeblich suchen. Dafür finden Sie den gediegenen, behäbigen Landgasthof, dem oft noch eine hauseigene Brauerei angeschlossen ist. Familien mit Kindern schätzen den Urlaub auf dem Bauernhof oder die Unterkunft in den Feriendörfern. Für Campingfreunde bieten sich viele schön gelegene Campingplätze an.

Ein modernes Freibad oder ein Hallenbad wird auch in Ihrer Nähe zu finden sein. Vielerorts können Sie angeln, paddeln, minigolfen, reiten und Tennis spielen. Selbst Kurse in Segelfliegen werden veranstaltet. Für den Wintersport empfehlen sich die Gebiete Oberpfälzer Wald, Steinwald und Oberer Bayerischer Wald. In Hirschau ermöglicht der „Monte Kaolino“ sommerliche Skifreuden auch bei 30 Grad im Schatten, und in der Nähe von Neukirchen b. Hl. Blut gibt es bei der Hohen-Bogen-Bahn eine 720 m lange Sommerrodelbahn.

Abwechslung bieten die vielen Volksfeste und Heimatspiele: Man versteht zu feiern und alte Traditionen zu wahren. In Kötzting trifft man sich beim „Kötztinger Pfingstritt“, in Furth im Wald beim „Drachenstich“, in Waldmünchen beim nächtlichen Freilichtspiel „Trenck der Pandur“, und in Neumarkt können Sie beim „Juravolksfest“ gleich elf Tage lang mit von der Partie sein. Doch das ist nur eine kleine Auswahl aus dem großen oberpfälzischen Festkalender.

Lohnend ist auch ein Ausflug in die nahe Tschechoslowakei. Besondern in Grenznähe veranstalten viele Reiseunternehmen Tagesfahrten nach Eger, Karlsbad, Marienbad und Prag. Durch die Grenzlage zum Slawentum jenseits des Böhmerwaldes wurde die Geschichte der Oberpfalz von jeher mitbestimmt.

Das Waldnaabtal
steht unter Naturschutz

Der Zipfeltannenfelsen
im Steinwald

Amberg besitzt ein Rathaus aus dem 14./16. Jahrhundert

Amberg: Partie an der Vils
mit der Martinskirche

Parsberg beeindruckt
durch das Obere Schloß

Regensburg mit Steinerner Brücke
und Dom

Regensburg: Der Römerturm
begrenzt den Kornmarkt

Echte „Regensburger" gibt es
in der historischen Wurstküche

Weiden: Das Untere Tor

Markttag in Weiden

Perschen an der Naab
war Ur-Pfarrei der Oberpfalz

Neunburg vorm Wald
im Tal der Schwarzach

Wanderwege ziehen kreuz und quer durch die Oberpfalz

Campingplatz Distelhausen an der Naab

Der Kötztinger Pfingstritt
geht auf eine jahrhundertealte
Tradition zurück

Der Further Drachenstich findet alljährlich begeisterte Zuschauer

A
ZUR EINFÜHRUNG

1. Kleine Geographie

Die Oberpfalz wird immer wieder mit der Rheinpfalz verwechselt, und das nicht ohne Grund: Beide Pfalzen gehörten dreihundert Jahre lang bis 1628 politisch zusammen. Zur Unterscheidung nannte man das vom Rhein aus höher gelegene Gebiet mit der Hauptstadt Amberg „der Pfalz Land in Baiern“ und „unsere Pfalz gen Amberg“, bis sich 1513 die urkundliche Bezeichnung „Obere Pfalz“ durchsetzte, aus der 1837 der amtliche Begriff „Oberpfalz“ mit der neuen Hauptstadt Regensburg wurde.

Von den sieben bayerischen Regierungsbezirken hat die Oberpfalz nach Niederbayern die geringste Bevölkerungsdichte: Etwa 976 000 Einwohner leben auf einer Fläche von rund 9 600 qkm. Niederbayern bildet die Grenze im Süden, Oberbayern im Südwesten, Mittelfranken im Westen, Oberfranken im Nordwesten und die Tschechoslowakei im Osten. Das abwechslungsreiche Gebiet erstreckt sich vom **Vorwald** im Südosten über die **Oberpfälzer Alb** im Westen, den **Steinwald** im Norden, den **Oberpfälzer Wald** im Osten bis zum **Oberen Bayerischen Wald** im Südosten. Sieben Oberpfälzer Senken trennen die einzelnen Landschaftsteile.

Der Vorwald

wird von der Donau und dem Bogen des Regentales eingeschlossen. Der östliche Teil mit dem **Büscherl** (740 m) bei Wiesenfelden, seiner höchsten Erhebung, gehört schon zu Niederbayern. Die durchschnittliche Höhenlage beträgt 500 bis 700 m. Mittelpunkt des Vorwaldes ist der Luftkurort Falkenstein mit seinem großen Naturfelsenpark. Beliebte Ausflugziele sind das Naturschutzgebiet „Hölle“ mit einer vom Höllbach durchbrausten Felsenschlucht und der Wildpark der Fürsten von Thurn und Taxis.

Die Oberpfälzer Alb (auch Oberpfälzer Jura genannt)

zeigt Merkmale der aus dem Urmeer entstandenen Juralandschaft. In der Erdgeschichte bezeichnet man Jura als Abschnitt des Erdmittelalters (Mesozoikums). Diese Zeit liegt rund 160

Millionen Jahre zurück und ist durch starke Hebungen und Senkungen des Bodens geprägt, wobei weite Teile des Festlandes überflutet waren. Damals bildete sich in Mitteleuropa der langgestreckte Höhenzug des Juragebirges, zu dessen Ausläufern die Oberpfälzer Alb gehört. Der Jura ist reich an Spuren früherer Tier- und Pflanzenwelt. Er gliedert sich in den Unteren oder Schwarzen Jura (Lias) aus dunklem Ton und Mergel, in den Mittleren oder Braunen Jura (Dogger) aus Eisensandstein, Ton und Kalk sowie in den Oberen oder Weißen Jura (Malm) aus Kalk, Mergel und Dolomit. Höchste Erhebungen sind der **Poppberg** (657 m) nördlich von Lauterhofen und der **Ossinger Berg** (651 m) bei Königstein. Da die Niederschläge im Kalk rasch versickern, leidet das Albhochland unter chronischem Wassermangel, so daß das kostbare Naß durch aufwendige Pumpsysteme zu den höher gelegenen Ortschaften geleitet werden muß. Reizvoll sind die tief eingeschnittenen Flußtäler von **Altmühl, Schwarzer Laber, Lauterach, Vils und der Unteren Naab;** der schon zu Niederbayern gehörende **Donaudurchbruch** bei Weltenburg gehört zu den schönsten Flußlandschaften Europas. Karsterscheinungen haben durch eintretendes Regenwasser Erdlöcher, Spalten und Klüfte entstehen lassen, aus denen sich im Laufe der Jahrtausende zahlreiche **Höhlen** bildeten. Besonders eindrucksvoll die **Maximiliansgrotte** mit ihren fünf Stockwerken bei Krottensee, die **König-Otto-Höhle** bei Velburg und das **Große Schulerloch** im unteren Altmühltal.

Der Steinwald

schiebt sich mit seinen ausgedehnten Wäldern und mächtig aufgetürmten Granitfelsbasteien zwischen den Oberpfälzer Wald und das Fichtelgebirge. Aus dem tief eingeschnittenen Fichtelnaabtal wölbt er sich zur **Platte** (946 m) empor, die einen Aussichtsturm trägt. Von hier führt östlich ein schöner Wanderweg zur **Burguine Weißenstein** (863 m), die aussichtsreich mit dem Stumpf ihres Bergfrieds auf hohem Granitturm thront. Charakteristisch sind die vielen bizarren Felsformationen in oft wunderlichsten Formen. Sie tragen volkstümliche Namen wie Hohes Saubad, Katzentrögel, Riesenschüssel, Zipfeltanne, Dachsfelsen, Knockfelsen, Räuberfelsen und Hacklstein. Geologisch eindrucksvoll sind auch die **Basaltkegel** im Südlichen Steinwald wie der **Rauhe Kulm, Armesberg, Waldecker Schloßberg und Parkstein.**

Der Oberpfälzer Wald

erstreckt sich als Teil des Bayerisch-Böhmischen Grenzgebirges in einer Länge von rund 90 km entlang der tschechoslowakischen Landesgrenze. Seine langgestreckten Höhenzüge liegen zwischen 400 und 900 m. Sie sind besonders der Grenze zu dicht bewaldet und oft von Felsblockanhäufungen durchsetzt. Höchste Berge sind der **Gibacht** (938 m) bei Waldmünchen und der **Entenbühl** (901 m) bei der Silberhütte. Zahlreiche Burgruinen erinnern an kriegerische Auseinandersetzungen im Grenzbereich. Das Grundgebirge bestand vor Millionen Jahren aus einem gewaltigen Gneisrücken, aus dem im Laufe der Zeit Granit als Tiefengestein herauswitterte. Während sich das höher gelegene Bergland auch heute noch überwiegend aus Gneis und teils Glimmerschiefer aufbaut, wurde das Gneisgestein im Westen und Nordwesten durch Verwitterung abgetragen. Der beständigere Granit blieb stehen und beherrscht mit aussichtsreichen Bergkuppen (Leuchtenberg, Flossenbürg, Schwarzwihrberg) die Landschaft. Reich ist der Bestand an Mineralien wie Spat, Quarz, Glimmer und Kaolin. Zu den geologischen Sehenswürdigkeiten zählt der imposante Rosenquarzfelsen von Pleystein ebenso wie der eigenartige Quarzgang des Großen Pfahl, der bei Schwarzenfeld beginnt und sich über die Burg Thierlstein bei Cham 140 km lang quer durch den Bayerischen Wald zieht.

Der Obere Bayerische Wald

mit dem größten Teil des ehemaligen Landkreises Kötzting gehörte früher zu Niederbayern und kam erst durch die 1971 beschlossene Gebietsreform zum Landkreis Cham und damit an die Oberpfalz. An der Landesgrenze ragen der Doppelgipfel des **Großen** (1293 m) und **Kleinen** (1266 m) **Osser** und der hohe Kamm des einsamen **Zwercheck** (1333 m) auf. Ein beherrschender Gebirgszug ist der **Kaitersberg,** der sich als zerklüfteter Bergrücken zwischen Kötzting und dem Ecker Sattel erstreckt. Höchste Berge sind der **Riedelstein** (1133 m) und der **Mittagstein** (1044 m). Aber auch der Gebirgszug des **Hohen Bogen** mit seinen Charakterbergen **Schwarzriegel** (1079 m) und **Burgstall** (976 m) ist ein lohnendes Wandergebiet.

Die Gewässer der Oberpfalz

gehören überwiegend zum Einzugsbereich der Donau.

Die **Naab mit der Waldnaab** ist der Hauptfluß. Sie entspringt als Waldnaab unmittelbar an der böhmischen Grenze in der Nähe vom Entenbühl in einerHöhe von 820 m. Ihre Quelle wurde 1951 durch den Oberpfäzler Waldverein neu gefaßt. In vielen Windungen durchfließt sie die Waldnaab-Wondreb-Senke und bildet zwischen Falkenberg und Windischeschenbach ein großartiges, unter Naturschutz stehendes Felsental. Kurz vor Windischeschenbach vereinigt sie sich mit der am Ochsenkopf im Fichtelgebirge entspringenden **Fichtelnaab** und südlich von Weiden bei Unterwildenau mit der von der Platte bei Poppberg am Südwestrand des Fichtelgebirges kommenden **Heidenaab,** um nun ihren endgültigen Namen „Naab" zu tragen. Aus dem Oberpfälzer Wald stoßen **Floß, Luhe, Pfreimd** und **Schwarzach** hinzu, auf westlicher Seite **Fensterbach** und **Vils.** Ab Burglengenfeld durchfließt die Naab ein tief eingeschnittenes Tal, umrahmt von bizarren Felsriffen, bis sie sich als zentrale Sammelrinne der Oberpfalz nach 195 km bei Mariaort nahe Regensburg in die Donau ergießt.

Die **Wondreb** führt ein besonderes Eigenleben: Sie entspringt in 700 m Höhe bei Mähring, fließt in einem Bogen über das Pfarrdorf Wondreb teils fast parallel mit der Waldnaab in das Talbekken von Mitterteich, wendet sich aber von dort plötzlich nordöstlich nach Waldsassen, passiert bei Hundsbach die böhmische Grenze, um schließlich der Eger/Elbe zuzufließen. So bildet die Waldnaab-Wondreb-Senke eine Wasserscheide zwischen der Nordsee (Elbe) und dem Schwarzen Meer (Donau).

Der **Regen** entspringt als Großer Regen jenseits der Grenze bei Böhmisch Eisenstein, nimmt in Zwiesel im Bayerischen Wald den aus dem Rachelgebiet kommenden Kleinen Regen auf, heißt nun **Schwarzer Regen,** um sich bei Kötzting mit dem aus dem Gebiet des Kleinen Abersees kommenden **Weißen Regen** zu vereinigen. Erst jetzt trägt er seinen endgültigen Namen „Regen". Er durchfließt das Talbecken von Cham und wendet sich von Roding erst westlich und dann bei der Burgruine Stockenfels scharf südlich. Durch eine Bodenhebung im Tertiär wurde das ursprüngliche Flußbett der Bodenwöhrer Bucht zugeschüttet, so daß sich der Fluß ein neues Durchbruchstal schaffen mußte. Er gibt dem alten Markt Regenstauf seinen Namen, und mündet nach 190 km in einem breiten Tal in Regensburg in die Donau.

Die **Altmühl** hat ihre Quelle auf der Frankenhöhe bei Burgbernheim. Gemächlicher als alle anderen Flüsse Bayerns bewegt sie sich durch fränkisches, oberpfälzisches und niederbayerisches Gebiet. Ihr besonderer Reiz liegt im landschaftlichen Wechsel zwischen Lieblichkeit und Schroffheit mit geradezu wilden Dolomit-Felspartien. In Kelheim mündet sie nach 163 km in die Donau, zuletzt als Teil des Rhein-Main-Donau-Kanals, der gerade das Altmühltal ökologisch beeinträchtigte (Seite 52).

Die **stehenden Gewässer** sind sowohl natürlichen als auch künstlichen Ursprungs. Sümpfe und Seen finden sich in der Gegend um Auerbach, Eschenbach und Grafenwöhr; die vielen Weiher um Tirschenreuth, Schwandorf und Bodenwöhr werden besonders für die Fischzucht genutzt.

Schon im Mittelalter wurden Flüsse zu Seen aufgestaut. Sie dienten der Wasserversorgung in Trockenzeiten und regelten die Wasserverhältnisse für Eisenhämmer und Mühlen. Auch in neuerer Zeit entstanden an verschiedenen Stellen moderne Stauseen, wie der Liebensteinspeicher bei Plößberg, der Silbersee bei Treffelstein, der Perlsee bei Waldmünchen und der Eixendorfer Stausee zwischen Rötz und Neunburg vorm Wald. Weitere Stauseen sind geplant.

Zu den besonderen technischen Sehenswürdigkeiten zählen die 1951/55 entstandenen Pumpspeicheranlagen im Pfreimdtal mit Kainzmühlstausee, Kraftwerk Tanzmühle, Hochspeicher Rabenleite, Kraftwerk Reisach und Trausnitzstausee. Der ganze Komplex dient mit seinem unterirdischen Stollensystem vor allem der Deckung des Spitzenbedarfs in der Stromversorgung.

2. Klima und Wetter

Das Klima der Oberpfalz ist durch die unterschiedliche Höhenlage der einzelnen Landschaften beträchtlichen Schwankungen unterworfen und stuft sich von Westen nach Osten ab: Die feuchten Westwinde bescheren den nach Westen ausgerichteten Gebirgszügen viele Niederschläge, während die Senken im Wind- und Regenschatten der Fränkischen Alb liegen.

Klimatisch günstige Voraussetzungen hat das Donautal, an dessen Südhängen im Vorwald sogar die einzigen Weinreben Altbayerns gedeihen. Hier erfolgt die Apfelblüte schon zwischen dem 29. April und 5. Mai. Milde Temperaturen finden sich auch im unteren und mittleren Naabtal sowie in dem durch seine warmen Sommer bekannten tief eingeschnittenen Altmühltal. In diesen Gebieten liegen die mittleren Jahrestemperaturen bei 8 Grad; Regensburg hat einen Januardurchschnitt von -2,4 Grad und einen Julidurchschnitt von 17,6 Grad. Auch die Niederschläge sind relativ gering und haben in Regensburg einen mittleren Jahresdurchschnitt von 590 mm.

Das höher gelegene Bergland dagegen hat ein rauhes Klima. Die Apfelblüte setzt erst nach dem 20. Mai ein. Die mittleren Jahrestemperaturen liegen bei 6 Grad, das Temperaturmittel in den Monaten Mai bis September bei 13 bis 14 Grad. Die Niederschläge nehmen nach Osten zu und betragen jährlich zwischen 700 und 1000 mm, davon fällt allein die Hälfte auf die Sommermonate Mai bis September. So beträgt der Jahresniederschlag in Flossenbürg (620 m) durchschnittlich 828 mm, davon entfallen auf die Monate November bis April 383 mm und Mai bis Oktober 445 mm.Im Steinwald (Waldhaus 822 m) beträgt der Jahresniederschlag sogar 1065 mm: Von November bis April 515 mm, von Mai bis Oktober 550 mm. Der meiste Niederschlag ist im Juli mit 112 mm zu verzeichnen.

Der Winter ist in den oberen Lagen kalt und schneereich. Die Schneedecke im Oberpfälzer Wald und Steinwald hält sich 60-100 Tage im Jahr. In den Höhen herrschen strenge Fröste: Der Steinwald hat einen Januardurchschnitt von - 4 Grad, jedoch sind immer wieder Temperaturen bis - 30 Grad zu beobachten. Wenig beliebt ist der trockne, rauhe Ostwind, von den Einheimischen „der Böhmische“ genannt. Er erreicht hohe Geschwindigkeiten und verursacht oft starke Schneeverwehungen.

So folgt in den höheren Lagen auf einen kurzen Frühling ein feuchter Sommer: Regenschirm und Regenmantel sollten also unbedingt zu Ihrem Reisegepäck gehören! Es gibt viele Möglichkeiten, auch ein paar Regentage zu überbrücken. Besuchen Sie das Heimatmuseum am Ort oder in der nächsten Stadt, besichtigen Sie die Kunstschätze der vielen großen und kleinen Kirchen, und auch die örtlichen Leseräume und Bibliotheken verkürzen manchen Regentag. Auch ein Hallenbad wird in Ihrer Nähe sein! Haben Sie schon einmal eine Waldwanderung im Regen gemacht, wenn von den Zweigen die Wasserperlen tropfen und im Waldboden versickern? Sie kann ein besonderes Erlebnis sein - entsprechende Kleidung vorausgesetzt.

Auf Regen folgt Sonne, und das bestimmt im Herbst: Mit seiner häufigen Hochdrucklage bringt er eine Wetterberuhigung und wird damit zur angenehmsten Jahreszeit. Zwar kommt es nachts bei wolkenlosem Himmel schon zu erheblicher Abkühlung, doch gibt es tagsüber eine recht kräftige Erwärmung. So findet man im September und Oktober immer wieder schönes, beständiges Wetter mit herrlicher Fernsicht.

Zu allen Jaheszeiten aber könne Sie die reine, gesunde Luft des Waldgebirges genießen, die Wandern und Bergsteigen für strapazierte Großstadtlungen zu einer wahren Erholung werden läßt.

3. Pflanzen und Tiere

Die Pflanzenwelt

einer Landschaft wird durch Klima und Bodenbeschaffenheit bestimmt. Einst war fast die gesamte Fläche des Oberpfälzer Waldes mit Wald bedeckt: Während der Eiszeit lag die Waldgrenze bei 500 m. In der Nacheiszeit dominierten Kiefer und Birke, gefolgt von Hasel, Eiche und Rotbuche. In höheren Gebirgslagen setzten sich Fichte und Tanne durch.

Mit Beginn der Rodungstätigkeit im Mittelalter wurde der ursprüngliche Wald in starkem Maße verdrängt und besonders das tiefer liegende, klimatisch günstiger Gebiet in Ackerland verwandelt. Die Hänge der Oberpfälzer Alb wurden vielfach ebenso entwaldet und als Schafweiden genutzt, so daß die oft kahlen Flächen nur von Gräsern, Stauden und Wacholderbüschen belebt sind. Doch dank der rührigen Forstämter liegt die Oberpfalz heute mit rund 40% Walddichte weit über dem bundesdeutschen Durchschnitt, der etwa 27% beträgt.

Wegen seiner meist leichten, sandigen Böden und der überwiegend rauhen Witterung erwies sich das durch Rodung gewonnene Ackerland jedoch als wenig ertragreich. Die „von der Natur so stiefmütterlich behandelte Oberpfalz, in welcher größtenteils nur Haber, Flachs und Kartoffeln reifen“, wie Eduard von Schenk, der erste Regierungspräsident der Oberpfalz 1832 an seinen König schrieb, erhielt bald wenig schmeichelhafte Namen wie Steinpfalz, Erdäpfelpfalz und Haberland.

Da war es schon von Vorteil, daß man wenigstens auf ergiebige Bodenschätze zurückgreifen konnte. Allerdings fielen auch nun wieder weite Waldgebiete dem starken Holzbedarf für die Verhüttung und Verarbeitung der Erze in den zahlreichen Hammerwerken der Oberpfalz zum Opfer.

Heute ist der für das Bayerisch-Böhmische Grenzgebirge typische **Buchen-Fichten-Tannenwald** besonders in den höheren Regionen der Landesgrenze zu und im Steinwald verbreitet. Hier finden sich auch **Heidelbeere, Preiselbeere, Rippenfarn, nordisches Hain-Reitgras, Bärlapp, Arnica montana, Siebenstern, Hexenkraut, Hasenlattich** und **Golnessel.**

In den tiefer gelegenen Gebieten bis 500 m verdrängte auf nährstoffarmen Böden die **Kiefer** größtenteils alle übrigen Baumarten, jedoch arbeitet die moderne Forstkultivierung auch hier wieder auf gesunde gemischte Baumbestände hin. An warmen und trockenen Stellen der Oberpfälzer Alb breitet sich eine reizvolle Heideflora aus mit **Heidekraut, Ginster, Keulenbärlapp, Gold-** und **Silberdistel.**

Ein Dorado für Botaniker ist das unter Naturschutz stehende Waldnaabtal: **Kletterdistel, Schwalbenwurz** und **Buschnelke** sind hier ebenso beheimatet wie **Türkenbund, Bunter Sturmhut** und **Quirlblättrige Weißwurz.** Die moorige **Mooslohe** bei Weiden mit ihrer seltenen Flora wird durch die neue Autobahntrasse stark beeinträchtigt.

Die vielen Weiher begünstigen eine reiche Wasser- und Sumpfflora. Hier zeigen sich Charakterpflanzen wie **Sumpfniere, Seesimse, Wasserfenchel** und **Sumpfcalla,** aber auch die **Gelbe** und **Weiße Teichrose** erfreuen das Auge des Wanderers.

Die Tierwelt

findet besonders in den Wald- und Weihergebieten gute Lebensbedingungen. Orts- und Flurnamen wie Bärenau, Bärnwinkel und Bärnhöh erinnern daran, daß früher auch Bären in freier Wildbahn anzutreffen waren. Aber mit ihm sind auch der Wolf, Luchs, Wildkatze und Biber längst ausgestorben. Bis 1830 wurden jährlich noch mehrere Bären erlegt. Zu dieser Zeit kamen Wölfe nur noch vereinzelt vor, der letzte wurde 1853 bei Vilseck gestellt.

Heute ist an jagdbaren Tieren das **Rehwild** in großer Zahl vertreten. Der **Hirsch** hat seine Standquartiere noch in den Wäldern um Königstein, im Hirschwald südlich von Amberg sowie in dem großen Thurn und Taxisschen Wildpark bei Donaustauf. Niederwild wie **Hase, Fuchs** und **Dachs** ist weit verbreitet.

Besonders reichhaltig ist die Vogelwelt, rund 250 verschiedene Arten nisten in den Wald- und Sumpfregionen; **Dohlen, Drosseln, Finken, Elstern, Lerchen, Schwalben** ebenso wie **Nachtigallen, Grasmücken, Rohrsänger, Meisen** und **Würger,** auch der **Kuckuck** läßt seinen Ruf erschallen.

Das **Auerhuhn** ist noch auf der Platte im Steinwald zu beobachten, der scheue **Eisvogel** im Lauterbachtal, und der **Uhu** kommt noch in wenigen Exemplaren im Weltenburger Donaudurchbruch vor. Von den Raubvögeln sind **Habicht, Mäusebussard, Sperber** und **Turmfalke** vertreten. In den Weihergebieten brüten viele **Sumpf-** und **Wasservögel.**

In den weiten Flußtälern der Naab und des unteren Regen nistet der **Storch;** viele Türme tragen ein Wagenrad, das alljährlich von einer Storchenfamilie als Nest ausgebaut wird.

Unter den Schlangen kommt die wegen ihrer Giftzähne gefürchtete **Kreuzotter** in der Oberpfalz häufiger vor als in anderen Gegenden Deutschlands. Sie liebt mäßig feuchte, sonnige Landschaften wie Heide, Wiesen, Moore und Waldränder. Oft wird sie mit der harmlosen Ringel- und Glattnatter verwechselt. In ihrer Färbung versteht sie sich dem Untergrund anzupassen, so daß sie in Mooren als dunkle Höllenotter und auf sandigen Böden als braune Kupferotter auftritt. Gutes Erkennungszeichen der 50-80 cm langen Kreuzotter ist das dunkle Zickzackband auf dem Rücken, das an der Seite von einer Reihe dunkler Flecke flankiert wird sowie der sich verjüngende, vom Körper abgesetzt erscheinende Schwanz.

Die vielen Weiher regten schon im Mittelalter zur **Fischzucht** an, die besonders von den Klöstern gefördert wurde, da Fische in der Fastenzeit besonders willkommen waren. Die vom Kloster Waldassen genutzten Fischweiher reichten vom Waldnaabgebiet bis in die Gegend um Schwandorf. Vorherrschend ist die **Karpfenzucht,** daneben werden heute auch **Schleie, Hechte** und **Zander** ausgesetzt. Die **Forellenzucht** wird sowohl in eigenen Teichen als auch in fließenden Gewässern betrieben.

In den Flüssen tummeln sich neben Hecht und Zander auch **Eitel, Braxen, Äschen, Rotaugen, Döbel** und **Aale.** Im Unterlauf von Regen und Naab findet sich hin und wieder auch der **Waller** oder **Wels,** ein drei Meter langer Raubfisch, der bis zu 150 kg schwer wird.

Rund die Hälfte aller bayerischen Karpfen stammt aus der Oberpfalz. Im Spätherbst werden die Karpfenteiche abgelassen, und in langen Gummistiefeln waten die Züchter durch den tiefen Schlamm, um die kostbaren Fische einzusammeln. Verschiedentlich arbeitet man auch mit der „elektrischen Angel“: Ein Stromstoß betäubt die Tiere und treibt sie an die Wasseroberfläche. In Eis verpackt werden sie verschickt und vielfach auf Weihnachts- und Sylvestermärkten angeboten.

Bis dahin jedoch muß der Karpfen drei Jahre lang gehegt und gepflegt werden, bis er - gesotten oder gebacken - auf den Tisch gelangt. Jedem Jahrgang ist ein besonderer Teich zugewiesen. Die dreijährigen Karpfen bezeichnet man schlicht als „K 3“. Gewöhnlich wiegen sie dann drei bis fünf Pfund. Würde man ihnen das Gnadenbrot gewähren, so könnten sie bei ihrer ruhigen Lebensweise das Gewicht von dreißig Pfund und das sagenhafte Karpfenalter von hundert Jahren erreichen.

Der vieldiskutierte „Saure Regen“ mit seinen negativen Auswirkungen gibt auch hier Anlaß zu großer Besorgnis.

4. Geschichte in Stichworten

Um 10 000 v. Chr. Funde im unteren Altmühltal, auf dem Burgberg von Kallmünz und bei Ensdorf.

Um 4000 v. Chr. Zahlreiche Funde in der ganzen Oberpfalz belegen jungsteinzeitliche Siedelstellen.

Bis 750 v. Chr. Spätbronzezeitliche Hügelgräberfelder großen Ausmaßes in vielen Teilen der Oberpfalz.

Um 450 v. Chr. Keltische Kultur überschichtet die eingesessenen Bevölkerungsteile. Daran erinnern noch heute an verschiedenen Orten sichtbare Ringwälle sowie keltische Fluß- und Bergnamen.

Von 20 v. Chr. bis 400 n. Chr. Der Raum südlich der Donau wird römisch (Provinzen Rätien und Noricum). Anlage von Kastellen an der Donau. Unter dem römischen Kaiser Marc Aurel entsteht 179 n. Chr. das Legionslager Castra Regina, dessen Spuren noch heute in der Altstadt von Regensburg sichbar sind.

Vor 531 Der Einfluß des germanischen Thüringerreiches erstreckt sich bis Regensburg.

Um 576 Erste Nennung des Namens „baiovarii“ (bei Venantius Fortunatus). Damals scheint sich der Stamm im Gebiet zwischenLech, Alpenfront und Donau gebildet zu haben. Markomannische Abkunft und evtl. Einwanderung aus Böhmen sind nicht belegt. Stammesherzogtum der Agilolfinger.

Um 800 Der letzte Agilolfingerherzog Tassilo III. erliegt 788 der Gewalt Karls des Großen. Baiern wird fränkischer Verwaltung unterstellt. Die durch die westliche Oberpfalz verlaufende karolingische „Handelsgrenze“ ist nicht gleichbedeutend mit der politischen Grenze, da sich auch östlich davon baierisch-karolingische Siedlungen befinden, z. B. der Königshof Ammenberg, das spätere Amberg. Die in der östlichen Oberpfalz ansässigen Wenden (Slaven) gehen in der baierisch-fränkischen Ausbausiedlung auf.

Um 1000 Weite Teile der nördlichen und mittleren Oberpfalz kommen unter die Verwaltung der Schweinfurter Grafen, die einige Gebiete an das neu gegründete Bistum Bamberg abtreten.

12. Jahrh. Die Grafen von Sulzbach gewinnen als Hochstiftsvögte Macht und Ansehen. Im Osten steigen die Vohburger-Diepoldinger zu Herren der neuen Marken Cham und Nabburg auf. Von hieraus Erschließung des nordöstlichen Teiles des „Nordgaues“ mit Gründung von Waldsassen (1131) und Ausbau der „regio egere“ (Egerland).

1180 Otto I. von Wittelsbach wird mit dem Herzogtum Bayern belehnt (Kaiser Barbarossa).

1268 Das Gebiet der heutigen Oberpfalz kommt aber erst nach dem Aussterben der Hohenstaufen zu großen Teilen an die Wittelsbacher. Weitere reichsunmittelbare Herrschaften im oberpfälzischen Bereich: Bistum Regensburg als weltliches Fürstentum, Reichsstadt Regensburg, Landgrafenstadt Leuchtenberg, Bistum Bamberg mit dem Kastenamt Vilseck als letztem Bamberger Eigenbesitz sowie etliche kleinere reichsunmittelbaren Gebiete.

1322 Verpfändung der Reichsstadt Eger an König Johann von Böhmen durch Kaiser Ludwig den Bayern.

1329 Hausvertrag von Pavia: Die Oberpfalz kommt zur sog. Rudolfinischen Linie der Wittelsbacher und wird größtenteils zur Pfalzgrafschaft bei Rhein geschlagen. Daher auch der spätere Name „Oberpfalz“ ab 1503 = obere Pfalz zu Baiern.

1349 Karl IV. erwirbt weite Gebiete der nördlichen Oberpfalz und begründet „Neuböhmen“ mit Verwaltungssitz in Sulzbach.

1387 Nach wirtschaftlicher Expansion entsteht durch den Rückfall Neuböhmens an Wittelsbach eine Existenzgefährdung der oberpfälzischen Erzgruppen und Hammerwerke. In der „Hammereinung" von 1387, einem Vertrag zwischen zunächst 66 oberpfälzischen Hammerherren und den Städten Amberg und Sulzbach, wird durch Regelung der Produktion und des Absatzes eine Grundlage für das Aufblühen der oberpfälzischen Eisenerzeugung geschaffen. Amberg wird Zentrum des süddeutschen Eisenhandels.

1420-1434 Bedrängnis durch Hussiteneinfälle. Eine hussitische Beutegruppe wird 1433 bei Hiltersried in der Nähe von Rötz vernichtend geschlagen.

1503-1505 Der Bayerische Erbfolgekrieg zwischen den pfälzischen und oberbayerischen Wittelsbachern bietet zahlreichen Fürsten, darunter auch Kaiser Maximilian, die Gelegenheit, sich an wittelsbachischem Gebiet zu bereichern. Als Folge dieses Krieges entsteht die „Junge Pfalz" (Neuburg) mit Gebietsteilen in der westlichen und mittleren Oberpfalz (u.a. Burglengenfeld, Sulzbach, Weiden, Gemeinschaftsamt Parkstein). Das oberpfälzische Kernland Amberg bleibt kurpfälzisch.

2. Hälfte 16. Jahrh. Einführung des reformatorischen Bekenntnisses in der Oberpfalz durch Kurfürst Friedrich II. Unter Friedrich III. und vor allem Friedrich IV. starke Bestrebungen, den Calvinismus gegen den Widerstand der Bürger mit Gewalt durchzusetzen.

1618-1648 Dreißigjähriger Krieg als Folge der Annahme der böhmischen Königskrone durch Kurfürst Friedrich V. von der Pfalz (Winterkönig). Der kurpfälzische Teil der Oberpfalz wird bayerisch, die Reichsstadt Eger endgültig böhmisch.

ab 1628 Rekatholisierung der nicht zur Pfalz (Sulzbach u. a.) gehörenden Gebiete der Oberpfalz.

1703-1745 Spanischer und Österreichischer Erbfolgekrieg bedeuten für die Oberpfalz Kriegsnöte, Hunger, Pest sowie Einquartierung österreichischer, baierischer und französischer Truppen. Trenck der Pandur in Furth und Cham.

Anfang 18. Jahrh. Entstehung der großen oberpfälzischen Wallfahrtskirchen.

Anfang 19. Jahrh. Die Welle der „Aufklärung“, Säkularisierung und Mediatisierung weltlicher und geistlicher reichsunmittelbarer Fürstentümer und Herrschaften zugunsten des neu errichteten Königreiches Bayern verursacht große Zerstörungen an bayerischem Kulturgut. Französische Revolutionskriege gegen Österreich und die Reichstruppen sowie die Kriege Napoleons verheeren erneut Stadt und Land. So kostet der russische Feldzug Napoleons 30 000 bayerischen Soldaten das Leben, darunter vielen Oberpfälzern.

1810-1812 Mit dem Erlöschen der Reichsunmittelbarkeit Regensburgs wird Amberg seiner Funktion als Regierungssitz der Oberpfalz entkleidet. Es bildet sich der heutige Regierungsbezirk Oberpfalz mit Regensburg als Regierungsstadt.

19. Jahrh. Es beginnt die Industrialisierung Bayerns: Bau von Eisenbahnen (ab 1834) und des Ludwig-Donau-Main-Kanals (1846), Wiederaufleben des Erzbergbaus und der Eisenverhüttung in den Wirtschaftsräumen Amberg, Sulzbach, Burglengenfeld/Haidhof. Aus dem reinen Agrarland wird ein besser strukturiertes Gebiet. Die oberpfälzischen Städte blühen wieder auf (Amberg, Weiden, Schwandorf, Neumarkt).

1871 Das Königreich Bayern schließt sich dem neugegründeten Deutschen Reich unter Kaiser Wilhelm I. an.

1945 Mit dem Ende des 2. Weltkriegs strömen Millionen von Heimatvertriebenen nach Bayern. In der Oberpfalz finden viele Schlesier und Ostreußen, besonders aber Sudetendeutsche und Egerländer eine neue Heimat.

1972 Die Gebietsreform bringt Umgliederungen im kommunalen Bereich und Korrekturen der oberpfälzischen Regierungsbezirksgrenzen. So gelangen Teile Niederbayerns mit Kötzting und Lam an den oberpfälzischen Landkreis Cham. Das bis dahin oberpfälzische untere Altmühltal mit Riedenburg wird dem niederbayerischen Landkreis Kelheim eingegliedert, und Beilngries kommt nach Oberbayern.

1990 Durch die Wiedervereinigung Deutschlands können nun auch Bürger aus der ehemaligen DDR ungehindert die Region besuchen. Im Zuge der Ost-West-Entspannung werden die Grenzbefestigungen in der benachbarten ČSFR abgebaut.

5. Kunstgeschichtlicher Streifzug

Die Oberpfalz war im Mittelalter in viele herrschaftliche Territorien zersplittert. So wurde auch das künstlerische Schaffen aus den verschiedensten Gegenden beeinflußt, aus Böhmen und Nürnberg, Eichstätt und Bamberg, Regensburg und München. Klöster und Kirchen waren oft Stiftungen der Adelsgeschlechter.

Die über die ganze Oberpfalz verstreuten Kunstschätze finden sich oft in den verstecktesten Winkeln und öffnen sich nicht so ohne weiteres dem flüchtigen Besucher. Regensburg bildet eine Ausnahme: Diese Stadt, gewachsen in zwei Jahrtausenden und auch im Zweiten Weltkrieg fast unversehrt geblieben, bewahrt Kunstdenkmäler aller Stilepochen auf engstem Raum. Auch Amberg entwickelte sich als ehemalige Hauptstadt der Oberpfalz zu einem künstlerischen Mittelpunkt.

Aus der **Römerzeit** sind in Regensburg Reste der 179 unter Kaiser Marc Aurel errichteten Kastellbefestigung Castra Regina mit der Porta Praetoria erhalten. Das aufgedeckte Römerkastell Abusina bei Eining, unter Kaiser Titus (79-81) angelegt und unter Kaiser Trajan (98-117) ausgebaut, schützte den jenseits der Donau beginnenden Limes.

Von der **Romanik** (10.-13. Jahrh.) zeugen noch viele von den Klöstern geschaffene Kirchenbauten. Vor allem Regensburg bewahrt hervorragende Monumente frühromanischen Baustils wie Stephanskirche (Alter Dom), Allerheiligenkapelle im Domkreuzgang, Hauptbau der Alten Kapelle, Vorhalle von St. Emmeram, Klosterkirche von Prüfening und Niedermünster, das in den unter dem Kirchenpflaster zugänglich gemachten Ausgrabungen bis in die frühchristliche Zeit zurückgeht. Auch die berühmte Steinerne Brücke ist frühromanischen Ursprungs. Romanische Kirchen finden sich außerhalb von Regensburg u. a. in Altenstadt/Waldnaab, Kastl, Perschen, Venedig bei Nabburg, Walderbach, Ammerthal, Illschwang und Plankstetten. Als typisches Beispiel einer romanischen Dorfkirche gilt die St. Leonhardskirche in Penk bei Pielenhofen. Bezeichnend sind die teilweise doppelgeschossigen Burg- und Dorfkapellen wie Breitenstein, Schönkirch, Altentreswitz, Hof bei Oberviechtach, Hof am Regen, Siegenstein, Schönfeld, Donaustauf, Kreuzhof, Etterzhausen, Haugenried.

Die Plastik dieser Zeit findet besonders in Statuen und Grabmälern ihren Ausdruck; in Regensburg beeindruckt das um 1180 entstandene Nordportal der Schottenkirche St. Jakob mit seinem reichen Figurenschmuck. Romanische Wandbalereien sind in der Friedhofskapelle von Perschen, in der evangelischen Kirche von Wilchenreuth, in der ehem. Klosterkirche von Walderbach und in Karthaus-Prüll erhalten.

In der **Gotik** (13.-15. Jahrh.) geht die Bautätigkeit vielfach von den Klöstern auf das erstarkende Bürgertum über. Anstelle des romanischen Rundbogens tritt der gotische Spitzbogen, die Wände werden durch farbige Glasfenster abgelöst. Neben Sakralbauten entstehen Profanbauten wie Rathäuser, Zunftgebäude, Bürgerhäuser und Wehranlagen.

Die gotische Bauweise entwickelte sich in der Oberpfalz im späten 13. Jahrhundert. In Regensburg entstanden der mächtige Dom, an dem mehrere Generationen tätig waren, die Ulrichskirche, Minoritenkirche, Dominikanerkirche, Niedermünsterkirche und der Kreuzgang von St. Emmeram, aber auch das Alte Rathaus mit reichverziertem Erker und stattliche Patrizierhäuser mit mächtigen Wehrtürmen. Gotischen Ursprungs sind die St.-Georgs-Kirche und die St.-Martins-Kirche in Amberg, die Klosterkirchen von Gnadenberg und Seligenporten, die Pfarrkirchen von Ast, Chammünster, Eschenbach, Hahnbach, Kastl bei Kemnath, Kemnath, Nabburg, Neumarkt, Neunburg vorm Wald, Sulzbach, die Rathäuser in Amberg, Neumarkt, Sulzbach.

Die gotische Plastik wird durch das 1283 errichtete Hochgrab des seligen Erminold, des ersten Abtes von Prüfening, besonders eindrucksvoll dokumentiert. In diese Epoche gehören auch die schönen Flügelaltäre von Tirschenreuth und Velburg, das Standbild des Kaisers Karl IV. in Sulzbach sowie die Stifterfiguren der Klosterkirche in Kastl.

Die von Italien ausgehende **Renaissance** (15./16. Jahrh.) verkörperte die künstlerische Formenansprache der Antike (Renaissance = Wiedergeburt). Sie zeigt sich als weltliche Kunst des Adels und der Bürger bei Schlössern, Rathäusern und Bürgerhäusern, so besonders in Weiden.

In der Zeit des **Barock** (16.-18. Jahrh.) entstanden nach den Zerstörungen des 30jährigen Krieges in der Oberpfalz viele neue Kirchen unter reichlicher Verwendung von Marmor, Stuck und Ornamentik. Schöne Beispiele sind die Mariahilfkirche in Amberg, die Wallfahrtskirche Mariahilf in Freystadt, das Kirchlein St. Jakob in Marchaney, die ehem. Klosterkirche von Michelfeld, die Wallfahrtskirche Kappel bei Münchenreuth, die Kirchen

St. Felix und St. Quirin bei Neustadt/Waldnaab, die Pfarrkirchen von Pemfling und Pfreimd, die Alte Kapelle in Regensburg, die Klosterkirchen von Speinshart, Reichenbach, Frauenzell, Pielenhofen, Ensdorf und Waldsassen.

Eine besondere Eigenart des Barocks in der Oberpfalz ist der **Akanthusaltar.** Akanthus ist ein Schmuckmotiv, das der gleichnamigen distelartigen Mittelmeerpflanze ähnelt. Typische Akanthusaltäre finden sich in den Kirchen von Eslarn, Reuth/Erbendorf, Rohrbach, St. Quirin, Thumsenreuth, Vilshofen und Waldau. Häufig sind auch andere Kirchenteile mit Akanthusformen geziert wie die Kanzel in Reuth oder die Stuhlwangen der Pfarrkirche in Velburg. In manchen Kirchen wie in Leuchtenberg, Winklarn und Eslarn sieht man noch barocke **Zunftstangen,** die einst von den Zünften bei Prozessionen mitgeführt wurden und mit Handwerksmotiven geschmückt sind. Als barockes Denkmal findet sich oft an Brücken und Straßen die steinerne Figur des Heiligen **Johann Nepomuk,** der an die jahrhundertelange enge Verbindung zwischen Böhmen und Oberpfalz erinnert.

Die oberpfälzische **Hinterglasmalerei** war im 18. Jahrh. als Zeichen bäuerlicher Volkskunst weit verbreitet, gefördert durch die Nähe von Glashütten: Die Rückseite einer Glastafel wurde als farbiger Malgrund benutzt und oft nach dem Motiv eines Heiligenbildes gestaltet. Beispiele finden sich im Heimatmuseum von Neustadt/Waldnaab, in der Bleichangerkapelle von Oberviechtach und in der Burgkapelle von Regenpeilstein.

Zur Volkskunst gehören auch die vielen **Votivbilder,** rührender Ausdruck inniger Gläbigkeit, u. a. in den Kirchen von St. Quirin bei Neustadt/ Waldnaab, Wondreb und Moosbach.

Es gibt kaum einen oberpfälzischen Ort, an dem sich nicht ein **Edelsitz** befand. Vom schmucklosen Gebäude über das Hammerhaus bis zum Landschloß reichen die auf uns überkommenen Bauten. Erwähnenswert sind neben den vielen Herrensitzen der größeren Orte u. a. Fronberg, Münchshofen, Pirkensee, Köfering, Alteglofsheim, Eggmühl, Sünching, Wiesent, Ramspau, Heimhof, Theuern, Neidstein, Dießfurt und Thumsenreuth.

Von den Resten ehemaliger **Burgen** seien die eindrucksvollsten Anlagen aufgeführt, nämlich Falkenberg, Flossenbürg, Leuchtenberg, Wernberg, Trausnitz, Obermurach, Schwarzenburg, Kürnburg, Falkenstein, Wörth, Donaustauf, Burglengenfeld, Kallmünz, Prunn, Parsberg, Wolfstein und Veldenstein.

6. Bevölkerung und Brauchtum

Die Oberpfälzer gehören zum altbayerischen Stamm, der sich von der Oberpfalz über Nieder- und Oberbayern bis nach Österreich erstreckt.

„Unsa Sprach is halt a wöi's Land und wöi d'Leit: Grodo', owa herzli. An kräfinga Asspruch ham amal unsa Leit gern. Und des schad't a nix, na woißt em glei, wöist dro bist." Das meint die oberpfälzische Mundartdichterin Maria Schwägerl aus Nabburg, und damit hat sie sicher recht.

Der **oberpfälzische Dialekt** ist zwar mit der altbayerischen Mundart verwandt, aber es gibt doch viele Unterschiede. So sagt man in der Oberpfalz zu Mädchen „Moidl", in Niederbayern „Deandl", und aus dem niederbayerischen „Breot" (Brot) wird das oberpfälzische „Braout".

Der Doppelvokal „ou" für „u" in geschlossener Silbe findet sich besonders häufig wie in Hout (Hut), Bou (Bub) oder gout (gut) und ist durch den Fluß- und Ortsnamen Loua (Luhe) schon seit dem Jahre 905 urkundlich überliefert.

Diese eigene oberpfälzische Mundart wurde im Laufe der Jahrhunderte durch die historisch-politische Entwicklung der Oberpfalz geprägt und fällt überwiegend mit den ehemaligen Nordgaugrenzen zusammen, wobei auch fränkische Einflüsse festzustellen sind.

Der Volksmund hielt beharrlich an dem überlieferten Sprachgut fest, das sich in zahlreichen alten Sagen, Spruchweisheiten, Redewendungen und Volksliedern wiederfindet. Noch heute sind viele Bezeichnungen fast die gleichen, wie sie vor mehr als 600 Jahren im Mittelhochdeutschen Verwendung fanden: So hießen früher „Muckn" (Mücken) mhd. „mucca", „natzn" (schlummern) mhd. „nafzen", „uras" (übel) mhd. „uresz", „schuckern" (stoßen) mhd. „schucken", „Dockn" (Puppe) mhd. „tocha"). Auch Sprachrhythmik und Tongebung ähneln jenem Mittelhochdeutsch der Minnesänger, die als Berthold von Hohenburg oder Neidhart von Reuental in der Manessischen Liederhandschrift verewigt sind.

Häufigste **Siedlungsformen** sind Einöden, Weiler, Marktflekken und Kleinstädte. Großstädte fehlen ganz - abgesehen von der Hauptstadt Regensburg mit 135 000 Einwohnern. Zweitgrößte Stadt ist Amberg mit 45 000, gefolgt von Weiden mit 43 000 Einwohnern.

Als typisches **Oberpfälzer Bauernhaus** gilt das gemauerte Steinhaus, teils verputzt und teils in Riegelwerkbau, einer oberpfälzischen Form des Fachwerks. Dominierender Haustyp im Grenzgebirge war früher das in Blockbauweise aus behauenen Rundhölzern errichtete Böhmerwaldhaus, ein Wohnstallhaus mit verschaltem Obergeschoß, kleinen Fenstern und flachem Satteldach. Heute zeigen sich die Bauernhäuser meistens als Viereckhöfe mit abgeschlossenem Hofraum. In der Oberpfälzer Alb gibt es noch viele Bauernhäuser mit Kalkplattendächern. Sehenswert ist das Oberpfälzer Bauernmuseum in Perschen bei Nabburg mit bäuerlichen Geräten, Möbeln und Trachten.

Der **alteingesessene Oberpfälzer** ist mit allem Hergebrachten eng verbunden. Mögen sich auch manche Äußerlichkeiten geändert haben, so übt er doch vielfach noch die gleichen Sitten und Gebräuche aus wie schon die Groß- und Urgroßeltern. Bestimmend für sein Leben ist der christliche Glaube, den seine Vorfahren nach der Reformationszeit je nach Bekenntnis des Landesherren oftmals wechseln mußten.

In vielen Orten gibt es **Volksmusikgruppen,** die mit Zither, Zupfgeige, Akkordeon, Gitarre und Hackbrett das heimische Liedgut pflegen. Schnadahüpfl und Trutzgsangl verraten dabei Humor und Wendigkeit. Die wichtigsten Volksmusikgruppen wie die Waldmünchner Deandln, die Further Deandln, die Sulzbacher Gstanzlsänger, die Wackersdorfer Moila, die Nabburger Boum und viele andere mehr haben sich zum Oberpfälzer Volksliedkreis e. V. zusammengeschlossen. Zahlreiche Blaskapellen spielen noch die alten Volkstänze, wobei sich besonders der auch gesungene „Zwiefache“ mit mehrmaligem Wechsel seiner Takte (treten und walzen) noch großer Beliebtheit erfreut.

Am **Neujahrstag** wünscht man sich gegenseitig „a glückseligs Neujahr“, in manchen Dörfern gehen Kinder singend von Hof zu Hof und erhalten kleine Geschenke. Ein alter Brauch ist auch das **Dreikönigssingen** am 6. Januar, der in Bayern gesetzlicher Feiertag ist: Die Kinder ziehen singend als „heilige drei Könige“ verkleidet durch das Dorf. Der Bauer besprengt Wohnung und Stall mit geweihtem Dreikönigswasser, um Unglück und Krankheit abzuwenden. Mit Kreide werden die Türen mit den Anfangsbuchstaben der drei Heiligen versehen, eingefaßt von Kreuzen und der Jahreszahl, z. B. 19 + K + M + B + 91.

Zur **Fosnet,** wie der Oberpfälzer sagt, gibt es vielerorts ein bewegtes Faschingstreiben mit buntem Faschingszug. Die anschließende vierzigtägige **Fastenzeit** wurde früher streng eingehalten: Es fanden keine Feiern und Hochzeiten statt, und als Fastenspeise dienten Kartoffel- und Mehlspeisen, mitunter durch Fisch angereichert. Besonders der **Karfreitag** galt als strenger Fastentag, an dem nichts Warmes gekocht wurde. Im 17. und 18. Jahrhundert wurden in vielen Orten Karfreitagsprozessionen durchgeführt, und mancherorts wie z. B. in Dietfurt haben sich bis heute die traditionsreichen Passionsspiele erhalten.

Am **Karsamstag** werden die Ostereier eingefärbt, die besonders schön glänzen, wenn man sie mit Schmalz abreibt. Am **Ostersonntag** feiert man in der Kirche das Fest der Auferstehung, die lange Fastenzeit ist zu Ende, die Herrschaft des Winters ist gebrochen, und wie überall freut man sich auf den Osterspaziergang durch Wald und Feld. Beim **Leonhardiritt** am Ostermontag in Furth im Wald umreiten die Bauern der Umgebung die Leonhardikapelle, um vom Pferdepatron Leonhard den Segen für die Rosse zu erbitten.

Zum **1. Mai** wird in vielen Orten der oft 30 m hohe, reichgeschmückte Maibaum aufgestellt, eine Arbeit, die Geschicklichkeit und harte Männerfäuste erfordert - für die Zuschauer eine „Pfundsgaudi" und Start zum fröhlichen Maitanz.

Zu **Pfingsten** wird in der Gegend um Kötzting der Pfingstl durchs Dorf geführt. Er ist in Stroh oder Laub gemummt und wird von zwei Burschen begleitet. Die Gruppe zieht von Haus zu Haus, der Pfingstl bittet dabei um Schmalz, Eier oder Geld und sagt dafür einen lustigen Pfingstl-Spruch auf. Am Pfingstmontag findet in Kötzting der historische „Kötztinger Pfingstritt" statt.

Fronleichnam heißt in der Oberpfalz auch „Kranzltag" nach den Kränzen der Frauen und Kinder bei der Fronleichnamsprozession, die heute noch in vielen Orten ausgeübt wird.

Zur **Sommersonnenwende** bereitet die Jugend das **Johannisfeuer** oder „Zimmetsfeuer" vor. Nach altem Brauch und Glauben an die Segens- und Abwehrkraft des Feuers wird der Holzstoß auf einem möglichst hohen, aussichtsreichen Berg errichtet, und ein Sprung über das fast ausgebrannte Feuer bringt Gesundheit für das ganze Jahr.

Nach der Ernte kommt die Zeit der vielen **Kirchweihfeste.** Fast jedes Dorf feiert seine Kirta oder Kirwa (Kirchweih), die oft mehrere Tage dauert: „A richtige Kirwa dauert Sunnta, Monda und Irda, ' s kann sie a schicka bis zum Mika. . .", sagt man in der Oberpfalz. Am Samstag wird der Kirtabaum im Wirtshausgarten aufgestellt und gut bewacht, damit er nicht von den Burschen des Nachbardorfes geraubt wird. Am Abend eröffnen acht ausgesuchte Paare als „Kirtaburschen" und „Kirtamädchen" den Tanz um den Kirtabaum, wobei ein großer Krug mit Kirtabier, die „Liesl" , herumgereicht wird.

Totenbretter findet man nur noch selten im Oberpfälzer Wald, häufiger im Oberen Bayerischen Wald in der Gegend um Kötzting: Das Brett, auf dem der Verstorbene bis zu seiner Beerdigung gelegen hatte, wurde zu seiner Erinnerung mit einer Inschrift versehen, bemalt und geschnitzt und an Stätten, wo der Verstorbene gelebt und geschaffen hatte, in die Erde gesetzt. Sie stehen vereinzelt oder in langen Reihen an Feldkapellen, Wegkreuzungen, Flußübergängen oder unter Baumgruppen. Heute werden Totenbretter freilich nur noch als Erinnerungstafeln aufgestellt. Außer Namen und Jahreszahlen tragen die Totenbretter oft noch einen kurzen Spruch, bei dem nicht selten tiefer Ernst mit derbem Humor wechselt:

„Wanderer, stehe still und schau: Was du bist, war ich auch,
was ich bin, wirst du werden, eine Asche in der Erden."

„Durch eines Ochsen Hornesstoß kam er in des Himmels Schoß".

„Hier ruht der Gottlieb Fahrer, ein Schusterlehrling war er,
der liebe Gott hat nicht gewollt, daß er Geselle werden sollt."

7. Oberpfälzer Festkalender

Amberg: Bergfest auf dem Mariahilfberg Anfang Juli; Pfingstdult; Herbstdult Ende September

Berching: Roßmarkt im Februar; Pfingstvolksfest; Sommerkonzerte in der St. Lorenzkirche

Breitenbrunn: Kirchweihfest im August; Erntedankfest mit Festzug, Anfang Oktober

Cham: Frühlingsfest um Himmelfahrt; Volksfest Ende Juli

Ensdorf: Eggenbergfest Mitte September

Etzelwang: Sonnenwendfeuer mit Tanz und Waldlauf im Juni; Kirchweih mit Sommernachtsfest im Juli

Falkenstein: Burghofspiele Juni – August

Freudenberg: Johannisbergfest im Juni; Jakobifest im Juli

Freystadt: Bergfest am Möninger Berg im August

Furth im Wald: Drachenstich mit mehreren Aufführungen und historischem Festzug im August; Leonhardiritt der Bauern zur Leonhardikapelle am Ostermontag

Hemau: Volks- und Heimatfest Anfang September.

Hohenburg: Allersburger Wiesenkirchweih Ende September

Kallmünz: Michaelikirchweih Ende September

Kelheim/Niederbay.: Flammende Donau - bengalische Beleuchtung des Donaudurchbruchs am 1. Julisamstag

Kötzting: Kötztinger Pfingstritt am Pfingstmontag mit mehrtägigem Volksfest ab Pfingstsamstag.

Leuchtenberg: Burgfestspiele Juni/Juli

Neumarkt: 11tägiges Juravolksfest mit historischem Festzug und großem Pferdemarkt, Anfang bis Mitte August

Neunburg vorm Wald: Hussenkrieg - Freilichttheater im Schloßhof an den Juli-Wochenenden.

Nordgautag: Kulturelles Heimattreffen jährlich einmal abwechselnd in verschiedenen Orten der Oberpfalz

Parsberg: Burgfest im Juni, Burgfestspiele im Juli, Volksfest im August

Pfreimd: Eixlbergfest im Juni

Pielenhofen: Inselfest im August

Regensburg: Maidult Anfang Mai, Herbstvolksfest mit Trachtenumzug Anfang September in Stadtamhof; Altstadtfest am letzten Juni-Wochenende; Christkindlmarkt in der Adventszeit auf dem Neupfarrplatz

Schmidmühlen: Schloßfest im Juli

Schnaittenbach: Buchbergfest im August

Stadlern: Wallfahrtsfest mit Jahrmarkt Mitte August

Sulzbach-Rosenberg: Frühlingsfest im Mai auf dem Dultplatz; Bergfest im Juli auf dem Annaberg; Sulzbacher Woizkirwa im August, Roserberger Kirchweih im September

Tirschenreuth: Tirschenreuther Schützen- und Volksfest im Juni

Waldmünchen: Nächtliches Freilichtspiel „Trenck der Pandur" im Juli und August; Heimatfest in der 2. Juliwoche

Weiden: Starkbierfest im März; Literaturtage im Mai.

8. Essen und Trinken

„Essen und Trinken hält Leib und Seele zusammen“, sagt ein altes Sprichwort, und wenn die Oberpfalz auch nicht gerade als kulinarisches Paradies gilt, so gibt es doch viele Speisen und Getränke, die Leib und Seele überraschen.

In der Oberpfalz haben sich noch zahlreiche bodenständige Gasthöfe erhalten, die einen bunten Querschnitt durch die einheimische Küche bieten. Und wer auf seinen Reisen die bundesdeutsche Einheitsspeisekarte kennengelernt hat, wird sicher gern auch mal zu gesunder Hausmannskost greifen.

Erschrecken Sie nicht: Wichtigstes Nahrungsmittel ist immer noch die Kartoffel, da sie bei der Kargheit des Bodens am besten gedeiht. Kartoffeln aus der Gegend im Winklarn sind sogar wegen ihrer hervorragenden Güte berühmt! Selbst moderne Ernährungswissenschaftler sind sich einig, daß die gute alte Kartoffel ein grundsolides Nahrungsmittel ist - noch dazu kalorienarm: 100 g Kartoffeln enthalten 68 Kalorien (285 Joule), 100 g Reis (poliert) dagegen stolze 368 Kalorien (1540 Joule)!

Halten Sie es auch nicht mit den Spöttern, die da meinen, die Kartoffel schmecke am besten, wenn sie durch einen Schweinemagen gegangen sei - womit nichts gegen einen guten, immerhin auch typisch bayerischen Schweinebraten gesagt sein soll. Die Oberpfälzer verstehen es jedoch, die Kartoffeln in unzähligen Variationen äußerst schmackhaft zuzubereiten.

Ganz vorn stehen die Knödel, serviert nach ureigenstem Hausrezept, so daß sie überall anders schmecken. Nur eines ist sicher: Die urechten Knödel werden aus rohen Kartoffeln kreiert, dazu ißt man gern Sauerkraut und Bauergeräuchertes.

Probieren Sie auch mal Reiberdotsch - Reibekuchen - aus rohen, geriebenen Kartoffeln, frisch aus dem Backofen oder der Pfanne gebraten.

Schweinebraten ißt man überall in Bayern gern, aber den Donauwaller bekommen Sie nicht überall: Kenner meinen, er schmecke am besten im Ratskeller von Regensburg. Sein grätenloses Fleisch wird in zwei Finger dicke Scheiben blau mit zerlassener Butter oder etwas dünner vom Grill serviert. In Originalgröße kann der Waller oder Wels bis zu eineinhalb Meter lang werden.

Die vielen stehenden und fließenden Gewässer sind sehr fischreich, und vielerorts können Sie sich Ihre Mahlzeit selbst zusammenangeln. In den zahlreichen Oberpfälzer Weihern blüht die Karpfenzucht: Ein ordentlicher Karpfen, gesotten oder gebacken, ist fürwahr ein feiertäglicher Genuß! Versuchen Sie auch einmal Karpfen in Biersoße.

Zu den Spezialitäten gehört auch die Weißwurst, jene ungeräucherte Wurst aus Kalbfleisch, die mit süßem Senf und Laugenbrezen verzehrt wird und das „Zwölfuhrläuten" nicht erleben soll. Ebenso beliebt ist der Leberkäs, ein gebackenes Gemisch diverser Fleischsorten.

In Regensburg interessieren besonders die berühmten Knack- und Bratwürstl. Frisch vom Holzkohlengrill schmecken die Regensburger Bratwürstl am besten in der 800jährigen Historischen Wurstküche an der Steinernen Brücke. Und wenn Sie von den saftigen fingerdicken Bratwürstchen gleich „Sechse" bestellen mit würzigem Sauerkraut, werden Sie als respektabler Feriengast gleich anerkannt. Hier gibt es überigens auch eine kräftige, majorangewürzte Kartoffelsuppe.

Nicht weniger berühmt sind die würzigen „Weichser Radi" (Rettiche), die sommertags von den originellen Rettichfrauen am Regensburger Dom angeboten werden. Man ißt sie dünn geschnitten und mit Salz bestreut.

Zur Kirchweih gehören in Schmalz herausgebackene „Kirwakeichln" (Kirwaküchlein). Besonders im nordoberpfälzischen Raum wird dazu ein spezieller „Kirwakaouchn" angeboten, ein mit safrangefärbtem Grießbrei bestrichener Hefeteig, bestückt mit Rosinen. Zum Kaffee an Allerheiligen ißt man das „Allerheiligenspitzl", einen zopfförmigen Hefekuchen.

Daß der Wald delikaten Wildbraten liefert, versteht sich fast von selbst. Dazu aber auch Pilze, Heidelbeeren und Preiselbeeren in großer Zahl. Und wenn Sie sich die Mühe des Suchens ersparen wollen, so finden Sie alles beim Beeren- und Schwammerlmarkt auf dem Regensburger Neupfarrplatz: Steinpilze, Pfifferlinge, Birkenpilze und viele andere liegen fein säuberlich auf Tüchern und Tellern ausgebreitet. Damit keine giftigen dabei sind, werden alle zuvor vom städtischen Marktinspektor persönlich in Augenschein genommen.

Unter den Getränken steht das Bier an erster Stelle, und auch hier zählt Regensburg mit seinen Biergärten zu den Hochburgen des Bierverbrauchs. Neben den Großbrauereien haben manche

Gasthöfe in den kleineren Orten noch ihre eigene Brauerei. Nach dem bayerischen „Reinheitsgebot“ von 1516 werden zur Bierherstellung nur Hopfen, Malz und Wasser verwendet.

Man bestellt eine „Halbe“ (1/2 Liter) oder gleich eine „Maß“ (1 Liter). Es gibt helles und dunkles Faßbier (Lagerbier) mit einer Stammwürze von 11-12%, Märzenbier mit 13-14% und zu besonderen Jahreszeiten Bockbier mit 18-19%. Beliebt ist auch das schäumende Weißbier, zu dessen Herstellung Weizen statt Gerste verwendet wird.

Eine Besonderheit ist das sogenannte Zoiglbier, ein untergäriges und ungefiltertes Bier, das nach dem Kommun-Brauhaus-Privileg aus dem 15. Jahrh. von brauberechtigten Bürgern selbst hergestellt wird. „In koin Wirtshaus san sua vül Leit wöi am Zoigl“, sagt man in Eslarn, Falkenberg, Mitterteich, Neuhaus, Waldershof und Windischeschenbach, wenn Zoiglstern und Fichtenbusch am Giebelfenster bestimmter Häuser dem Kundigen anzeigen, daß es wieder „Zeigl“ oder „Zoigl“ gibt.

An heißen Tagen erfrischt eine Radlermaß - eine Mischung aus Bier- und Limonade. Aus dem König-Otto-Bad bei Wiesau stammen König-Otto-Sprudel und Koba-Limonade, und nicht weniger beliebt sind die Heilwasser aus Bad Kondra.

Mit dem Wein kann die Oberpfalz im Vergleich zur Rheinpfalz allerdings nicht konkurrieren. Aber immerhin gibt es ein winziges Weinanbaugebiet an der Donau zwischen Bach und Kruckenberg. Außerhalb kaum bekannt, können Sie den herb-würzigen Weißwein gleich an Ort und Stelle in einer der Weinstuben probieren.

Und wenn Sie nach allerlei herzhaften Schmankerln eine gewisse Magenfülle verspüren, empfiehlt sich der Oberpfälzer Schwoazbeer Bitter, ein Fruchtbitter aus Heidelbeeren und Kräutern ebenso wie der Stoapfälzer Magenbitter - beide werden Sie in guter Erinnerung behalten!

Zu den Regensburger Spezialitäten gehören die „Weichser Radi“ aus dem Stadtteil Weichs, die sommertags von den originellen Rettichfrauen an kleinen Ständen vor dem Dom angeboten werden.
(Foto: Gernot Messarius)

DER HUTMACHER AM DOM
RETTICH

33 Worte Oberpfälzer Küchen-Bayerisch

Bauchstecherl	Fingerdicke Nudeln aus rohem Kartoffelteig
Beinfleisch	Gekochtes Rindfleisch mit Beilage
Beuschl	Kalblunge mit Herz und Milz in Zitronensoße
Fingernudeln	Fingerlange Nudeln aus gekochten Kartoffeln
Fisolen	Bohnen
Germknödel	Hefeknödel
Geschnittene	Hausgemachte Nudeln
Geselchtes	Angeräuchertes Schweinefleisch
Gugelhupf	Hefeteig-Napfkuchen
Häuplsalat	Grüner Salat
Kaiserfleisch	Kasseler Rippenspeer
Kaiserschmarrn	Schmarrn nur aus Mehl und Ei
Kipfel	Hörnchen
Krenfleisch	Schweinefleisch mit Meerrettich
Leberkäs	Kein Käse: Ein Gemisch aus durchgedrehtem Rindfleisch, Leber und anderen Zutaten
Nockerln	Kleine Grießklöße
Paradeiser	Tomaten (Paradiesäpfel)
Radi	Bierrettiche
Rohrnudeln	Hefeteiggebäck, in der Röhre gebacken
Rostbraten	Rindermittelstück
Schmalznudeln	In Schmalz gebackener Hefeteig
Schmankerln	Leckerbissen, ausgewählte Fleischstücke
Schmarrn	In der Pfanne zerteilter Pfannkuchen
Schwammerl	Pilze
Semmel	Brötchen
Steckerlfisch	An Holzstäben über offenem Feuer gerösteter Fisch
Strizel	Geflochtenes Gebäck, großer Zopf
Strudel	Dünner Teig, mit Füllung bestrichen, gerollt und gebacken
Tellerfleisch	Gekochte Rindfleischstücke mit Beilagen
Tiroler Gröstl	Kartoffeln mit Fleischstückchen und Ei gebraten
Topfen	Quark, weißer Käse
Weißwürste	Zarte Würste aus Hirn, Milz und Kalbfleisch
Zwetschgendatschi	Zwetschenkuchen

9. Oberpfälzer Personenchronik

Man sagt, die Oberpfalz habe die meisten berühmten Männer Bayerns hervorgebracht. Vielleicht liegt es an der Kargheit des Bodens und der damit verbundenen Genügsamkeit, die so viele Oberpfälzer zu Streitern der Kunst und Politik werden ließ? Die folgende Chronik erhebt keinen Anspruch auf Vollständigkeit!

Das Wessobrunner Gebet wurde Anfang des 9. Jahrh. in Regensburg verfaßt und später im oberbayerischen Kloster Wessobrunn aufgefunden. Als eines der ältesten deutschen Sprachdenkmäler schildert diese Stabreimdichtung in bayerischer Mundart die Schöpfung der Welt.

Landgrafen von Leuchtenberg, ein mächtiges, 1646 ausgestorbenes Adelsgeschlecht, das sich bis in das 11. Jahrh. zurückverfolgen läßt. Im 15. Jahrh. wurden die Landgrafen als Reichsfürsten anerkannt.

Konrad der Pfaffe, geistlicher Dichter aus Regensburg, schuf um 1150 das deutsche Rolandslied und wahrscheinlich auch die Kaiserchronik.

Bertold von Regensburg (*1210, †1272 Regensburg), Franziskanermönch und wortgewaltigster Volksprediger des Mittelalters.

Hadamer III. von Laaber (*1300 Laaber, †1360 Regensburg), bedeutender Minnesänger.

Seyfried Schweppermann (*1260 Hillohe, †1337 Kastl), Feldhauptmann des deutschen Kaisers Ludwigs des Bayern.

Roritzer, Regensburger Künstlerfamilie. Wenzel, Konrad, Matthäus und Wolfgang Roritzer wirkten 1411-1514 als Dombaumeister. Letzterer wurde als „Kaiseraufrührer“ hingerichtet.

Erasmus Grasser (* um 1450 Schmidmühlen, † um 1535 München), bedeutender Bildhauer der Spätgotik.

Johann Thurmair, genannt Aventinus (*1477 Abensberg, †1534 Regensburg), bayerischer Geschichtsschreiber und Humanist.

Albrecht Altdorfer (*1480 Regensburg, †1538 Regensburg), Maler und Gründer der „Donauschule“, ab 1526 Stadtbaumeister in Regensburg.

Dr. Heinrich Stromer (*1482 Auerbach, †1542 Leipzig), wurde als 26jähriger Universitätsrektor in Leipzig und gründete dort den Auerbachskeller, der durch Goethes Faust in die Literaturgeschichte einging.

Juan d'Austria (*1546 Regensburg, †1578 Namur), Sohn Kaiser Karl V. und der Regensburger Bürgerstochter Barbara Blomberg, rettete in der Seeschlacht von Lepanto das Abendland vor den Türken.

Freiherr Franz Ferdinand von Rummel (*1642 Weiden, †1716 Wien), Fürstbischof von Wien und Erzieher Kaiser Josefs I.

Kurfürst Friedrich V. (*1596 Deinschwang, †1632 Mainz), bekannt als „Winterkönig", wurde 1619 zum protestantischen König von Böhmen gewählt, aber schon 1620 durch die Schlacht am Weißen Berge von den Habsburgern vertrieben.

Andreas Raselius (*1562 Hahnbach, †1602 Heidelberg), Liederdichter, Komponist und Hofkapellmeister in Heidelberg.

Johann Andreas Eisenbarth (*1663 Oberviechtach, †1727 Hann.-Münden), „weiland hocherfahrener Landarzt und Hofculiste", wird in dem erst nach 1800 in Magdeburg entstandenen Spottlied „Ich bin der Doktor Eisenbarth" zu Unrecht als Kurpfuscher bezeichnet.

Johann Michael Fischer (*1692 Burglengenfeld, †1766 München), berühmter Kirchenbaumeister des Barocks.

Philipp Muttone (*1699 Waldsassen, †1775 Waldsassen), schuf als Laienbruder des Klosters Waldsassen in der nördlichen Oberpfalz viele Barockbauwerke.

Martin Speer (*1702 Regensburg , †1765 Regensburg), bekannter Regensburger Barockmaler.

Graf Nikolaus von Luckner (*1722 Cham, †1794 Paris), wurde 1784 in den dänischen Grafenstand erhoben und 1791 zum Marschall von Frankreich ernannt. Rouget de Lisle widmete ihm die Marseillaise. Als Opfer der französischen Revolution starb er unter der Guillotine. Berühmter Nachkomme war Graf Felix von Luckner (1881-1966), bekannt durch seine Kaperfahrten im Ersten Weltkrieg.

Ignaz Günther (*1725 Altmannstein, †1775 München), bedeutender Rokoko-Bildhauer; Schöpfer der Moriskentänzer im Stadtmuseum von München.

Johann Andreas Schmeller (*1785 Tirschenreuth, †1852 München), bedeutender Sprachforscher und Schöpfer des „Bayerischen Wörterbuches". Als er in München an der Cholera starb, meinte Jakob Grimm in seinem Nachruf: „Bayern hatte keinen besseren deutschen Mann aufzuweisen".

Karoline Gerhardinger (*1797 Stadtamhof, †1879 Wien), Gründerin des Ordens der armen Schulschwestern.

Christoph Willibald Gluck (*1714 Erasbach/Berching, †1787 Paris), brachte als Hofkapellmeister in Wien und Paris die deutsche Musik zur Weltgeltung und komponierte zahlreiche Musikdramen.

Joseph Rudolf Schuegraf (*1790 Cham, †1861), erforschte als Historiker die ostbayerische Geschichte.

Gustav von Schlör (*1820 Hellziechen/Vilseck, †1883 München), Handelsminister und „Vater der bayerischen Eisenbahnen".

Franz Josef Strauß (*1822 Parkstein, †1905 München), Waldhornist und Hofmusiker, Vater von Richard Strauß.

Adolf Oberländer (*1845 Regensburg, †1923 München), humoristisch-satirischer Zeichner („Fliegende Blätter").

Dr. Ernst Schweninger (*1850 Freystadt, †1924 München), Leibarzt Bismarcks.

Max Reger (*1873 Brand, †1916 Leipzig), Komponist, verbrachte entscheidende Jahre seines Lebens in Weiden, wo er seine weltbekannten Orgelwerke schuf.

Gottfried Kölwel (*1889 Beratzhausen, †1958 München), Dichter und Heimatschriftsteller („Das Jahr der Kindheit").

Georg Britting (*1891 Regensburg, †1964 München), Erzähler und Lyriker.

Dr. Michael Döberl (*1861 Waldsassen, †1928 München), Universitätsprofessor und bayerischer Historiker.

Hugo Obermaier (*1877 Regenburg, †1946 Freiburg/ Schweiz), Universitätsprofessor und Urgeschichtsforscher (Altamira-Höhle).

Therese Neumann (*1898 Konnersreuth, †1962 Konnersreuth), erlebte als Stigmatisierte seit 1926 die Leiden Christi.

Johannes Stark (*1874 Schickenhof/Amberg, †1957 Traunstein), Nobelpreisträger für Physik 1919.

Florian Seidl (*1893 Regenburg, †1972 Rosenheim), Dichter und Schriftsteller.

Alfons Goppel (*1905 Regensburg-Reinhausen), langjähriger bayerischer Ministerpräsident.

10. Wirtschaft gestern und heute

Der dünn besiedelte Oberpfälzer Wald entlang der böhmischen Grenze steht in kontrastreichem Gegensatz zur industriell regen mittleren Oberpfalz, deren Wirtschaft besonders zwischen dem 13. und 16. Jahrhundert als „Ruhrgebiet des Mittelalters“ in hoher Blüte stand. Der Reichtum beruhte im Bergbau mit seiner Eisenindustrie: Über 200 Eisenhämmer entlang der Flußläufe verarbeiteten damals heimische Erze. Bei Albenreuth, Pullenreuth und Eslarn grub man nach Gold, in Erbendorf nach Silber, bei Mähring nach Kupfer und in anderen Orten nach Blei. Roheisen, Zinnbleche, Werkzeuge und Waffen wurden in viele Länder exportiert. Durch den Zusammenschluß von 66 oberpfälzischen Hammerwerken 1387 entwickelte sich Amberg zu einem mächtigen industriellen Zentrum.

Während des 30jährigen Krieges jedoch, der die Bevölkerung stark dezimierte, folgte dem wirtschaftlichen Wohlstand ein totaler Untergang. Die Oberpfälzer Eisenindustrie verlor ihr Monopol an neu entstandene Industriezentren in Mittel- und Westdeutschland. Da der karge Boden die verarmte Bevölkerung nicht ernähren konnte, wanderten viele Menschen ab, so daß die Oberpfalz noch heute relativ schwach besiedelt ist. Das einst blühende Land wurde zur „Steinpfalz“ degradiert.

Erst mit dem durch den Handelsminister Gustav von Schlör geförderten Bau der Eisenbahnen, durch die das Hinterland an die Industriezentren angeschlossen wurde, trat eine Besserung der wirtschaftlichen Situation ein: 1859 war die Strecke München-Regensburg-Schwandorf-Nürnberg fertiggestellt, 1863 erhielt Weiden die Verbindung nach Schwandorf und Bayreuth.

Von Nürnberg aus, damals Zentrum der bayerischen **Glasindustrie,** wurde die Ansiedlung von Glashütten betrieben. Reiche Waldbestände, ausreichende Wasserkräfte und ergiebige Vorkommen von Schmelzsand förderten diese Entwicklung. Aus den brachliegenden Eisenhämmern wurden Glasschleifwerke, viele Polierbetriebe wurden neu errichtet. Heute ist Neustadt/Waldnaab mit Altenstadt und Windischeschenbach Zentrum der Bleikristallerzeugung, und in Weiden beeindrucken die Tafelglas- und Kunststoffherstellungsfabriken Detag-Delog mit ihren modernen Fertigungsanlagen.

Durch die Kaolinvorkommen bei Hirschau, Schnaittenbach und Tirschenreuth entwickelte sich die **Porzellanindustrie.** Als erster Betrieb entstand 1838 eine Porzellanfabrik in Tirschenreuth, und 1881 folgte in Weiden die Porzellanfabrik Gebrüder Bauscher, die ihr Hotelporzellan zu einem Begriff für die ganze Welt werden ließ. 1910 siedelte sich in Weiden die zuvor in Vohenstrauß gegründete Porzellanfabrik Seltmann an, die zusammen mit ihren Zweigfirmen in Krummennaab und Erbendorf ebenfalls weltbekanntes Porzellan erzeugt.

1853 wurde die **Maximilianshütte** in Sulzbach-Rosenberg gegründet. Dazu gehören noch die Zweigwerke in Auerbach, Haidhof, Fronberg und Vilshofen. Drei Jahrzehnte später nahm auch die **Luitpoldhütte** bei Amberg den inzwischen eingestellten Hochofenbetrieb auf.

Die erste deutsche **Wiederaufbereitungsanlage für Kernbrennstoffe** war in Wackersdorf bei Schwandorf geplant, früher Mittelpunkt der stillgelegten Braunkohle-Industrie. Aufgrund erheblicher Widerstände wurde das bereits in Bau befindliche Projekt 1989 eingestellt und das Gelände für die Ansiedlung anderer Industriebetriebe freigegeben.

Flußspatvorkommen werden in Gruben bei Nabburg, Schmidgaden, Schwarzenfeld, Wölsendorf und Wundheim genutzt; sehenswert ist das Flußspat-Besucherbergwerk in Freiung westlich von Nabburg. Weithin bekannt ist das **Feldspat-Bergwerk** bei Hagendorf. Als wichtiger Rohstoff für die Herstellung von Schamottewaren gilt der in der Gegend von Waldsassen und Schwarzenfeld gewonnene feuerfeste **Ton.**

Wirtschaftliche Bedeutung hat auch die **Natursteinindustrie.** Granitbrüche gibt es bei Floß und Flossenbürg, Kalkbrüche bei Regensburg und Burglengenfeld, und in anderen Steinbrüchen werden Basalt, Quarz, Syenit und Buntsandstein abgebaut.

Eine junge Industrie ist die **Knopferzeugung** in Bärnau. Sie entwickelte sich zum bedeutendsten Standort in Deutschland. In zahlreichen Betrieben gelangen alle Knopfsorten vom Kunststoff bis zum Naturmaterial zur Fertigung.

In der Gegend um Schönsee wird seit über 100 Jahren die Kunst des **Spitzenklöppelns** ausgeübt: Unter geschickten Händen entstehen nach altüberlieferten Mustern und modernen Dessins kostbare Spitzen.

Zu den alteingesessenen Berufen, die noch hier und da ausgeübt werden, gehören auch **Körbeflechter** und **Holzschnitzer.** Aus dem Handwerk des Webers entwickelte sich die **Textilindustrie,** die mit einer Reihe bekannter Firmen in der Oberpfalz vertreten ist. Das 1910 gegründete Webwaren-Versandhaus Witt in Weiden hat den Namen dieser Stadt weithin bekannt gemacht.

Die kleine Marktgemeinde Plößberg ist seit über 100 Jahren berühmt durch die Kunst der **Glasofenbauer,** ein Spezialhandwerk, das in dieser Form sonst nirgendwo mehr vorkommt. Plößberger Glasofenbauer sind auch im Ausland vielgesuchte Facharbeiter. Ihre Ofenbautechnik unterliegt einem strengen Berufsgeheimnis: Nachwuchskräfte werden sorgfältig aus dem Verwandten- und Bekanntenkreis der alteingesessenen Arbeiter gesucht.

Die **Landwirtschaft** hat es mit den meist leichten, sandigen Böden und dem ungünstigen Klima schon immer schwer gehabt. Abgesehen von nur wenigen Großgrundbesitzern überwiegt der kleine Ackerbauer, der die bescheidene Ernte dem kargen Boden abringen muß, und die vielen weit abgelegenen, oft nur auf Akkerwegen erreichbaren Bauernhöfe machen nicht gerade den Eindruck, als ließe sich damit viel Geld verdienen.

Knapp 40% der Gesamtwirtschaftsfläche ist Waldland, das zu 58% aus Kiefern und zu 34% aus Fichten besteht. Dadurch haben sich zahlreiche **Holzverarbeitungsbetriebe** besonders im Oberpfälzer Wald angesiedelt.

Die vielen Weiher und Teiche werden für die **Karpfenzucht** genutzt: Die Hälfte aller bayerischen Karpfen kommt aus der Oberpfalz. Einst waren es die Mönche der Klöster Waldsassen und Speinshart, die intensive Teichwirtschaft betrieben und ihre Kenntnisse an die Bauern weitergaben. Während die Absatzgebiete früher in Böhmen und Sachsen lagen, mußten mit teueren Transportkosten neue Märkte in der Bundesrepublik erschlossen werden. Von Bedeutung ist ein teichwirtschaftlicher Musterbetrieb in Wöllershof bei Neustadt/Waldnaab sowie eine teichwirtschaftliche Vermarktungsgenossenschaft in Stulln bei Nabburg.

Trotz ihrer abgeschiedenen Grenzlage hat es die Oberpfalz verstanden, wieder eine vielseitige Industrie aufzubauen. Von großer Bedeutung war in den letzten Jahren der Anschluß an das Autobahnnetz, sowohl für die „schwarze" als auch für die „weiße" Industrie: Denn gerade im **Fremdenverkehr** liegt die Zukunft der wirtschaftlich benachteiligten Landschaftsteile, besonders des Oberpfälzer Waldes entlang der böhmischen Grenze.

B

STRECKENBESCHREIBUNGEN

Die folgenden 7 Rundtouren führen durch die gesamte Oberpfalz. Sofern touristisch interessant, werden auch die Randgebiete berücksichtigt, wie z. B. das schon zu Niederbayern gehörende untere Altmühltal mit der Kreisstadt Kelheim. Die Rundtouren erfassen mit ihren Abstechern alle wesentlichen Sehenswürdigkeiten.

Um diesen Reiseführer so übersichtlich wie möglich zu gestalten, sind ausführlichere Ortsbeschreibungen mit einem Sternchen* versehen und im Abschnitt C in alphabetischer Reihenfolge getrennt aufgeführt.

Das jeweils auf das Hauptstichwort verweisende Ortsregister läßt jeden gesuchten Ort mühelos auffinden.

Route 1: Von Regensburg in den Vorwald

Zwischen Donau und Regen

Regensburg - Donaustauf - Wörth - Falkenstein - Roding - Bodenwöhr - Nittenau - Regenstauf - Regensburg

„Regensburg liegt gar schön, die Gegend mußte eine Stadt hier herlocken“, schwärmte Goethe 1786, und auch Mozart schien bei seinem Besuch 1790 recht zufrieden gewesen zu sein: „In Regensburg speisten wir prächtig zu Mittag. . .“.

Regensburg*, die Hauptstadt der Oberpfalz, ist verkehrsgünstig gelegen und sowohl mit der Bahn als auch mit dem Wagen über die neue Autobahn gut zu erreichen. Diese Stadt am nördlichsten Punkt der Donau ist günstiger Ausgangspunkt für Fahrten in die Oberpfälzer Alb und den Oberpfälzer Wald, aber auch für Ausflüge in den Bayerischen Wald. Es lohnt sich, Regensburg mit seiner 2000jährigen Tradition etwas näher kennenzulernen: Wo gibt es heute noch eine solche Fülle gut erhaltener Kulturdenkmäler - und das auf engstem Raum?

Der Vorwald ist nicht nur für Regensburger ein beliebtes Ausflugsziel. Diese reizvolle Hügellandschaft zwischen Donau, Regenfluß, Roding und Wörth zählt schon zu den Ausläufern des Bayerischen Waldes, gehört aber noch zur Oberpfalz. Teile des Vorwaldes stehen unter Landschafts- oder Naturschutz. Höchste Erhebung ist das sich schon auf niederbayerischem Gebiet erhebende **Büscherl** (740 m) bei Wiesenfelden mit herrlichem Blick ins Donautal. An einigen Südhängen zwischen Bach und Kruckenberg gedeihen im milden Doanuklima die einzigen Weinreben Altbayerns. Nördlich geht der Vorwald über in den rund 450 qkm großen **Naturpark Vorderer Bayerischer Wald** mit den Hauptorten Roding, Bruck und Nittenau.

Sie verlassen Regensburg am besten über die moderne Nibelungenbrücke, durchqueren den durch seine Rettiche bekannten Stadtteil **Weichs** (Weichser Radi), vorbei am Donau-Einkaufszentrum und biegen von der B 15 rechts nach Donaustauf ab.

Am linken Donauufer geht es nun stromabwärts. Nach den Kalkwerken sehen Sie links den unter Naturschutz stehenden **Fellinger Berg** (424 m) aufragen (romantische Felspartien). Hinter **Tegernheim** können Sie in der Ferne die mächtige Burgruine von **Donaustauf** erspähen und den marmorweißen Säulenbau der **Walhalla** hoch über dem Donautal. Mag dieser Prunkbau heute auch etwas umstritten sein: Ein Besuch lohnt sich trotzdem, und außerdem haben Sie von dort eine herrliche Aussicht ins Donautal. Mit dem Wagen können Sie bei der Salvatorkirche auf der beschilderten Auffahrtsstraße bis zum großen Parkplatz der Walhalla fahren. Von April bis September verkehrt ein Motorschiff von Regensburg bis zum Fuß des Walhallahügels - dann brauchen Sie nur noch die 358 Marmorstufen vom Donauufer emporzusteigen. (Nähere Beschreibung der Walhalla unter **Donaustauf**).

In Sulzbach zweigt eine Straße nach Nordosten durch das Otterbachtal aufwärts 1 1/2 km zum **Gasthof Hammermühle.** Hier ist der Haupteingang zum 26 qkm großen umzäunten **Wildpark der Fürsten von Thurn und Taxis** mit Rehen, Hirschen, Mufflons, Wildschweinen sowie Auer- und Birkhuhnbeständen. Beim Parkhaus das 1880 erbaute fürstliche **Jagdschloß Thiergarten** mit Fürstenbau-Landhaus, Marienkapelle, Prinzenbau, Kavalierbau, Marstall und Forsthaus; in der Nähe ein Golfplatz. Der 1813 entstandene und 1912 erweiterte Wildpark ist mit seinen vielen herrlichen Wanderwegen öffentlich zugänglich. Höchste Erhebung ist die **Schopflohe** (670 m).

Vom Gasthof Hammermühle führt die Straße weiter aufwärts über **Lichtenwald** mit Resten einer Burg nach **Altenthann** mit barockem Pfarrhof. Östlich im Süssenbachtal die romanische Kirche von **Schönfeld** und die **Burgkapelle Siegenstein** (13. Jahrh.). Auf aussichtsreicher Höeh das Pfarrdorf **Brennberg,** überragt von den Burgruinen Ober- und Unterbrennberg (11. Jahrh.). Lohnend ist die einstündige Wanderung nordöstlich über Doosmühle zur **Hölle,** ein naturgeschütztes Felsenmeer, durch das tosend der Höllbach (Wildbach) herabstürzt.

In **Frauenzell** überrascht die 1747-1752 von den Brüdern Asam erbaute und ausgestattete Rokokokirche des ehem. Benediktinerklosters (1321-1803) durch prunkvolle Dekorationen; das große Deckenfresko schuf Martin Speer (1752).

In Wiesent stoßen Sie wieder auf die Hauptroute.

Nach **Sulzbach** mit frühgotischer Kirche und Resten der Kirchhofbefestigung folgen die Weinorte **Bach** (mit Eingang zum Taxisschen Wilpark nördlich) und **Kruckenberg.** Hier gedeihen die einzigen Weinreben Altbayerns, die schon in der Römerzeit kultiviert wurden. Probieren Sie den herb-würzigen Rebensaft in einer Weinstube: Anderswo werden Sie dazu kaum Gelegenheit haben, da dieser Wein über seine Grenzen hinaus wenig bekannt ist.

Vom Turm der Burg Falkenstein des gleichnamigen Luftkurortes geht der Blick über die Schindelzwiebel der Burgkapelle weit hinaus ins Land. (Foto: Gernot Messarius)

Über **Wiesent** mit eindrucksvollem Schloß von 1695, Pfarrkirche des 18. Jahrh. mit alten Grabdenkmälern und großer Wandertafel auf dem Marktplatz kommen Sie nach **Wörth*,** dessen Schloß schon Albrecht Altdorfer auf seinem berühmten Gemälde von 1520 verewigt hat. Geradeaus führt die Straße weiter der Donau entlang nach Straubing; die Route jedoch zweigt links aufwärts durch den Vorwald über **Rettenbach** mit Stausee des Höllbachkraftwerks zum Luftkurort **Falkenstein*** mit gut erhaltener Burg und großem Naturfelsenpark. Durch das idyllische Mietnachtal kommen Sie vorbei an der **Bergkirche Marienstein** (18. Jahrh.) mit Rokokoausstattung und der **Burgruine Sengersberg** der im 13. Jahrh. bekundeten Herren von Segensperch zur B 16 Regensburg-Roding.

Westlich nahe der B 16 bei Oberzell die markante **Burgruine Lobenstein** mit Resten eines mächtigen Wohnturmes. Die Lobensteiner gehörten zu den ältesten Adelsgeschlechtern der Oberpfalz; ihre schon 948 genannte Burg wurde 1634 verlassen.

Die Hauptroute folgt der B 16 nordöstlich. Sie passieren **Trasching** und erreichen bald das Regental. Hoch über dem Tal erhebt sich die 1270 gegründete **Burg Regenpeilstein** mit noch mittelalterlichem, quadratischen Bergfried. Die Anlage wurde 1897 zu einem Schloß umgebaut und befindet sich in Privatbesitz.

Ein lohnender Abstecher führt von **Roding** auf der B 85 nach **Neubäu** am Neubäuer Weiher. Der kleine Ort ist durch das **ADAC-Feriendorf** zu einem beliebten Ferienziel geworden. Beim Parkplatz des Feriendorfes erstreckt sich ein großes Erholungsgelände mit Campingplatz, Bade-, Ruder- und Segelmöglichkeiten sowie einem Waldkinderspielplatz. In der Nähe gibt es zwei Waldlehrpfade:

Der „Waldlehrpfad Aschenbrünnerl“ beginnt am Waldparkplatz, 1 km westlich von Neubäu, an der B 85. Der 2,5 km lange Rundwanderweg erläutert auf Tafeln Bäume, Sträucher und Vögel des Waldes.

Der „Waldlehrpfad Beghardensteig“ beginnt südwestlich von Neubäu im Walderbacher Forst beim Parkplatz Waldhaus Einsiedel. Hier befindet sich in einem Blockhaus ein kleines Waldmuseum und in der Nähe ein Wildgehege. Der 3 bzw. 6 km lange Rundwanderweg führt durch in dieser Gegend seltenen Laubwald und erklärt die verschiedenen Baumarten.

Die B 85 verläuft weiter über **Bruck*** mit einer Abzweigung nach **Bodenwöhr*,** wo der 8 km lange Hammerweiher sommerliche Badefreuden bietet.

Die Hauptroute führt von **Roding*** ebenfalls auf der B 85 Richtung Neubäu, zweigt aber nach 3 km links ab und erreicht **Walderbach** im Regental. Am rechten Ufer das ehem. Zisterzienserkloster (1143-1803). Seine ehem. Klosterkirche, eine romanische Basilika des 12. Jahrh., 1748 barock umgestaltet, besitzt wertvolle romanische Gewölbemalereien und zahlreiche Grabdenkmäler. Im ehem. Klostergebäude befindet sich ein Heimatmuseum.

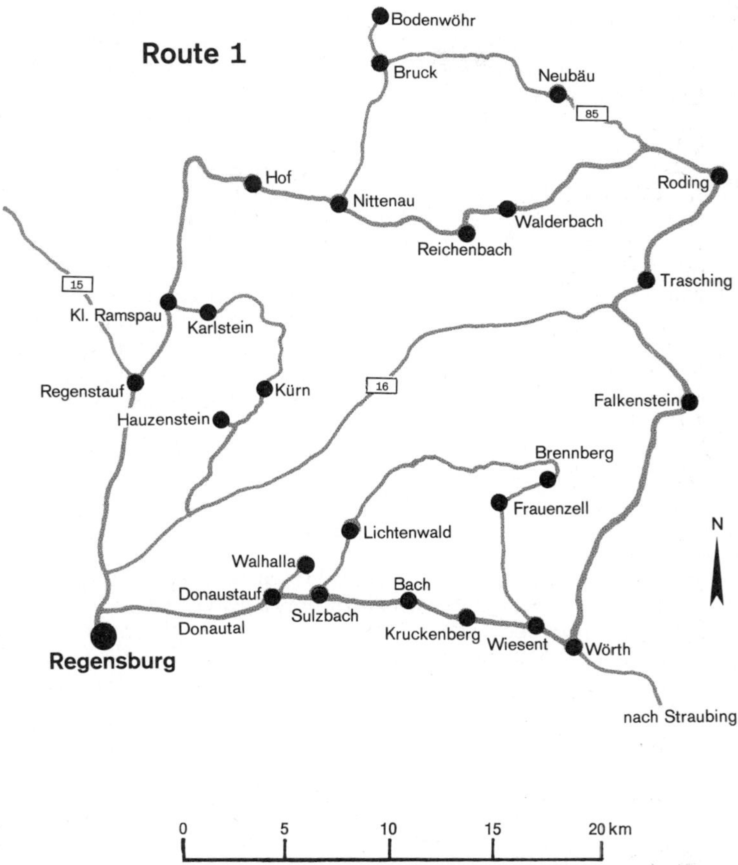

Route 1
Bodenwöhr
Bruck
Neubäu
85
Hof
Nittenau
Roding
Walderbach
Reichenbach
15
Trasching
Kl. Ramspau
Karlstein
Regenstauf
Kürn
16
Hauzenstein
Falkenstein
Brennberg
Frauenzell
N
Lichtenwald
Walhalla
Bach
Donaustauf
Sulzbach
Kruckenberg
Wiesent
Wörth
Donautal
Regensburg
nach Straubing
0
5
10
15
20 km

Ein anderes kunstgeschichtlich bedeutsames Kloster folgt gleich 2 km flußabwärts am linken Regenufer: **Reichenbach.** Das ehem. Benediktinerkloster (1118-1803) ist noch heute von mittelalterlichen Befestigungsanlagen umgeben. Seit 1891 dient es als Pflegeanstalt der Barmherzigen Brüder. Die doppeltürmige romanische Pfeilerbasilika aus der Zeit um 1130 beeindruckt durch ihre reiche Barockausstattung. Die Fresken schuf der Regensburger Künstler Andreas Gebhard. Bemerkenswert seine Wandgemälde mit Szenen aus der Klostergeschichte, die durch Begleittext erläutert werden. Unter den vielen Grabmalen befindet sich auch die Grablege der Stifterfamilie, Markgraf Diepolds II.

Bei **Nittenau*** verbreitert sich der Regenfluß und wird zu einem Dorado für Angler. Bald folgt links auf steilem Granitfels die **Burg Hof** aus dem 12.-15. Jahrhh. mit romanischem Wohnturm und romanischer Kapelle, etwas später **Burg Stefling,** gegründet im 10. Jahrh. durch den Burggrafen Papo von Regensburg. 1128 wurde eine Adelheid von Stefling Königin von Ungarn. Die gut erhaltene Burg ist heute Sitz der Grafen von der Mühle-Eckart.

Wo der Regenfluß von seiner nordwestlichen Richtung plötzlich abweicht und sich scharf nach Süden wendet, thront am jenseitigen Ufer 120 m hoch über dem Tal die **Burgruine Stockenfels,** eine alte Ritterfeste aus dem 13. Jahrh., im Volksmund „Bierpantscherwalhalla“ und „Geisterburg“ genannt.

Der Sage nach gilt sie als Verbannungsort bierpantschender Brauer und jener Wirte, die das Bierglas nicht bis zum Rand füllen. Zur Strafe spuken sie um Mitternacht im Burggelände herum und müssen unentwegt gepantschtes Bier trinken. Wenn Sie hinüber wollen, können Sie Ihren Wagen in **Marienthal** (Ausflugsgasthof) stehen lassen und mit einem Kahn übersetzen.

Durch den landschaftlich schönsten Teil des Regentals fahren Sie jetzt, zu beiden Seiten von dicht bewaldeten Bergen umfangen. Am jenseitigen Ufer grüßt das mittelalterliche Schlößchen **Hirschling** mit Stufengiebel und Türmchen, und in Klein-Ramsau ebenfalls vom anderen Ufer **Schloß Ramspau,** ein hübscher Barockbau von 1743 mit vier Eckzwiebeltürmen.

Östlich zweigt eine Straße ab in den Vorwald, vorbei an der **Burgruine Forstenberg** mit ihrem fünfeckigen Bergfried zum hoch gelegenen mittelalterlichen **Schloß Karlstein** und weiter zu den Schlössern **Kürn, Hauzenstein** und **Schönberg.**

In **Regenstauf*** mündet die Regentalstraße in die B 15 Regensburg-Weiden, und wenn Sie auf dem Aussichtsturm des Schloßberges stehen, werden Sie in der Ferne die Ihnen schon vertraute Silhouette von Regensburg erkennen. Lohnend ist die Nebenstrecke (Seite 66) über **Regendorf** nach **Regensburg***.

Route 2: Von Regensburg in die Südliche Oberpfälzer Alb

Zwischen Donau, Altmühl und Schwarzer Laber

Regensburg - Kelheim - Riedenburg - Dietfurt - Freystadt - Neumarkt - Velburg - Parsberg - Regensburg

Die Route beginnt in **Regensburg-Prüfening** (bedeutende romanische Basilika). Sie fahren unter der Autobahnbrücke von Sinzing hindurch, die das Donautal überspannt und folgen der Donau abwärts. Diese Nebenstrecke ist sehr viel schöner als die vielbefahrene B 16. In **Matting** interessiert die Barockpfarrkirche von 1740 mit romanischem Turm, in **Oberndorf** die romanische Kirche aus dem 13. Jahrh.; beeindruckend die Schleuse der zum Rhein-Main-Donau-Kanal ausgebauten Donau. Bald sind Sie in dem traditionsreichen Schwefelbad **Bad Abbach.**

Das **Rheuma-Heilbad** mit Fachkliniken für Innere Medizin und Orthopädie verdankt seine Bedeutung einer Schwefelquelle mit gleich bleibender Temperatur von 12 Grad, die schon von den Römern genutzt wurde. Kurpark mit Tiergehege sowie Frei- und Hallenbad ergänzen das Angebot. Über dem Ort der 25 m hohe Bergfried der einstigen **Heinrichsburg,** in der 973 Kaiser Heinrich II. geboren wurde.

Die B 16 führt nun dicht an der Donau entlang. „Bei Abbach ist eine schöne Gegend, wo die Donau sich an Kalkfelsen bricht bis gegen Saal“, notierte Goethe am 5. September 1786 in seinem Reisetagebuch. Bei **Alkofen** bewachen zwei gewaltige Löwen eine Gedenktafel zu Ehren des bayer. Kurfürsten Carl Theodor, der 1797 die Straße erbauen ließ. Über **Saal** mit bedeutendem Kalkwerk kommen Sie nach **Abensberg** am Einfluß der Abens in die Donau.

Die geschichtsträchtige Stadt war Geburtsort des Historikers Johann Thurmair (1477-1534), genannt Aventinus nach dem latinisierten Namen seiner Vaterstadt. Am **Stadtplatz** das spätgotische Rathaus und schöne Bürgerhäuser, darunter das **Aventinus-Geburtshaus.** Auf dem Schloßplatz das **Aventinus-Denkmal** (1861); an der Westseite das gotische **Kastengebäude,** Rest der mittelalterlichen Burganlage. Sehenswert die ehem. **Karmeliterkirche,** eine dreischiffige gotische Basilika mit reicher Barockausstattung; im **Kreuzgang** Marmor-Relief der Abensberger von 1469 sowie das **Aventinus-Museum.** In der **Pfarrkirche St. Barbara** gotische Wandmalereien und ein geschnitztes Vesperbild um 1500. – Bekannt ist der **Abensberger Spargel.**

Südwestlich liegt der **Niederbayerische Vogelpark.** Westlich das altrömische Schwefel-, Moor- und Thermalbad **Bad Gögging,** heute ein modernes Kurzentrum mit zehn unterschiedlich warmen Innen- und Außenbecken bei einer Wasserfläche von 1000 qm; sehenswert die romanische St. Andreas-Kirche mit Turm und Nordportal um 1200, vereint mit einem Neubau von 1960.

In **Eining** beeindruckt das Römerkastell Abusina aus dem 1. Jh. mit noch erkennbaren Türmen und Resten von Badeanlagen.

Nördlich von **Hienheim** am anderen Donauufer nahe der **Hadrian-Säule** begann der **Limes,** eine 548 km lange befestigte römische Grenzlinie aus dem 2./3. Jahrhundert. Er zog sich als 166 km lange Mauer (Rätischer Limes, im Volksmund Teufelsmauer) von der Donau westlich über Weißenburg/Bayern bis Lorch/Württemberg und von dort als 382 km langer Wall mit Graben (Obergermanischer Limes) nördlich durch das Neckarbergland und den Odenwald nach Miltenberg und durch den Taunus (Saalburg) bis Rheinbrohl.

Über **Staubing** mit romanischer Kirche St. Stephan, 1750-1752 von Martin Bader aus Rohr barockisiert, kommen Sie zuerst in das Dorf **Weltenburg** und über einen Fahrweg (für den öffentlichen Verkehr gesperrt, Parkplatz) zum unmittelbar an der Donau gelegenen **Kloster Weltenburg.**

Das **Benediktinerkloster** auf schmalem Uferstreifen gehört zu den bayerischen Urklöstern: Schon 620 gegründet und 772 durch Herzog Tassilo III. neu gestiftet, 1803 säkularisiert und 1842 durch König Ludwig als Priorat wiedererrichtet, wurde es 1913 erneut zur Abtei erhoben.

Die **Klosterkirche St. Georg und St. Martin** wurde anstelle einer romanischen Kirche von Cosmas Damian Asam neu erbaut und 1718 geweiht. Ihr Inneres birgt ein Kleinod bayerischen Barocks, prunkvoll ausgestattet von den Brüdern Cosmas Damian und Egid Quirin Asam. Licht und Farbe beherrschen das Oval des Hauptraumes mit dem mächtigen Hochaltar, der von dem Reiterstandbild des triumphierenden St. Georg gekrönt wird. Cosmas Damian setzte sein eigenes plastisches Bildnis an den Rand des gewaltigen Kuppelfreskos, von wo aus er, den Zeichenstift in der Hand haltend, sein Werk wohlgefällig zu betrachten scheint. Mitten in der Arbeit an einem Bild des Herzogs Tassilo starb er am 11. Mai 1739 an einem Schlaganfall.

Die **Klosterschenke** bietet angenehmen Aufenthalt mit schattigem Garten und gemütlichen Gasträumen (Asamstüberl). Als Spezialitäten gelten Weltenburger Klostertopf, Klosterbier und Klosterlikör.

Die **Frauenbergkapelle** liegt oberhalb der Klosterkirche auf dem Frauenberg mit Keltenwall; sie soll um 700 auf den Fundamenten eines römischen Minervatempels erbaut sein. In der Unterkirche Malereien aus dem 14. Jahrh., in der Oberkirche aus dem 18. Jahrh. Rokokoaltar mit spätgotischer Marienfigur.

Der **Donaudurchbruch** ist besonders eindrucksvoll während einer Fahrt mit dem Motorboot: Das Bett der Donau wird auf 70 m Breite eingezwängt, und auf 5 km Länge durchbricht der Strom

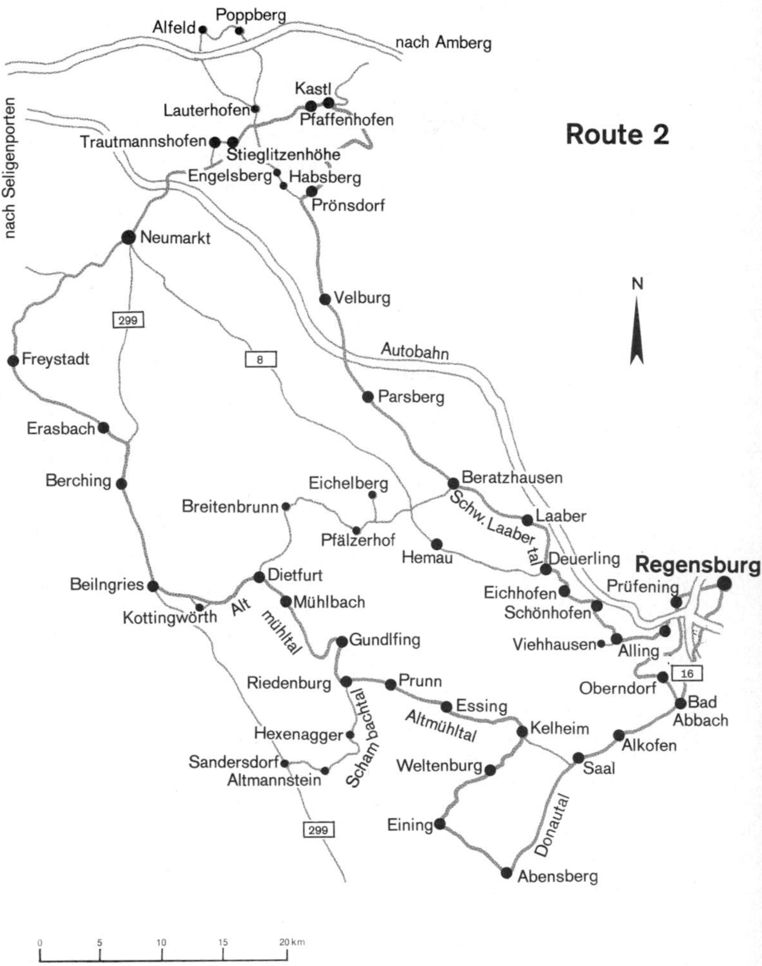

Route 2
Poppberg
Alfeld
nach Amberg
Kastl
Lauterhofen
Pfaffenhofen
Trautmannshofen
Stieglitzenhöhe
Engelsberg
Habsberg
Prönsdorf
nach Seligenporten
Neumarkt
Velburg
N
299
Freystadt
8
Autobahn
Parsberg
Erasbach
Berching
Beratzhausen
Eichelberg
Breitenbrunn
Pfälzerhof
Laaber
Schw. Laaber tal
Hemau
Deuerling
Regensburg
Dietfurt
Beilngries
Mühlbach
Kottingwörth
Alt mühltal
Eichhofen
Prüfening
Schönhofen
Gundlfing
Viehhausen
Alling
16
Riedenburg
Prunn
Oberndorf
Essing
Bad Abbach
Altmühltal
Kelheim
Hexenagger
Schambachtal
Alkofen
Sandersdorf
Altmannstein
Weltenburg
Saal
Donautal
Eining
299
Abensberg
0
5
10
15
20 km

die unter Naturschutz stehende **Weltenburger Enge** zwischen Kloster Weltenburg und Kelheim, zu beiden Seiten umrahmt von turmhohen, weißen Kalkfelsen mit volkstümlichen Namen wie Krokodil, Steinerne Jungfrau, Apostelfürsten und Napoleon. Nach Erweiterung der Talschlucht herrlicher Blick auf die Befreiungshalle; wenig später links am Felshang das 1450 als Eremitenklause gegründete **Klösterl,** heute beliebte Ausflugsgaststätte.

Wanderweg über die Befreiungshalle nach Kelheim (1 1/2 Std): Vom Kloster Weltenburg mit einer Kahnfähre über die Donau; vom Nordufer durch den Laubwald aufwärts (nach 20 Minuten herrlicher Tiefblick zurück zum Kloster); weiter nordöstlich über Antoniusmarter und nach Überquerung von Befestigungswällen der früheren Keltenstadt Alkimoennis zur Befreiungshalle und nach Kelheim. Zurück evtl. mit dem Linienschiff (April-Oktober). Fahrtzeit 20 Min. oder südlich der Donau auf dem „Weltenburger Weg".

Kelheim* erwartet Sie am Zusammenfluß von Donau und Altmühl; die alte Wittelsbacher- und Herzogsstadt wird überragt von der Befreiungshalle König Ludwigs I. auf dem Michelsberg, der um 500 v. Chr. das keltische Oppidum Alkimoennis trug. Eine technische Sehenswürdigkeit ist die 1977 vollendete 381 m lange Europabrücke, die sowohl die Donau als auch den Rhein-Main-Donau-Kanal überspannt.

Die Straße führt nun durch das malerische **Altmühltal,** das mit seinen reizvollen Nebentälern zum Naturpark erklärt wurde. Bizarre Dolomitfelsen unterbrechen die von prachtvollen Laub- und Nadelwäldern überzogenen Hänge der teils engen Taleinschnitte. Das milde Klima begünstigt eine vielfältige Tier- und Pflanzenwelt. Kreuz und quer ziehen markierte Wander- und Rundwanderwege. Die Altmühl und ihre Altwasser gelten als Dorado für Angler. Zwischen Kelheim und Essing befinden sich altsteinzeitliche Höhlen als älteste Zeugnisse menschlicher Kultur.

Die **Altmühl** entspringt bei Burgbernheim auf der Frankenhöhe im Hornauer Weiher (455 m). Ihr Name wird vom keltischen „alcoma" abgeleitet. Das heutige Flußbett wurde ab Dollnstein vor etwa 50 Millionen Jahren vom Urstrom der Donau geformt. Die Altmühl ist der langsamste Fluß Bayerns (6 km/Stunde). Sie mündet nach 163 km bei Kelheim in die Donau.

Ein „historisches" Foto aus dem Jahre 1975: Schloß Prunn auf steilem Felsvorsprung hoch über dem Altmühltal, das inzwischen durch den Bau des Rhein-Main-Donau-Kanals entscheidend verändert wurde.
(Foto: Gernot Messarius)

Seit der 1971 verabschiedeten Gebietsreform gehört nur noch die Gegend um Dietfurt zur Oberpfalz. Das untere Altmühltal mit Riedenburg kam zum niederbayerischen Landkreis Kelheim. Das obere Altmühltal mit Treuchtlingen gehört zu Franken, das mittlere mit Eichstätt zu Oberbayern.

Durch den Bau des **Rhein-Main-Donau-Kanals,** der von Töging bei Dietfurt bis Kelheim auf eine Länge von 35 km das Altmühltal mit einer 55 m breiten Kanalrinne und gigantischen Schleusen durchzieht, hat die Landschaft allerdings viel von ihrer Ursprünglichkeit und ihrem ökologischen Gleichgewicht verloren.

Nach Fertigstellung verbindet der Kanal die Nordsee mit dem Schwarzen Meer (3500 km); er ist befahrbar mit Schiffen bis zu 1500 t. Bauherr ist die 1922 gegründete Rhein-Main-Donau-AG. Schon Kaiser Karl der Große versuchte einen Durchbruch mit dem Karlsgraben bei Treuchtlingen; König Ludwig I. eröffnete 1845 den Ludwig-Donau-Main-Kanal. Zwischen Mainz und der Landesgrenze bei Passau wird der Kanal 764 km lang sein und mit 59 Stufen bzw. Schleusen einen Höhenunterschied von 324,50 m überwinden. Die Scheitelhöhe liegt mit 406 m bei Hilpoltstein. An der Strecke entstanden zahlreiche Elektrizitätswerke. Mit der endgültigen Fertigstellung des Kanals wird etwa 1992 gerechnet.

Erste Station im Altmühltal nach Kelheim ist **Gronsdorf;** die kleine Kirche dicht am Flußufer enthält gotische Fresken aus der Zeit um 1420. Von **Oberau** lohnt ein Besuch der altsteinzeitlichen Wohnhöhle **Großes Schulerloch** (Aufstieg 1/4 Std.). Die relativ flache Tropfsteinhöhle beeindruckt durch ihre gewaltigen Ausmaße – die bunte elektrische Ausleuchtung ist ein Attribut der modernen Technik. Im **Kleinen Schulerloch** können Sie das einzige Wandbild eiszeitlicher Kunst auf deutschem Boden bestaunen: Federritzzeichnungen aus der Zeit um 15-10 000 v. Chr.

Zwischen Altmühl und Felswand drängt sich der kleine Markt **Essing** mit seiner fotogenen alten Holzbrücke und dem Brucktor.

Schauen Sie sich die **Pfarrkirche Heiliggeist** (1711) mit ihren dekorativen Fresken und Stukkaturen an, wandern Sie zu der inmitten eines Wiesengrundes stehenden romanischen **Kapelle St. Bartholomä** und zu der **1000jährigen Eiche** im Hammertal oder besichtigen Sie die **Kastlhäng- und Klausenhöhle** südlich von Essing, menschliche Behausungen während der Eiszeit. Mit dem Wagen können Sie zur **Burgruine Randeck** emporfahren, deren 36 m hoher Bergfried herrliche Aussicht verheißt. Im Ortsteil **Altessing,** 2 km talabwärts, interessiert die Kirche **St. Martin,** erbaut als Wehrkirche im 13. Jahrh., barockisiert 1710.

Es folgt der malerisch gelegene Erholungsort **Prunn,** überragt von der auf 60 m hohem, steil abstürzendem Kalkfels thronenden, schon 1037 genannten Landsassenburg von Wernherus de Prunne, heute Ortsteil von Riedenburg. Die bizarren Dolomitfelsen sind beliebte Kletterobjekte für Bergsteiger mit guter Kondition.

Mit dem Wagen kann man von der Uferstraße (beschilderte Ausfahrt) bis zum Schloßparkplatz emporfahren (Aufstieg zu Fuß 3/4 Std.). Sie sehen eine Burg wie aus dem Bilderbuch: Wie durch ein Wunder nie zerstört, wohlrestauriert, mit **roma-**

nischem Bergfried und **spätgotischen Teilen,** mit barocker **Schloßkapelle** und sehenswertem **Burgmuseum.** Häufig wechselte die Burg ihren Besitzer: Es kamen Wittelsbacher, Jesuiten, Johanniter, und seit 1803 ist sie Staatseigentum. Berühmter Burgherr war der 1428 verstorbene Ritter Hans der Frauenberger, dessen marmornes Grabmal Sie in der spätgotischen **Dorfkirche** finden: Dieser wackere Ritter soll in rauhen Kriegszeiten 360 Feinde erschlagen haben, ohne auch nur eine Wunde davonzutragen. Der Historiker Wiguläus Hundt entdeckte 1575 in der Burg eine prachtvolle Handschrift des Nibelungenliedes aus dem 10. Jahrh., die als „Prunner Codex" in der Münchner Staatsbibliothek verwahrt wird. – Herrlich ist der Ausblick über den Rhein-Main-Donau-Kanal bis nach Riedenburg.

Vorbei an dem barocken **Emmerthaler Pestkirchlein** mit alten Votivtafeln, 1650 nach einem Gelübde des Prunner Burgherren General Georg Truckmiller gestiftet, und dem malerischen, im 17. Jahrh. wieder aufgebauten **Schlößchen Aicholding** mit romanischer Martinskirche, kommen Sie in die Dreiburgenstadt **Riedenburg*,** anerkannter Luftkurort an der Einmündung des Schambaches in die Altmühl.

Lohnend ist ein Abstecher südlich durch das idyllische **Schambachtal** über **Hexenagger** mit 1000jährigem Schloß und Hammerschmiede-Museum zum anerkannten Erholungsort **Altmannstein** mit Geburtshaus des Rokokobildhauers Ignaz Günther (1725-1775, Holzkruzifix in der Pfarrkirche), Heimatmuseum und beheiztem Freibad; hoch über dem Ort die aussichtsreiche Burgruine Altmannstein mit Resten eines Bergfrieds aus dem 13. Jahrh.; die umgestalteten Wohngebäude dienen heute als Kinderheim. 1 km südlich verlief einst der Limes.

In **Sandersdorf** an der B 299 steht das aus einer gotischen Burg hervorgegangene **Schloß** des Freiherrn von Bassus aus dem 17. Jahrh. mit schönem Arkadenhof. Die stattliche Anlage dient als Gutsbetrieb und Schloßbrauerei. An der Schloßkapelle ein romanisches Tympanon um 1200; im Inneren holzgeschnitztes Kruzifix von Ignaz Günther.

Südwestlich liegt die spätbarocke **Wallfahrtskirche Bettbrunn** von 1774 mit gotischem Chor; in ihrer schlichten Ausstattung repräsentiert sie die eintretende Stilwende. Die Fresken von Christian Winck (1777) zeigen die Wallfahrtsgeschichte.

Von **Riedenburg** empfiehlt sich die Nebenstrecke südlich der Altmühl. Sie passieren das romanische **Kirchlein St. Agatha** am Flußufer mit barockem Turm und überqueren in **Gundlfing** (Freizeitzentrum) wieder die Altmühlbrücke. Bald taucht am jenseitigen Ufer **Schloß Eggersberg** auf, ein dreigeschossiger Renaissancebau des 17. Jahrh. mit steilen Treppengiebeln und vier zwiebelgekrönten Ecktürmen – heute Burghotel mit originellem Kornspeichertheater (Kunstausstellungen, Konzerte). Über **Meihern** ragte einst auf dem schroffen Fels der Edelweißspitze die **Burg Flügelsberg** empor, im 13. Jahrh. Stammsitz der Ritter Schenk von Flügelsberg, deren wappengeschmückte Epitaphien in der gotischen ehem. Johanniterordenskirche von **Altmühlmünster** zu sehen sind.

Zwischen Straße und Altmühl schiebt sich der **Wolfsberg** (500 m) mit keltischen Wallanlagen, und nach dem kleinen Erholungsort **Mühlbach** mit Hallenbad und Minigolfplatz folgt in einem weiten, von der Altmühl und zwei Armen der Laber durchflossenen Talkessel das mittelalterliche Städtchen **Dietfurt*.**

Ein Abstecher führt nordöstlich aufwärts im Tal der Wissinger Laber vorbei an der Kapelle St. Bartlmä zum anerkannten Erholungsort **Breitenbrunn** mit beheiztem Freibad, Minigolfanlage, Waldlehrpfad und Wildgehege, überragt von der **Burguine Breitenegg** aus dem 13. Jahrh., zeitweilig im Besitz des Feldherrn Graf von Tilly (1559-1632). Gegenüber der Ruine auf einem Felsvorsprung die **Wallfahrtskirche St. Sebastian,** gestiftet 1386 durch Ritter von Wildenstein, im 18. Jahrh. erweitert, mit originellen Votivgaben in Form von Hufeisen an der Kirchentür. In der **Pfarrkirche Mariae Himmelfahrt** von 1716 befinden sich die wappenverzierten Grabplatten der Wildensteiner sowie die gotische Tilly-Monstranz, eine wertvolle Nürnberg Goldschmiedearbeit von 1507.

11 km östlich von Breitenbrunn steht in **Eichelberg** auf beherrschender Höhe der welligen Albhochfläche die **Wallfahrtskirche zur Heiligsten Dreifaltigkeit** von 1711. Der schlichte Kirchenraum umschließt links vor dem Chor gegenüber der Sakristei die 1695 errichtete Gnadenkapelle mit dem Bild der Marienkrönung.

Wenn Sie diese Route abkürzen möchten, um die restlichen Sehenswürdigkeiten zu einem anderen Zeitpunkt zu besichtigen, können Sie von hier aus über **Hemau*** nach Regensburg zurückkehren.

Die Hauptroute führt von Dietfurt über den **Ludwigskanal,** der seit 1845 den Main mit der Donau verbindet und sich unweit östlich mit der als Kanal ausgebauten Altmühl vereinigt; diese Wasserstraße wird als „ **Rhein-Main-Donau-Kanal**" für Schiffe bis 1500 t ausgebaut. Beeindruckend ist die große Schleuse bei Dietfurt.

Vorbei an dem mit gotischen Treppengiebeln verzierten **Schloß Töging,** vom 12.-16. Jahrh. Sitz der Herren Schenk von Töging, gelangen Sie nach **Kottingwörth,** das mit seiner alten steinernen Flußbrücke einen malerischen Anblick beitet. Die Pfarrkirche St. Vitus von 1763, inmitten eines befestigten Friedhofes, mit zwei kuppelgekrönten Türmen aus dem 13. Jahrh. besitzt 1895 aufgedeckte romanisch-gotische Fresken aus der Gründerzeit, die den ganzen Wandraum der St.-Veits-Kapelle einnehmen und das jüngste Gericht darstellen.

Das mittelalterliche Städtchen **Beilngries*** kündigt sich schon von weiten durch das Rokokoschloß Hirschberg hoch über dem Zusammenfluß von Sulzbach und Altmühl an. Sie verlassen nun das Altmühltal und fahren auf der B 299 Richtung Neumarkt. Etwas links abseits steht an der Sulz das **Benediktinerkloster Plankstetten,** dessen romanische Klosterkirche 1129 nach dem Vorbild der Hirsauer Bauschule entstand. Nach Zerstörungen im 30jährigen

Krieg erfuhr sie eine umfassende Neugestaltung. Als Zeugnis des Rokoko schuf der Eichstätter Hofstukkateur Johann Jakob Berg 1760 die Stuckmarmorarchitektur der Hl. Kreuzkapelle mit der Beweinung Christi unter dem Kreuz.

Unberührtes Mittelalter auch in **Berching*:** Die kleine Stadt an der Sulz ist noch heute von einer Ringmauer umgeben. Im nahen **Erasbach** steht das Geburtshaus des Komponisten Christoph Willibald Gluck (1714-1787).

Der Markt **Sulzbürg,** einst Residenz der Grafen von Wolfstein, liegt inmitten eines Hopfen- und Obstanbaugebietes. Auf dem Schloßberg zwei weithin sichtbare Barockkirchen: Die evang. Schloßkirche St. Michael von 1723 und die kath. Pfarrkirche Schmerzhafte Mutter Gottes von 1758. Die evang. Marktkirche aus frühgotischer Zeit, um 1670 verändert, bewahrt zahlreiche Epitaphe. Als außerordentliche Seltenheit ist noch ein Judenfriedhof aus dem Mittelalter erhalten. Er geht zurück auf Albrecht von Wolfstein, der 1371 aus Neumarkt vertriebene Juden aufnahm. Bis 1938 bestand hier auch eine Synagoge. Interessant ist das Landl-Museum mit Sammlungen zur Ortsgeschichte.

Freystadt* ist ein altes historisches Städtchen im Schwarzachtal; schon von weitem grüßt die von einer mächtigen Kuppel gekrönte Wallfahrtskirche Mariahilf.

In **Seligenporten** beeindruckt die ehem. Zisterzienserinnen-Klosterkirche aus dem späten 13. Jahrh. durch ihre strenge, einfache Formgebung. Erhalten blieb das mittelalterliche Chorgestühl auf der Nonnenempore; bemerkenswert auch die 21 m lange Gruft der Grafen von Wolfstein-Sulzbürg.

Neumakt*, eine industriell rege Kreisstadt, wurde nach den Zerstörungen des Zweiten Weltkrieges wieder im alten Stil aufgebaut. Die ehem. pfalzgräfliche Residenz- und Freie Reichsstadt beging 1960 ihre 800-Jahrfeier. Nahe der B 299 thront auf waldiger Höhe die **Burgruine Wolfstein** mit ihrem aussichtsreichen 40 m hohen Bergfried (Seite 163). Nach Passieren der Autobahn folgt **Trautmannshofen** mit der 1666 von Georg Dientzenhofer erbauten Wallfahrtkirche Mariae Namen, die um 1760 ihre Rokoko-Ausstattung erhielt. Sie bewahrt zahlreiche alteVotivbilder; rechts der Gnadenaltar mit dem Marienbild aus der Zeit um 1400. Östlich der B 299 der **Dietrichstein** (634 m), auf dem früher die Burg des kaiserlichen Feldhauptmanns Seyfried Schweppermann (um 1260-1357) stand.

Ein Abstecher führt nördlich nach **Lauterhofen.** Der alte Markt mit romanisch-barocker Kirche und Pflegeanstalt Karlshof im ehem. Schloß war ursprünglich karolingischer Königshof. – Unmittelbar jenseits der Autobahn liegt im **Birgland** (Seite 62) das Dorf **Poppberg,** einst wichtige Station an der alten Handelsstraße Nürnberg-Amberg, mit historischem Gasthof aus dem 15. Jahrh. Auf dem **Poppberg** (657 m), höchste Erhebung der Oberpfälzer Alb, die Ruine einer Burg der Grafen von Sulzbach aus dem 14. Jahrh. sowie ein Aussichtsturm. In **Alfeld** interessiert die spätgotische Bartholomäuskirche (Goldstadt-Reiseführer Fränkische Schweiz).

In **Pfaffenhofen** ragen auf steilem Fels die Reste einer kleinen, ursprünglich romanischen Burg mit Bergfried und späteren Zubauten empor, früher Wohnstätte der beiden Söhen Seyfried Schweppermanns. Die Anlage wurde 1633 von Schweden zerstört. Neben der romanisch-gotischen Dorfkirche befindet sich ein Karner mit mittelalterlichen Malereien.

Seyfried Schweppermann diente als Feldhauptmann dem deutschen Kaiser und König Ludwig dem Bayer. Ihm konnte es Ludwig verdanken, daß sein Gegenkönig Friedrich der Schöne in der Schlacht bei Ampfing/Mühldorf 1322 geschlagen und gefangen genommen wurde. Friedrich wurde in der oberpfälzischen Burg Trausnitz festgesetzt, bis es 1325 zwischen beiden Fürsten zur Versöhnung kam. Nach der Schlacht stand für die abendliche Kaisertafel als kärgliches Mahl nur ein Korb mit Eiern zur Verfügung. Ludwig soll diese Eier mit den Worten verteilt haben: „Jedem ein Ei, dem braven Schweppermann zwei".

Es folgt **Kastl*** mit Klosterburg und bedeutender romanischer Basilika. Hier befindet sich auch das Schweppermann-Grab. Die Route verläßt die nach **Amberg*** führende B 299, folgt zunächst östlich dem Lauterachtal, zweigt nach 6 km rechts ab Richtung Neumarkt, um kurz nach **Prönsdorf** auf die nach **Velburg** führende Straße zu stoßen.

Nordwestlich lohnt ein Abstecher nach **Habsberg** zu den beiden weithin sichtbaren Wallfahrtskirchen. Die kleinere **Gnadenkapelle** wurde 1682 anstelle einer verfallenen Burg der Grafen von Sulzbach errichtet und 1730 erweitert; neben einer geschnitzten Marienfigur um 1680 besitzt sie ein Votivstandbild mit Darstellung einer alten Oberpfälzer Bauerntracht. Die größere **Wallfahrtskirche Mariae Himmelfahrt** von 1761-1763 beeindruckt durch ihre stilvolle Rokokoausstattung. Unterhalb im Wald ein stimmungsvoller Friedhof mit kunstfertigen alten Schmiedeeisenkreuzen.

Von **Velburg*** empfiehlt sich ein Besuch der bekannten König-Otto-Tropfsteinhöhle und eine Brotzeit im gemütlichen Brauerei-Gasthof Winkler in **Lengenfeld.** In **Parsberg*** interessiert besonders das Obere Schloß mit seiner fotogenen Doppelturmfassade. Nächste Station ist **Beratzhausen*,** schön gelegen im Tal der Schwarzen Laber. 2 1/2 Stunden dauert die Wanderung flußabwärts vorbei an alten Hammermühlen nach **Laaber*,** das von der mächtigen Burgruine der Herren von Laaber aus dem 12. Jahrh. überragt wird. Weiter südlich folgt **Deuerling,** schon 1130 urkundlich genannt, mit der St.-Martins-Kirche auf steilen Felsen.

In dem ehem. Eisenhammerort **Eichhofen** steht ein Schloß des 16. Jahrh., umgebaut 1866; über dem östlichen Talhang kauert sich in eine Felswand die **Burgruine Loch** mit ihrem runden Bergfried, eine Höhlenburg aus dem 12. Jahrh., deren Wohnräume nach außen durch doppelte Ringmauern geschützt waren.

Wenn Sie eine Trimm-Dich-Fit-Wanderung unternehmen wollen: Von **Schönhofen** führt der lohnende **Alpine Steig** mit mächtig ansteigenden Dolomit-Felspartien am linken Talrand der Schwarzen Laber in knapp 1 Std. nach **Eilsbrunn,** und von dort können Sie in einer weiteren Stunde wahlweise auf einem Höhen- oder Talweg nach **Alling** wandern.

Von Alling zweigt westlich eine Straße ab, vorbei an der **Burgruine Niederviehhausen** (13. Jahrh.) nach **Viehhausen** mit Schloß des 17. Jahrh., heute Klarissenkloster.

Die Hauptroute führt weiter durch das von Wald- und Felshängen umsäumte, unter Landschaftsschutz stehende Tal der Schwarzen Laber nach **Bruckdorf** mit Rokoko-Kirche des 18. Jahrh., deren Chor und Turm aber noch aus romanischer Zeit stammen. In **Sinzing** mündet die Schwarze Laber in die Donau. Sie benutzen die Autobahnauffahrt Sinzing, überqueren die Donau auf der 45 m hohen und 973 m langen Autobahnbrücke und sind nach wenigen Minuten wieder in Regensburg.

Route 3: Von Regensburg in die Nördliche Oberpfälzer Alb und in den Westlichen Oberpfälzer Wald

Zwischen Vils und Naab

Regensburg - Amberg - Auerbach - Vilseck - Hirschau - Wernberg - Nabburg - Schwandorf - Regensburg

Ausgangspunkt ist das nördliche Donauufer von Regensburg, das Sie entweder über die schmale Steinerne Brücke mit dem Stadtteil Stadtamhof oder über die moderne Nibelungenbrücke mit dem Stadtteil Weichs erreichen. Sie biegen links in die B 8 Richtung Nürnberg und folgen der Donau aufwärts.

In **Kneiting** (Kirche 17. Jh., Totenkapelle 16. Jh. und gotische Frauenkapelle) führt eine Abzweigung rechts nach **Adlersberg.** Der aussichtsreich auf einer Alberhebung gelegene, um 1260 gegründete Ort war Sitz eines Dominikanerinnenklosters. Erhalten ist die frühgotische Klosterkirche St. Maria mit Wandmalereien des 14. Jh. Gute Einkehr bietet der traditionsreiche Brauereigasthof Prößlbräu mit bayerischen Spezialitäten und modernen Fremdenzimmern. - Über **Pettendorf** mit romanischer Pfarrkirche führt die Nebenstrecke weiter nach **Pielenhofen*** im Tal der Naab.

Bald mündet links die Naab in die Donau; auf dem Mündungsdreieck (Fähre) erhebt sich die barocke **Wallfahrtskirche Mariaort** (1774-1776) und etwas oberhalb die barocke **Kalvarienkirche** (1724). Von dort zu Fuß nach Prüfening etwa 1/2 Std.

Etterzhausen besitzt ein Barockschloß aus dem 16. Jahrh., das im 19. Jahrh. Eigentum des Komponisten Felix Mendelsohn-Bartholdy war. Am Ufer der Naab steht die romanische Wolfgangkapelle aus dem 12. Jahrhundert.

Lohnend ist die **Wanderung** am rechten Ufer der Naab flußabwärts in 1 1/2 Std. nach **Mariaort** oder durch das liebliche Penker-Trockental in 1 1/2 Std. nach **Pielenhofen.**

Die Route verläßt die B 8 und führt rechts durch das sich immer mehr verengende Naabtal, dessen Laubwälder allmählich von bizarren Felsformationen mit Wacholderbuschhängen abgelöst werden. Vorbei an dem unter Naturschutz stehenden **Drabafelsen** und einer steinzeitlichen **Räuberhöhle** sowie am Weiler **Penk** mit dem wuchtigen, quadratischen Turm des romanischen Leonhardikirchleins aus dem 12. Jahrh. kommen Sie nach **Pielenhofen***; sehenswert ist die doppeltürmige ehemalige Zisterzienserinnen-Klosterkirche, die 1719/20 von dem Voralberger Barockbaumeister Franz von Beer auf den alten Fundamenten neu errichtet wurde. In **Duggendorf** interessiert die Barockkirche von 1736 mit schönem Deckenfresko, in **Heitzenhofen** das Schloß aus dem 19. Jahrh. mit Viereckturm, Stufengiebel und Barockkapelle von 1715.

Hier empfiehlt sich ein Abstecher über die Naabbrücke zur 4 km entfernten **Burg Wolfsegg** mit sehenswertem Museum über das Leben der Ritter im Mittelalter. Die jüngst mit Millionenaufwand restaurierte Anlage gilt als Musterbeispiel einer kleinen Felsenburg des 13. Jahrhunderts mit Treppenturm und Burgkapelle. Die Sage erzählt von einer umgehenden „Weißen Frau“, die sich in den Tropfsteinhöhlen unter der Burg aufhält. Es handelt sich um den ruhelosen Geist der treulosen Freifrau Klara, die Anno 1460 von ihrem Gatten Ullrich gemeuchelt wurde.

Die jüngst restaurierte Burg Wolfsegg mit sehenswertem Museum gilt als Musterbeispiel einer kleineren Felsenburg des 13. Jahrhunderts. Der Burgfelsen ist mit Tropfsteinhöhlen untermauert.
(Foto: Gernot Messarius)

Kallmünz* am Zusammenfluß von Naab und Vils zeigt sich als malerischer Marktflecken, überragt von der Ruine einer Wittelsbacherburg. Die Naabstraße führt weiter nach **Burglengenfeld*;** die Route aber folgt dem Vilstal aufwärts, in dem früher zahlreiche Eisenhammer pochten. Über **Traidendorf** mit altem Hammerschloß (heute Schloßpension) kommen Sie nach **Rohrbach,** wo außer dem Hammerschloß von 1586 besonders die um 1680 barockisierte Dreifaltigkeitskirche interessiert: Sie besitzt einen Choraltar mit typisch oberpfälzischem Akanthus-Schnitzrahmen. Am Talhang erhebt sich die romanische ehem. Burgkapelle.

Westlich zweigt eine Straße ab nach **Hohenfels;** auf dem Schloßberg 40m hoch über dem Tal die Burgruine mit ihrem runden Bergfried, im 12./13. Jahrh. Stammsitz der Herren von Hohenfels. In der Barockpfarrkirche befindet sich ein Asambild als Deckengemälde.

Dietldorf wurde schon 982 urkundlich genannt und 1573 zu einer Hofmark erhoben. Das Renaissanceschloß italienischer Bauart mit Giebelwappen am Torbogen ließ Freiherr von Tänzl 1700-1705 anstelle eines älteren Hammerschlosses errichten; in der Pfarrkirche (1724) befinden sich Grabsteine adeliger Familien.

Weiter geht es am Rande des großen Truppenübungsplatzes entlang. In **Emhof** erinnert eine Ehrentafel in der Dorfkirche an ein Gefecht während des Spanischen Erbfolgekrieges 1703, aus dem die Bayern unter Kurfürst Emanuel als Sieger hervorgingen. **Schmidmühlen*** liegt als anerkannter Erholungsort reizvoll am Zusammenfluß von Vils und Lauterach, die besonders wegen ihres reichen Forellenbestandes bei Anglern geschätzt ist.

Lohnend ist ein Abstecher im Lauterachtal aufwärts, vorbei an der alten **Wallfahrtskirche Stettkirchen,** nach **Hohenburg,** dessen breiter Straßenmarkt von schönen alten Bürgerhäusern mit hohen Giebeln umsäumt wird. Das **Renaissance-Rathaus** von 1560/1720 beherbergt auch das **Heimatmuseum** mit der kulturgeschichtlichen Friedrich-Spörer-Sammlung, die auch Raritäten und Kuriositäten umfaßt. Die **Pfarrkirche St. Jakob** mit romanischem Turm wurde 1664 neu errichtet, die **Friedhofskirche St. Salvator** des 14. Jahrh. enthält eine gotische Sakramentsnische und wappenverzierte Grabsteine. Die **Burgruine,** einst Stammsitz der schon 1080 genannten Grafen und späteren Markgrafen von Hohenburg, erhebt sich auf nicht zugänglichem Gelände im Sperrgebiet des Truppenübungsplatzes.

Weiter flußaufwärts folgt **Allersburg** am Einfluß des **Hausener Baches** (siehe Amberg, Ausflüge) mit gotischer Pfarrkiche und ehem. Karner innerhalb eines befestigten Friedhofes.

In **Vilshofen** gruppieren sich über dem Westufer gleich drei Heiligtümer, zu denen eine Auffahrtsallee mit Kreuzwegstationen emporführt: Die ursprünglich gotische, im 18. Jahrh. erweiterte Kapelle der Allerseelenbruderschaft mit Akanthusaltar, die Pfarr-

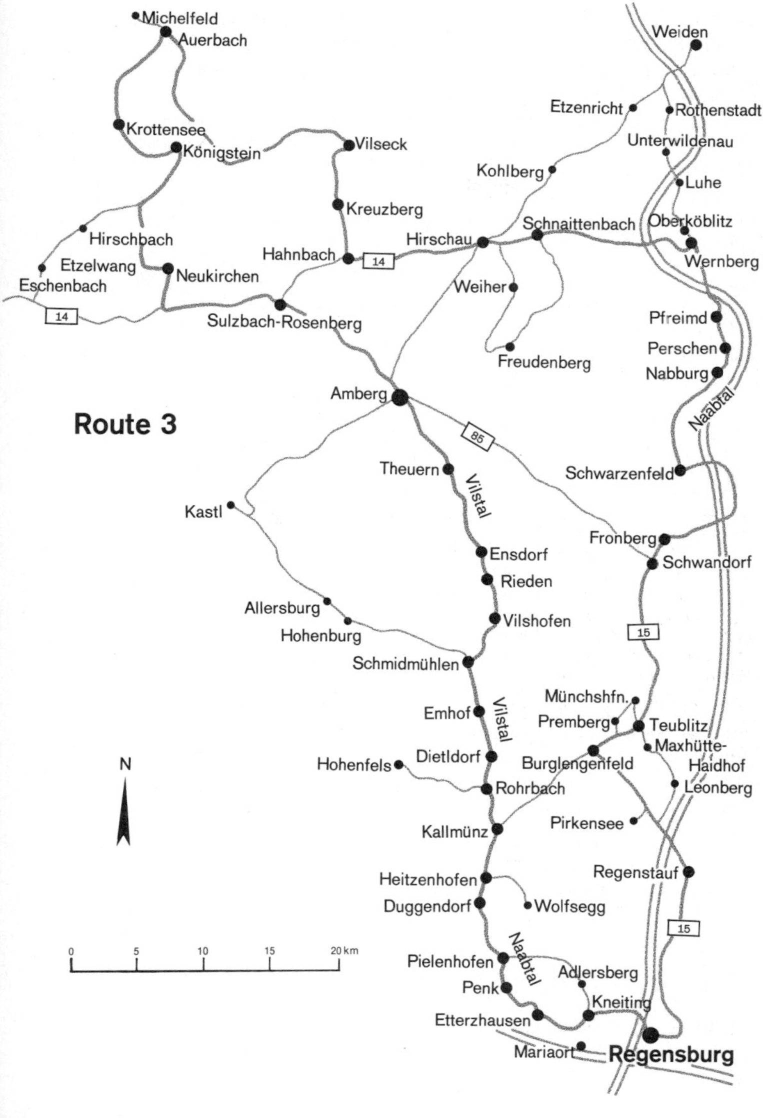
Route 3
Michelfeld
Auerbach
Krottensee
Königstein
Vilseck
Kreuzberg
Hirschbach
Etzelwang
Eschenbach
Neukirchen
Hahnbach
14
Sulzbach-Rosenberg
Hirschau
Schnaittenbach
Weiher
Freudenberg
Kohlberg
Etzenricht
Weiden
Rothenstadt
Unterwildenau
Luhe
Oberköblitz
Wernberg
Pfreimd
Perschen
Nabburg
Naabtal
Amberg
85
Theuern
Vilstal
Schwarzenfeld
Kastl
Fronberg
Schwandorf
Ensdorf
Rieden
Vilshofen
Allersburg
Hohenburg
Schmidmühlen
15
Münchshfn.
Premberg
Teublitz
Emhof
Maxhütte-Haidhof
Hohenfels
Dietldorf
Burglengenfeld
Rohrbach
Leonberg
Pirkensee
Kallmünz
Regenstauf
Heitzenhofen
Wolfsegg
Duggendorf
N
0
5
10
15
20 km
Pielenhofen
Adlersberg
Penk
Kneiting
Etterzhausen
Mariaort
Regensburg

kirche St. Michael mit prächtigem Rokokoaltar und die Wieskapelle des 18. Jahrh. mit Passionsfresken.

Über **Rieden** mit ehem. Burg und Freibad kommen Sie nach **Ensdorf** zur ehem. Benediktiner-Klosterkirche St. Jakob.

Die barocke Wandpfeilerkirche entstand im frühen 18. Jahrh. anstelle einer 1121 von Pfalzgraf Otto von Scheyern-Wittelsbach gestifteten romanischen Anlage; 1714 wurde sie von Cosmas Damian Asam mit einem Freskenzyklus über Leben und Sterben des Kirchenpatrons St. Jakob ausgeschmückt. In der Stifterkapelle nördlich des Chores befindet sich die Grablege des Wittelsbacher Pfalzgrafenpaares Otto und Heilica sowie des Sohnes Friedrich und des Enkels Otto. Das 1803 säkularisierte Benediktinerkloster ist seit 1920 im Besitz der Don-Bosco-Salesianer.

In **Theuern** entstand das **Bergbau- und Industriemuseum.** Mittelpunkt ist das spätbarocke Hammerschloß von 1781 mit seinen Ausstellungsräumen. In der Nähe demonstrieren Grubenbauten die Bergbautechnik; der 16 m hohe Förderturm stammt von der ehem. Grube „Bayerland“ bei Waldsassen.

Amberg* kündigt sich schon von weitem durch seinen Mariahilfberg an; wehrhafte Mauern, Tore und Türme erinnern eindrucksvoll an jene goldene Zeit, als Amberg noch Hauptstadt der Oberpfalz war. Traditionsreich ist auch die benachbarte 900jährige Burg- und Eisenstadt **Sulzbach-Rosenberg*,** einst Residenz der wittelsbachischen Herzöge.

Südwestlich erstreckt sich inmitten der waldreichen Alblandschaft die weitverstreute Gemeinde **Birgland** mit den Orten **Fürnried** (Simultankirche von 1797 mit romanischem Turm), **Poppberg** (Seite 56) und **Schwend.** Im benachbarten **Illschwang** die romanische Wehrkirche St. Veit. Die kleinen Orte im Birgland haben ihren dörflichen Charakter bewahrt und betreiben mit Volksmusikgruppen intensive Heimatpflege.

Die Route folgt zunächst der B 14 Richtung Nürnberg und zweigt bald rechts ab nach **Neukirchen,** malerisch gelegen inmitten eines felsumsäumten Tales. In der evang. Pfarrkirche des 15./17. Jahrh. befinden sich wappengezierte Grabdenkmäler der Burgherren von Rupprechtstein; die kath. Pfarrkirche von 1927 besitzt einen kleinen gotischen Flügelaltar von 1521. Das wohlerhaltene **Schloß Neidstein** (1513), heute im Besitz des Freiherrn von Brand, zählt zu den schönsten Schlössern der Oberpfalz. Hinter dem Schloß auf hoher Felskuppe die Reste der 1504 zerstörten Burg Neidstein aus dem 11. Jahrhundert.

Etzelwang ist ein beliebter Wanderstützpunkt. Nördlich erhebt sich der aussichtsreiche **Rupprechtstein** (544 m) mit Resten einer Burg des 13. Jahrhunderts.

Zwischen **Etzelwang** und **Hirschbach** erstreckt sich die Felslandschaft am **Schwarzen Brand:** Die bis zu 572 m ansteigenden Höhen Prellstein, Bodenberg, Mittag, Himmel, Castell, Neutras und Starenfelsen verlocken mit ihren alpinen Steigen zu kühnen Kletterpartien. Auf aussichtsreicher Bergkuppe sind noch Reste der **Burg Hauseck** aus dem 14. Jahrh. erhalten. In **Oberhirschbach** verheißt der Aussichtsturm auf der Hammerleite umfassende Rundschau. Der Hirschbach mündet in **Eschenbach** in die Pegnitz; das Wasserschloß von 1554 ist Stammsitz der Nürnberger Patrizierfamilie der Ebner-Eschenbach (Goldstadt-Reiseführer Fränkische Schweiz).

Königstein* zeigt sich als anerkannter Erholungsort zwischen Ossingerberg (651 m) und Steinberg (606 m) im Randgebiet der Oberpfälzer und Fränkischen Alb. Am Eingang des Straßendorfes **Krottensee** erinnert ein schlichtes Denkmal an das blutige Gefecht vom 24. Mai 1703 zwischen kurbayerischen und fränkischen Truppen. Es gab mehrere hundert gefallene Soldaten, die man einfach in die benachbarte **Maximiliansgrotte** warf, wie sich 150 Jahre später bei der Erforschung der Höhle herausstellte.

Die **Maximiliansgrotte** gehört mit ihren vielen Hallen, Seen und mächtigen Tropfsteingebilden zu den schönsten und größten Höhlen Deutschlands. Sie verfügt in 5 Stockwerken bei 1200 m Gesamtlänge über 70 m Tiefe. Allein der Eisbergtropfstein ist 5,5 m hoch. Bei der an der Waldschenke beginnenden 40-Minuten-Führung erhalten die Besucher Karbidlampen, die den Aufenthalt in der Höhle stimmungsvoll unterstreichen. - In der Nähe von Krottensee finden sich in den Hochwäldern noch weitere Felsbildungen wie die **Vogelherdgrotte,** das **Gunzenloch** mit 25 m langer Durchgangshöhle und die **Mysteriengrotte.**

Die Straße führt hinab ins Pegnitztal. Über Neuhaus thront die ehemals bischöflich-bambergische **Burg Veldenstein,** deren Anlage überwiegend durch das 13. Jahrh. und den Wiederaufbau vor dem 1. Weltkrieg geformt ist; nordwestlich befindet sich der **Naturpark Veldensteiner Forst** (Goldstadt-Reiseführer Fränkische Schweiz). Kurz vor dem früheren Hammerort **Ranna** erscheint rechts auf einer Wiesenhöhe die St.-Magdalena-Kapelle (1743), malerisch von einer Baumgruppe umgeben. Von **Auerbach*** lohnt ein Abstecher zu der von den Brüdern Asam ausgeschmückten ehem. **Klosterkirche Michelfeld.**

Nächste Station ist das südöstlich von Auerbach in schöner Weiherlandschaft gelegene Städtchen **Vilseck*.** Von dort geht es über den aussichtsreichen Weiler **Kreuzberg** mit Heilig-Kreuz-Kirche von 1725 (zahlreiche Votivbilder) nach **Hahnbach** mit mittelalterlichem Tor und der spätgotischen dreischiffigen Pfarrkirche St. Jakob, Geburtsort des Komponisten und späteren Hofkapellmeisters Andreas Raselius (1562-1602).

Nördlich im Vilstal liegt **Irlbach** mit gotischer doppelgeschossiger Hammerhauskapelle.

Die B 14 bringt Sie nach **Hirschau*.** Die „Stadt der weißen Erde" verheißt mit dem 100 m hohen Monte Kaolino ungetrübte Ski- und Rodelfreuden selbst zur Sommerzeit.

Südlich erstreckt sich ein schönes Wald- und Wandergebiet. Fahren Sie über die Walddörfer Weiher, Pursruck und Lintach nach **Freudenberg** am Fuße des **Johannisberges** (652 m) mit Wallfahrtskirche und frühgeschichtlicher Wallanlage. Rundwanderwege, beheiztes Freibad, Skilift und Sprungschanze sorgen für sportliche Betätigung. Über Wutschdorf kommen Sie nördlich zum Parkplatz am **Rotbühl** (673 m) mit Fernsehsender, östlich benachbart der **Buchberg** (667 m) mit Burgstall. In **Schnaittenbach** stoßen Sie wieder auf die B 14. Nordöstlich von Hirschau führt eine Direktverbindung nach **Weiden,** über **Kohlberg** mit befestigtem Friedhof um die Pfarrkirche St. Nikolaus (1642) und **Etzenricht** an der Heidenaab mit ursprünglich gotischer Pfarrkirche auf dem unter Naturschutz stehenden Kirchberg.

Schnaittenbach mit Pfarrkirche von 1712 auf gotischen Fundamenten und Rathaus aus dem 17. Jahrh. ist ebenso wie Hirschau Sitz der traditionsreichen Kaolin-Industrie; das 1833 gegründete Kaolinwerk ist das älteste in Deutschland.

Die B 14 bringt Sie vorbei an der Schloßkirche (14. Jahrh.) von **Holzhammer** mit typisch oberpfälzischem Akanthusaltar durch ausgedehnte Kieferwaldungen nach **Wernberg.** Die auf einer Granitkuppe über dem Naabtal thronende wohlerhaltene **Burg Wernberg** ist eine Gründung der Landgrafen von Leuchtenberg aus dem 12. Jahrh. mit Graben, Brücke, Torbau, Bergfried, Kapelle und malerischem Arkadenhof. Die Burg dient heute als Kuranstalt und ist öffentlich nicht zugänglich.

Nördlich an der B 15 folgt **Luhe** an der Einmündung des gleichnamigen Flusses in die Naab. Der schon um 900 genannte Ort besitzt eine Rokokokirche inmitten eines befestigten Friedhofes. Auf dem **Koppelberg** (491 m) die St.Nikolaus-Kirche von 1696. Durch das reizvolle Luhetal können Sie in drei Stunden nach **Leuchtenberg*** wandern. **Unterwildenau** am Zusammenfluß von Wald- und Heidenaab zur Naab besitzt ein ehem. Hammerschloß aus dem frühen 17. Jahrh. mit Befestigungsresten. In **Rothenstadt** erinnern das mittelalterliche Schloß und die Gruftkapelle von 1863 auf dem Turmhügel der lange zerstörten „Keckenburg" an die jahrhundertelange Herrschaft derer von Sazenhofen; inmitten des befestigten Friedhofes die jetzt evangel. Kirche aus dem 13. Jahrh. Die kath. Kirche ist ein Bau der Neugotik. Von dort nach **Weiden*** 5 km.

Die Hauptroute führt südlich in die ehem. Residenzstadt **Pfreimd*** der Landgrafen von Leuchtenberg am Einfluß der Pfreimd in die Naab.

Die sehenswerte Pfarrkirche bewahrt ritterliche Epitaphien des 15. Jahrh. Es folgt **Perschen** mit zwei kulturgeschichtlich bedeutsamen Kirchen. Der Ort wurde schon im 8. Jahrhundert gegründet und war bis zum 13. Jahrhundert Mutterpfarrei von Nabburg und Pfreimd.

Die doppeltürmige **Pfarrkirche St. Peter und Paul** zeigt sich als romanische Pfeilerbasilika des frühen 13. Jahrh. mit spätgotischen Malereien im Chor. Daneben die doppelgeschossige **Friedhofskirche** aus dem späten 12. Jahrh. als Vorläuferin der großen Pfarrkirche: Unterirdisch das Beinhaus (Karner), darüber eine Rundkapelle mit kleiner Apsis und gut erhaltenen romanischen Wandfresken. – Nebenan der **Edelmannshof** von 1605, ein ehem. Pfarrhof mit Kornhaus, Backofen, Kuhstall und landwirtschaftlichen Antiquitäten. Angegliedert ist eine Bibliothek sowie eine Gaststube. Die Anlage ist Teil des **Oberpfälzer Freilichtmuseums Neusath-Perschen.** Im Museumsteil Neusath veranschaulichen neu aufgebaute Originale und rekonstruierte Bauten die verschiedenen historischen Haustypen der Oberpfalz. – In der Nähe ein Ferienzentrum mit Freibad und Campingplatz.

Nabburg* erhebt sich malerisch über dem Ufer der Naab; als Münzstätte und Sitz eines Vizedomamtes war die 1000jährige Stadt lange Zeit der Mittelpunkt der gleichnamigen Mark. Bei **Schwarzenfeld*** am Einfluß der Schwarzach in die Naab beginnt der geologisch interessante Quarzgang des Großen Pfahl, der sich 140 km lang über Burg Thierlstein bei Cham quer durch den Bayerischen Wald zieht. Lohnend ist ein Besuch des mineralogisch-geologischen Museums. Südöstlich erstreckt sich das Landschaftsschutzgebiet **Thundorfer Weiher** mit rund 200 größeren Einzelweihern. Die birkenumsäumten Teiche sind über schmale Dämme zu erreichen, oft aber auch von fast unzugänglichen Sumpfgürteln umgeben, ein Dorado der Pflanzen - und Tierwelt.

Am Ortseingang von **Fronberg** führt eine Straße rechts zu dem von einem tiefen Graben umgebenen Schloß der von 1210-1460 bekundeten Herren von Fronberg. Nach Zerstörung im Landshuter Erbfolgekrieg wurde das Schloß im 16./17. Jahrhundert im Renaissancestil wiedererrichtet. Der langgestreckt Bau mit zwei Seitenflügeln beeindruckt durch mächtige Türme, doppelt gewundene Treppe, malerischen Arkadenhof und seine stilvolle Schloßkapelle (1678).

Im Waldpark von Schloß Fronberg liegen die Gräber früherer Schloßherren. Der letzte vom Geschlecht der Spiering, Freiherr Karl Theodor, gestorben 1829, war ein überaus vorsichtiger Mann: Aus Furcht vor einem Scheintod hatte er in seinem Testament verfügt, daß er in einem offenen Sarg bestattet sein wolle. Sicherheitshalber ließ er sich auch noch ein Feuerzeug und eine Flasche Wein in sein Felsengrab stellen. Auch die Tür durfte nicht verriegelt werden; sie wurde erst später geschlossen.

Schwandorf* ist eine auch industriell rege Kreisstadt an einem wichtigen Straßen- und Eisenbahnknotenpunkt. Anstelle der kuppelgekrönten Stadtpfarrkirche am historischen Marktplatz erhob sich einst die mittelalterliche Burg der Nordgaugrafen.

In **Teublitz** steht inmitten eines schönen Parks ein Barockschloß aus dem 18. Jahrh., das heute als Behindertenheim dient.

Nördlich an der Naab liegt am Fuß des Münchshofener Berges (533 m) **Münchshofen** mit einem Renaissanceschloß aus dem 16. Jahrhh.; flußabwärts das Pfarrdorf **Premberg,** während der Karolingerzeit ein wichtiger Grenzort gegen die Slawen (Limes Sorabicus, 805), mit im 19. Jahrh. erweiterter romanischer Pfarrkirche.

Burglengenfeld* präsentiert sich schon von weitem durch den 28 m hohen Bergfried seiner gewaltigen Burganlage aus dem 10. Jahrh., noch als Ruine ein imponierendes Bauwerk mit wuchtigen Türmen und starken Mauern.

Östlich liegt zwischen dem Naab- und Regental die Stadt **Maxhütte-Haidhof** mit dem 1853 gegründeten Eisenwerk Maximilianshütte, das heute als Siemens-Martin-Stahlwerk zu den größten Hüttenbetrieben Bayerns zählt. Südöstlich die **Rokoko-Wallfahrtskirche Kappl** und das um 1600 veränderte alte **Schloß Leonberg** sowie das neue Schloß (19. Jahrh.) mit Park.

Ein kurzer Abstecher empfiehlt sich nach **Pirkensee** mit viertürmigem Barockschloß von 1734. Die Schloßkapelle ist mit Fresken von C. D. Asam geschmückt. In der Nähe südöstlich im Wald die **Dreifaltigkeitssäule** von 1737.

Von **Regenstauf*** zurück nach Regensburg kommen Sie entweder auf der B 15 über Zeitlarn, Sallern und **Reinhausen** mit der alten St. Nikolauskirche oder reizvoller auf der Nebenstecke rechts des Regen über **Regendorf** mit zweiflügeligem Schloß des 16./19. Jahrh. und **Lappersdorf** mit der barocken Maria-Himmelfahrt-Kirche.

Route 4: Von Weiden in den Steinwald

Zwischen Heidenaab und Wondreb

Weiden - Grafenwöhr - Eschenbach - Kemnath - Erbendorf - Wiesau - Neustadt/Waldnaab - Weiden

Weiden* ist wirtschaftlicher Mittelpunkt der nördlichen Oberpfalz und Haupteingangspforte sowohl in den Oberpfälzer Wald als auch in den Steinwald. Diese Route erschließt zuerst den Südlichen Steinwald und führt dann über Erbendorf in den Naturpark Hoher Steinwald.

Sie verlassen Weiden in nordwestlicher Richtung auf der gut ausgebauten B 470 nach Pressath (Autobahnabfahrt Weiden-Pressath) und biegen nach 8 km rechts ab nach **Parkstein*.** Schon von weitem sehen Sie den bewaldeten Basaltkegel Parkstein (596 m) aufragen, den der berühmte Weltreisende Alexander von Humboldt als schönsten Basaltkegel Europas bezeichnet hat. Anstelle einer einst mächtigen Burg wird der Gipfel von einer spitztürmigen Wallfahrtskapelle gekrönt. Die steile offene Basaltwand finden Sie auf der Ostseite.

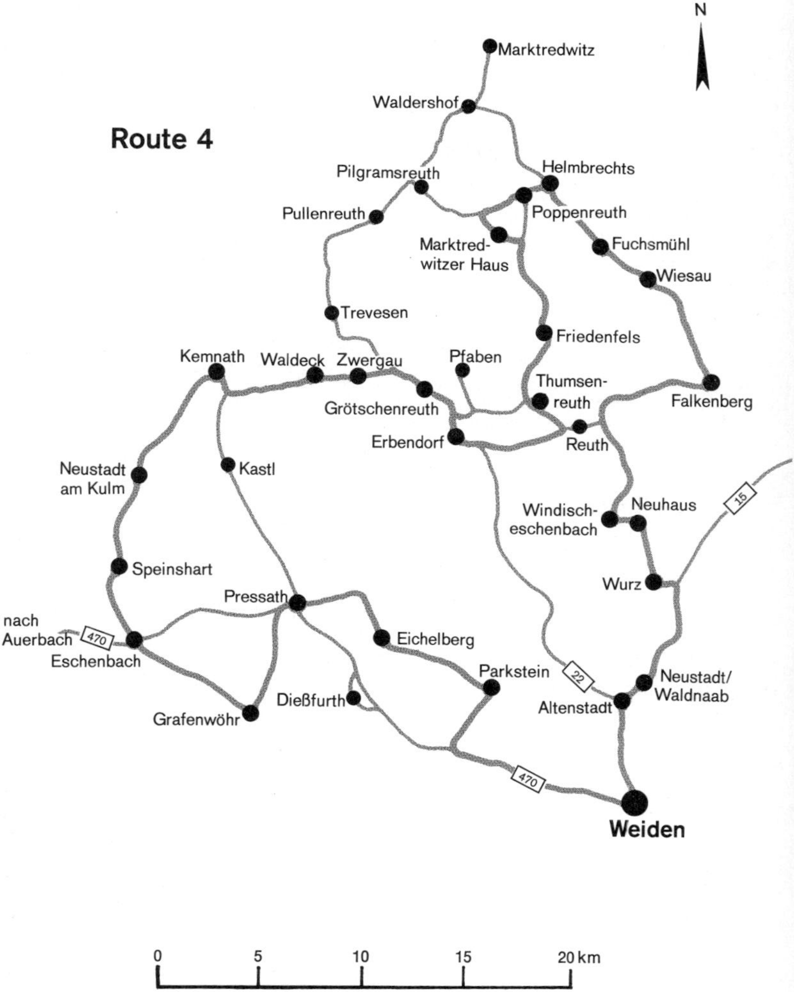
Route 4
N
Marktredwitz
Waldershof
Helmbrechts
Pilgramsreuth
Pullenreuth
Poppenreuth
Marktred-
witzer Haus
Fuchsmühl
Wiesau
Trevesen
Friedenfels
Kemnath
Waldeck
Zwergau
Pfaben
Thumsen-
reuth
Falkenberg
Grötschenreuth
Erbendorf
Reuth
Neustadt
am Kulm
Kastl
15
Windisch-
eschenbach
Neuhaus
Speinshart
Wurz
Pressath
nach
Auerbach
470
Eschenbach
Eichelberg
Parkstein
22
Neustadt/
Waldnaab
Dießfurth
Altenstadt
Grafenwöhr
470
Weiden
0
5
10
15
20 km

Der Weg nach Pressath führt entweder auf einer direkten Nebenstraße über **Eichelberg,** Fundstätte karolingischer Königsgräber, oder wieder auf die schnelle B 470 zurück und auf dieser nordwestlich mit Abzweigung nach **Dießfurt.** Das von Graben und Mauern umgebene Dießfurter Hammerhaus an der Heidenaab besteht aus dem spätgotischen Turm von 1526 und dem neuen Schloß von 1544.

Das Städtchen **Pressath** breitet sich malerisch am linken Ufer der Heidenaab aus und blickt auf eine über 1000jährige Tradition zurück; zu seinen Sehenswürdigkeiten zählen die 1761-1765 erweiterte Pfarrkirche St. Georg mit spätgotischen Grabsteinen der Dießfurter Hammerherren Kreß von Kressenstein, die um 1450 erbaute Friedhofskirche St. Stephan, die Altöttinger Kapelle von 1754 sowie das Museum im Haus der Heimat.

Nördlich an der Straße nach Kemnath liegt **Weihersberg** mit dem kleinen Renaissanceschloß der seit 1630 ansässigen Herren von Hirschberg. Das dreigeschossige Schloß mit achteckigem Turm stammt aus dem 16. Jahrh.; der von einem Dachreiter gezierte Nebenbau wurde 1766 errichtet. Eine Mauer mit Schießscharten umgibt die ganze Anlage. Die Schloßkapelle mit wappengeschmücktem Rokokoaltar wurde von Veit Christoph Freiherr von Hirschberg als Familiengrabstätte erbaut.

6 km vor Kemnath steht in dem Dorf **Kastl** die spätgotische dreischiffige Hallenkirche St. Margaretha aus der Zeit um 1450 mit bemerkenswerten alten Grabsteinen.

Grafenwöhr* ist bekannt durch den größten Truppenübungsplatz der Bundesrepublik, und in **Eschenbach*** verheißt der Kleine Rußweiher Segel- und Badefreuden, während der Große Rußweiher als Reservat für Wasservögel unter Naturschutz steht.

Die B 470 verläuft weiter über **Kirchenthumbach** mit der Rokokowallfahrtskirche Mariazell (1756) entlang am Sperrgebiet des Truppenübungsplatzes nach **Auerbach*.**

7 km nördlich von Kirchenthumbach erklingt im Turm der Pfarrkirche von **Thurndorf** die älteste Glocke der Oberpfalz: Die „Theophilusglocke“ aus dem frühen 11. Jh., gegossen nach Anweisungen des Benediktinermönchs Theophilus, gilt als kunstgeschichtliche Rarität. Neben der Pfarrkirche das ehem. Schloß von 1600 und ein Burgrest. Auf dem Katharinenberg (Fernblick) zwei Kapellen.

Südlich von Thurndorf liegt im Tal des Goldbrunnenbaches die **Wallfahrtskirche Weißenbrunn,** ehemals Kirche eines verschwundenen Dorfes.

Nach Oberpfälzer Brauch erhebt sich das spätgotische Rathaus von Grafenwöhr freistehend in der Mitte des langgestreckten Marktplatzes.
(Foto: Gernot Messarius)

Die Hauptroute führt von Eschenbach nördlich über **Tremmersdorf** mit Friedhofsbefestigung zum 5 km entfernten **Prämonstratenserkloster Speinshart.** Seine prunkvolle Klosterkirche zählt zu den Kostbarkeiten bayerischen Barocks.

Das **Prämonstratenserkloster** wurde 1145 durch den fränkischen Edlen Adelvolk von Reifenberg gegründet und verfiel 1556 nach Einführung der Reformation. 1661 wurde es wieder von Mönchen besiedelt und 1691 zur Abtei erhoben. Es folgte eine Zeit großer Blüte bis zur Säkularisation 1803, wobei unersetzliche Werte besonders an altem Schrifttum verloren gingen. Nach dem Ersten Weltkrieg erwarben die Prämonstratenser das Kloster vom Staat zurück, das seit 1923 wieder eine Abtei bildet.

Die **Klosterkirche Unbefl. Empfängnis** entstand nach Abbruch einer romanischen Kirche. Wolfgang Dientzenhofer vollendete den Neubau 1696 als Wandpfeilerkirche mit seitlichen Emporen über dem Hauptsims und eingezogenem Chor. Carlo Domenico Lucchese aus Tessin schuf 1696-1700 die Stukkaturen, sein Bruder Bartolomeo die Malereien. Der Raumeindruck überrascht durch die füllige Üppigkeit des Dekors in Weiß und Rosa mit Blüten-, Muschel-, Engels- und Puttenstukkaturen. Die in Ovalfelder eingelassenen Fresken zeigen Szenen aus dem Leben des Ordensheiligen Norbert und aus dem Marienleben. Beachtung verdient das kräftige Laub- und Bandwerk der Kirchenstuhlwangen und verschiedener Symbolornamentik. Malerisch ist das doppeltürmige Klostertor an der Nordseite.

Auf dem **Barbaraberg** 2 km östlich hatten die Speinsharter Äbte ihre Sommerwohnung. Von der 1914 durch Blitzschlag zerstörten Wallfahrtskirche (1756) ist nur noch die Fassade erhalten. Die auf dem Barbaraberg stehende Sandsteinfigur der Hl. Maria Magdalena gehört zu jenen 13 Rokokostatuen, die um 1770 an Feldwegen rund um das Kloster aufgestellt wurden.

Neustadt am Kulm* zwischen dem Rauhen (Großen) Kulm und dem Kleinen Kulm verdankt seine Entstehung den Burgen, die einst beide Basaltberge krönten. Nach Oberpfälzer Art steht das Rathaus in der Mitte des Marktplatzes. Die Pfarrkirche, eine ehemalige Karmelitenkirche, gilt als eine der schönsten evangelischen Barockkirchen Bayerns. Nördlich der Stadt liegt **Mockersdorf** mit sehenswerter Barockpfarrkirche von 1750.

Es folgt **Kemnath*,** als Keminata schon 1008 erstmals urkundlich erwähnt und seit 1250 mit Stadtrechten ausgestattet. Der langgestreckte Marktplatz ist malerisch von alten Giebelhäusern umsäumt. Den östlichen Abschluß des Platzes bildet die sehenswerte Stadtpfarrkirche, deren Untergeschoß originellerweise zugleich als Stadttor dient.

Die prunkvoll ausgestattete Kirche des Prämonstratenserklosters Speinshart gehört zu den Kostbarkeiten bayerischen Barocks.
(Foto: Gernot Messarius)

Ein Abstecher führt 10 km nördl. nach **Brand,** anerkannter Erholungsort (beheiztes Freibad) mit Geburtshaus des Komponisten Max Reger (1873-1916; Gedenkzimmer im gegenüberliegenden Rathaus). Zurück über **Ebnath** mit Barockpfarrkirche von 1741 (Ausgangspunkt für eine zweistündige Wanderung auf den 939 m hohen Gipfel der Kösseine), **Neusorg** (beliebter Wanderstützpunkt) und **Riglasreuth** (klassiz. Schloß). Von hier nach Kemnath oder weiter im Fichtelnaabtal über **Trevesenhammer** mit Hammerschloß von 1827 nach **Erbendorf*.**

Von Kemnath auf der B 22 Richtung Erbendorf sehen Sie links den **Armesberg** (731 m), dessen Basaltkuppe den klassizistischen Rundbau einer Wallfahrtskirche (1836) trägt. Bald erscheint der Basaltgipfel des **Anzenberges** (600 m), und geradeaus der herausgewitterte Basaltkegel (641 m) des **Waldecker Schloßberges,** auf dem einst die schon 1124 genannte Burg der Landgrafen von Leuchtenberg thronte.

Nach mehrfachem Besitzwechsel war das Schloß zuletzt Sitz des Landrichters für das Amt Waldeck, bis die alte Bergfeste nach zehnmonatiger Belagerung 1704 im Spanischen Erbfolgekrieg zerstört wurde. Was übrig blieb, fiel einem durch Blitzschlag verursachten Brand 1794 zum Opfer, einschließlich des sich am Südhang des Schloßberges ausbreitenden Marktes Waldeck. Der wieder aufgebaute neue Markt Waldeck schart sich um die **Rokokokirche St. Johann von Nepomuk** (1731), die heute als Pfarrkirche dient. Deckenmalereien der Brüder Asam verherrlichen den Hl. Nepomuk, dessen lebensgroße Figur auf dem Altar errichtet wurde. Bemerkenswert auch das Schnitzrelief der Vierzehn Nothelfer in einem Akanthusrahmen.

Die Route zweigt links von der B 22 ab und führt über den schon 1281 urkundlich erwähnten Ort **Zwergau** hinunter ins Fichtelnaabtal nach **Hopfau** mit einem unter Denkmalschutz stehenden ehem. Hammerhaus. Sie fahren am Südhang des **Naturparks Hoher Steinwald** entlang und kommen nach **Grötschenreuth** mit Schloß und ehem. Hammerwerk; aus dem benachbarten **Drahthammer** stammt die Mutter des Komponisten Max Reger.

Von **Grötschenreuth** (Parkplatz Rosenbühl) führt ein lohnender Wanderweg in 1 1/2 Std. nördlich vorbei an den Granitbastionen **Dachsfelsen, Vogelfelsen** und **Räuberfelsen** nach **Pfaben,** wo Sie im Steinwaldhaus einkehren können.

Mit dem Wagen kommen Sie über die Abzweigung **Wetzldorf** nach **Pfaben.** Dieses kleine Walddorf mit Wildgehege eignet sich gut als Stützpunkt für Wanderungen in den Hohen Steinwald. Fahren Sie am besten gleich zum großen Parkplatz am nördlichen Ortsrand. In der Nähe erhebt sich der seltsam geformte **Zipfeltannenfelsen** („Steinwald-Sphinx"). Vom Parkplatz führt ein Waldlehrpfad in 3/4 Std. zum **Hohen Saubadfelsen** (858 m), der aussichtsreich aus einem Granittrümmerfeld herausragt.

Auf dem Basaltkegel des Schloßberges von Waldeck befand sich einst eine Burg der Grafen von Leuchtenberg. Der kleine Ferienort schart sich um die Rokokokirche St. Johann von Nepomuk.
(Foto: Gernot Messarius)

Von dort gelangen Sie in wenigen Minuten zum **Waldhaus** (822 m), einem nicht mehr bewirtschafteten Forsthaus mit Wildgehege und Kinderspielpaltz. Nordwestlich 1/4/Std. liegt der aussichtsreiche **Reiseneggerfelsen,** nordöstlich 3/4 Std. die **Platte** (946 m) mit Aussichtsturm, höchster Punkt des Steinwaldes. Am Nordrand der aussichtsreiche **Katzentrögelfelsen** (942 m). Östlich führt der Platten-Weg zu der an einer Wegkreuzung mitten im Wald gelegenen **Dreifaltigkeitskapelle (1974),** einer Schutzhütte mit Andachtsraum; gegenüber der abgestorbene Baumstumpf der **Hohen Tanne.** Weiter östlich ragt die **Burgruine Weißenstein** (863 m) empor, von der Platte etwa 3/4 Std.: Über hölzerne Stiegen steigen Sie empor zu ihrem Bergfried, der als Turmstumpf auf aussichtsreichem Granitfelsen thront. Die seit dem 16. Jahrh. verfallene Burg war einst Sitz der Ritter Nothaft von Weißenstein.

Erbendorf* im Fichtelnaabtal am Südfuß des Hohen Steinwaldes entwickelte sich aus der „Gefreiten Bergstatt" früherer Jahrhunderte mit ergiebigem Erzbergbau zu einem anerkannten Erholungsort mit modernen Freizeitanlagen. Die nähere Umgebung gilt noch immer als Dorado für Mineralogen und Geologen.

Zwischen Erbendorf und Windischeschenbach bohren seit 1987 Wissenschaftler in Nähe der kleinen Ortschaft Naabdemenreuth **das tiefste Loch der Welt:** Vom 81 Meter hohen Bohrturm aus frißt sich der Meißel 14 km tief in die Erdkruste. Dabei wird eine geologisch aufschlußreiche „Schweißnaht" durchbohrt, die vor 300 Millionen Jahren entstand, als die Schollen der Kontinente zusammenstießen. Diese Naht zieht sich in Mitteleuropa genau durch die Oberpfalz. Am Ende des Bohrlochs mit einem oberen Durchmesser von 50 cm und einem unteren von 20 cm rechnen die Geologen mit einem Druck von 1000 bar (1 bar = 1 atü) und einer Hitze von 300 Grad. Von dort bis zum Erdmantel sind es noch 15 km, bis zum Erdmittelpunkt 6340 km. Die Bohrungen sollen zehn Jahre dauern. Man erhofft sich neue Erkenntnisse nicht nur über die Strukturen der Erdkruste, sondern auch über Möglichkeiten der Nutzung von Erdwärme und der Lagerstättenerkennung von Bodenschätzen in großer Tiefe.

Das benachbarte Dorf **Reuth** besitzt ein stattliches Renaissanceschloß. Sehenswert ist besonders das Innere der Schloßkirche mit ihren reichgeschnitzten Akanthusaltären; an der Kanzel sind in Akanthusrahmen die Büstenreliefs der vier Evangelisten dargestellt.

Von der verfallenen Burg der Ritter von Weißenstein ragt noch der aussichtsreiche Turmstumpf empor.
(Foto: Gernot Messarius)

Im nördlichen **Thumsenreuth** steht ein seit 1661 im Besitz der Freiherren von Lindenfels befindliches dreigeschossiges Schloß mit hohen Giebeln und malerischem Erker. Das Schloßmuseum gibt Einblick in die Geschichte des Hauses, die bis in das Jahr 1255 der ehemaligen Wasserburg zurückreicht. In der evangelischen Pfarrkirche (16./18. Jahrh.) beeindruckt die prächtige Kassettendecke, deren zwölf Felder mit einer Bilderbibel geschmückt sind; in der neuen katholischen Pfarrkirche (1936) interessiert der holzgeschnitzte Vierzehn-Nothelfer-Altar aus der Zeit um 1750. Touristischer Anziehungspunkt ist das Ferienzentrum mit dem schön gelegenen Badesee.

In **Friedenfels*** empfiehlt sich eine Brotzeit in der gemütlichen Brauerei-Schloßschenke. Kurvenreich führt die Straße weiter aufwärts zum **Marktredwitzer Haus** (760 m) am Rande der Streusiedlung **Hohenhard,** deren Antoniuskapelle (1786) ein spätgotisches Holzrelief mit der Beschneidung Christi bewahrt.

Das **Marktredwitzer Haus** ist ganzjährig bewirtschaftet und liegt 12 km südlich von Marktredwitz. Wegen seiner landschaftlich schönen Lage ist es ein beliebter Wanderstützpunkt. Es wurde 1928/29 von der Marktredwitzer Sektion des Deutschen Alpenvereins gebaut und 1966 vom Fichtelgebirgsverein als Unterkunftshaus übernommen.

Wanderungen vom Parkplatz Marktredwitzer Haus

1. Südlich in 3/4 Std. zur aussichtsreichen **Burgruine Weißenstein** (863 m). Weiter südlich in 3/4 Std. auf dem Burgenweg bis zur Friedenfelser Straße und nach Überquerung in 1/2 Std. nordöstl. zur **Felspartie Riesenschüssel.** Von dort auf dem Forstweg erst nördlich, vorbei am Gipfel des höchsten oberpfälzischen Vulkanberges, dem **Plößberg** (820 m), und dann auf markiertem Weg westlich zurück. Insgesamt etwa 2 1/2 Std.

2. Westlich zur **Gefällmühle** und südlich über **Spitzer Berg** am aussichtsreichen **Katzentrögel** (942 m) und zur **Platte** (946 m, höchster Punkt des Steinwaldes) mit dem Oberpfalzturm, 1 1/2 Std. Nun östlich 1/2 Std. über die **Dreifaltigkeitskapelle** (Schutzhütte mit Andachtsraum) zur **Burgruine Weißenstein** und nördlich zurück. Insgesamt etwa 3 Std.

3. Über die **Burgruine Weißenstein** und vorbei am **Leiterfelsen** zum **Waldhaus** (nicht bewirtschaftetes Forsthaus, → Seite 74), 1 3/4 Std. südwestlich. Zurück nordöstlich über die **Platte,** die **Dreifaltigkeitskapelle** und die Plattengasse. Insgesamt etwa 3 1/2 Std.

4. Über **Gefällmühle** und Harlachhof nach **Pullenreuth** mit Pfarrkirche von 1752, 1 3/4 Std. westlich. 1/4 Std. nordöstlich liegt das ehem. Hammergut **Dechantsees** (Ausflugsgaststätte) mit der kleinen Kreuzkapelle. Zurück 2 1/2 Std. entweder über **Arnoldsreuth** oder über die **Platte.** Insgesamt etwa 4 1/4 Std.

5. Über Walbenreuth nach **Waldershof** (551 m, 5000 Einw.) im Talgrund des Kösseine-Flusses mit großer Freibad-Anlage, 1 3/4 Std. nordwestlich. Sehenswert ist das rundgebaute ehemalige Wasserschloß mit seinen drei Flügeln; die ursprüngliche Wasserburg wurde im frühen 12. Jahrh. durch die Ritter von Waltershof gegründet und befand sich von 1263 bis 1803 in Besitz des Klosters Waldsassen. Die Pfarrkirche St. Sebastian von 1968 geht geschichtlich bis ins 13. Jahrh. zurück; als Wallfahrtskirche wurde sie besonders zu Pestzeiten viel besucht. – Noch heute hat sich in Waldershof das Kommun-Brauhaus-Privileg aus dem Jahre 1463 erhalten: An bestimmten Tagen hängen aus den Dachfenstern einiger Häuser an langen Stangen die „Zoigl“ (Fischtenbuschen), die dem Kundigen zeigen, daß hier Bier ausgeschänkt wird, das im Kommunal-Brauhaus von brauberechtigten Bürgern hergestellt wurde. – Der Stadtteil Rodenzenreuth ist beliebter Ausgangspunkt für Wanderungen auf die aussichtsreiche Kösseine (939 m) mit bewirtschaftetem Unterkunftshaus (1 1/2 Std. nordwestlich, → Goldstadt-Reiseführer Fichtelgebirge).

6. Über Hard, Poppenreuth, Helmbrechts, Roßkopf (725 m), Manzenberg und Dörflas nach **Marktredwitz** (539 m, 20000 Einw.), 2 1/2 Std. nördlich (auch Busverbindung). Die als Radewize um 1140 erwähnte heute oberfränkische Große Kreisstadt war fast 500 Jahre lang von 1340 bis 1816 eine böhmische Enklave der Stadt Eger (→ Goldstadt-Reiseführer Fichtelgebirge). An der Marktstraße das Alte Rathaus von 1384, einst Teil des Schlosses der Herren von Redwitz. Durch den Torbogen im Rathausturm kommt man zur evangelischen Pfarrkirche St. Bartholomäus, die aus der alten Schloßkapelle entstand; bemerkenswert das gotische Sakramentshäuschen von 1490 und die 1953 freigelegten spätgotischen Deckenmalereien. Auf der anderen Seite der Marktstraße in der Häuserfront die kleine Theresienkirche im Rokokostil, eine Stiftung der Kaiserin Maria Theresia von 1776. Das klassizistische Neue Rathaus ließ C.W. Fikentscher erbauen, Gründer der ältesten deutschen chemischen Fabrik; eine Gedenktafel erinnert an Goethe, der hier vom 13. bis 18. August 1822 zu Gast weilte, um im Laboratorium Studien für die Farbenlehre zu betreiben. – Zurück über Wolfersreuth und Walbenreuth.

Die Hauptroute führt vom Marktredtwitzer Haus über **Poppenreuth** (Schloßgaststätte; in der Kirche Akanthusaltäre) und **Helmbrechts** nach **Fuchsmühl*** mit viel besuchter barocker Wallfahrtskirche. Vorbei an einem mittelalterlichen Schloß mit schönem Park (heute Schloßhotel), zu dem eine Birkenallee hinunter in das Scheibenbachtal führt, kommen Sie zum **König-Otto-Bad.** Die Heilquellen des Stahl- und Moorbades werden heute nur durch den Versand von natürlichem Tafelwasser genutzt (König-Otto-Sprudel, Koba-Limonade).

Der Name erinnert an König Otto I. von Griechenland (1832-1862), den 2. Sohn des Bayernkönigs Ludwig I. Die starken Heilquellen waren schon 1542 bekannt und zweitweilig im Besitz des Klosters Waldsassen. Seine Blütezeit erlebte das Bad in der Zeit nach dem Ersten Weltkrieg. Während des Zweiten Weltkrieges wurden die Kurgebäude zweckentfremdet und so stark beschädigt, daß sie abgerissen werden mußten. Seitdem wurde der Kurbetrieb noch nicht wieder aufgenommen.

Nach 1 km folgt **Wiesau*,** über **Schönhaid** mit Kaolin- und Tonvorkommen fahren Sie vorbei am **Seidlersreuther Weiher** nach **Falkenberg** im Waldnaabtal. Der kleine Marktflecken wird malerisch von der gleichnamigen Wohnburg auf einem mächtigen Granitfelsen überragt. Zur Einkehr empfiehlt sich die Historische Trinkstube in der Burg.

Bereits 1154 im Besitz der Herren von Falkenberg, gehörte die Burg später den Landgrafen von Leuchtenberg, den Burggrafen von Nürnberg und dem Kloster Waldsassen. Sie widerstand zwar 1428 dem Hussitensturm, aber nicht der schwedischen Belagerung 1648. Nach ihrem Verfall wurde sie 1934 von dem früheren deutschen Botschafter in Moskau (1934-1941) Friedrich Werner Graf von der Schulenburg erworben und 1936-1939 originalgetreu wieder aufgebaut. Graf Schulenburg wurde 1944 als Widerstandskämpfer im Zusammenhang mit dem 20. Juli hingerichtet; heute dient die Burg der Familie seines Neffen als Wohnsitz. Der Hussitenturm stammt noch aus dem 15. Jahrhundert.

Zwischen **Falkenberg** und **Windischeschenbach** erstreckt sich das urtümliche, unter Naturschutz stehende **Waldnaabtal,** dessen vielfach gewundenes Flußbett von gewaltigen Steinriesen durchsetzt ist. Die dreistündige Wanderung durch das von bewaldeten Steilhängen umsäumte enge Tal ist ein ganz besonderes Erlebnis.

Der Weg führt von **Falkenberg** flußabwärts vorbei an der **Hammermühle** über **Sauerbrunnen** (am Weg gefaßte Quelle) und **Butterfaß** (Felstrümmer im Flußbett) zur Waldnaabbrücke (1 1/4 Std.) mit der **Blockhütte,** einer zeitweise bewirtschafteten Ausflugsgaststätte. Wenn Sie wollen, können Sie von dort vorbei am **Mühlnickelweiher** in gut 1 Std. nach Falkenberg zurückkehren.

Es lohnt sich aber der weitere Weg: Entweder über die Brücke auf der östlichen Talseite oder lohnender auf der westlichen Talseite flußabwärts. Talab folgen die Burgställe **Schwarzenschwall** und **Altneuhaus,** die Felsgruppe **Tischstein,** das Gasthaus **Waldfriedenhütte** und das Exerzitienheim **Johannisthal.**

Mit dem Wagen gelangen Sie von **Falkenberg** auf der B 299 westlich zur Jugendherberge **Tannenlohe.** Von hier führt ein **Naturlehrpfad** als 6 km langer Rundwanderweg ins Waldnaabtal.

Die Burg Falkenberg aus dem 12. Jahrhundert wurde im 30jährigen Krieg zerstört und 1934 von dem früheren deutschen Botschafter in Moskau Friedrich Werner Graf von der Schulenburg originalgetreu wieder aufgebaut.
(Foto: Gernot Messarius)

In **Premenreuth** (Wallfahrtskirche) biegen Sie ab nach **Windischeschenbach*,** überqueren die Waldnaab und kommen zur **Burg Neuhaus** mit viergeschossigem Wohnbau, eigenartig geformtem, 23 m hohen Bergfried, im Volksmund „Butterfaß" genannt; die im frühen 14. Jahrh. durch die Landgrafen von Leuchtenberg gegründete Burg kam später in den Besitz des Klosters Waldsassen und wurde 1820 von der Gemeinde erworben (Waldnaabmuseum).

Über **Pfaffenreuth** (Felsgruppe „Hohler Stein") und **Wurz** (barocker Pfarrhof) stoßen Sie auf die B 15, fahren Richtung Weiden und überqueren nach 1,5 km den **Schlatteinbach.** Er mündet in die Waldnaab und wird von einem schönen Wanderweg begleitet. Östlich über dem stillen Schlatteintal erhebt sich die **Wallfahrtskirche St. Quirin** (um 1680), eine Stiftung des Fürsten Ferdinand von Lobkowitz. Sie besitzt schöne Altäre mit Akanthusrahmen, zahlreiche Votivbilder und eine der ältesten Orgeln der Oberpfalz.

Sie passieren **Neustadt an der Waldnaab*,** die „Stadt des Bleikristalls", noch bis 1806 unter den Lobkowitzern Residenzstadt der reichsunmittelbar gefürsteten Grafschaft von Störnstein. Sie durchfahren den langgezogenen, von alten Giebelhäusern umsäumten Maktplatz, überqueren bald wieder die Waldnaab und sind in **Altenstadt,** dem „civitas antiqua" unter Herzog Ludwig dem Strengen (1270).

Sehenswert ist die **Pfarrkirche Mariae Himmelfahrt** (12./15. Jahrh.) mit romanischem Langhaus und gotischem Chor. Der mächtige Vierkantturm verleiht ihr den Charakter einer Wehrkirche. Bemerkenswert sind ein romanischer Taufstein mit Sockel aus der Zeit um 1200 und mehrere Grabsteine, darunter das Grabmal des Ritters Georg Freiherr zu Heideck von 1551. In jüngster Zeit wurden hochinteressante Ausgrabungen in der Kirche durchgeführt: In einem Schacht im Langhaus vor dem Chor sind die Reste des Kirchenvorgängers aus karolingischer Zeit sichtbar.

In der Ferne fällt der Blick auf die **Wallfahrtskirche St. Felix** (1765). Sie besitzt einen Dreikonchenchor und viele Gemäldedarstellungen aus der Felixlegende. Daneben ein Minoritenkloster.

Westlich von Altenstadt empfiehlt sich der **Süßenloher Weiher** zu kühlem Bade, und südlich bringt Sie die B 15 nach 6 km wieder in die Max-Reger-Stadt Weiden zurück.

Route 5: Von Weiden in den Nördlichen Oberplälzet Wald

Zwischen Pfreimd und Wondreb

Weiden - Tirschenreuth - Waldsassen - Bärnau - Flossenbürg - Pleystein - Waidhaus - Vohenstrauß - Weiden

Ausgangspunkt ist wieder **Weiden*.** Sie verlassen den Marktplatz durch das Untere Tor, biegen gleich danach rechts ab und überqueren die Ostmarkstraße Richtung Vohenstrauß. Wenig später durchfahren Sie im Almesbachtal ein schönes Waldgebiet: Links der **Nördliche Fischerberg** mit dem Waldgasthaus **Blockhütte,** recht der **Südliche Fischerberg** mit dem Vierling-Aussichtsturm und dem Fernmeldeturm, errichtet 1966/67.

Bald folgt links eine Abzweigung nach Neustadt/Waldnaab; sie führt zuerst nach **Theisseil** und von dort links auf Nebenstraßen nach **Wilchenreuth,** dessen Pfarrkirche St. Ulrich mit romanischen Wandmalereien aus der Zeit um 1200 Beachtung verdient. Nördlich erreichen Sie über Diepoltsreuth die Verbindungsstraße **Neustadt/Waldnaab*-Störnstein** mit ehem. Burgkapelle im Langhaus der Kirche Christi Himmelfahrt - **Floß*.**

Diepoltsreuth ist guter Ausgangspunkt für eine Wanderung zu der vom Girnitzbach durchflossenen Waldschlucht „Dost", einem unter Naturschutz stehenden Felslabyrinth mit gewaltigen Granitblöcken (u. a. Teufels Butterfaß).

In der Gegend um **Floß*** gibt es zahlreiche Granitsteinbrüche. Am aussichtsreichen **Nikolausberg** (520 m) vorbei mit barocker Wallfahrtskirche fahren Sie nach **Plößberg,** einem schön gelgenen Erholungsort, dessen **Großer Weiher** mit Bootsverleih und Waldbad ein beliebtes Ausflugsziel ist. Nordöstlich liegt der durch die Waldnaab aufgestaute bis zu 15 m tiefe **Liebensteinspeicher.** Im nahen Dorf **Stein** interessiert die 1762 von dem Waldsassener Laienbruder Philipp Muttone errichtete Barockpfarrkirche. In **Liebenstein** finden sich noch Mauerreste einer Burg der Herren von Liebenstein aus dem 12. Jahrh., die 1798 an das Kloster Waldsassen fiel und seit dem 17. Jahrh. dem Verfall preisgegeben ist.

Sie stoßen auf die B 15 und kommen nach **Tirschenreuth*,** Kreisstadt und wirtschaftliches Zentrum des nach dem Kloster Waldsassen benannten Stiftlandes. „Das Tuchmacherstädtchen Tirschenreuth liegt sehr schön", vermerkte Goethe 1786 in seinem Tagebuch, als er auf seiner Reise nach Italien auch durch Tirschenreuth kam. Grund genug für den Ferienreisenden von heute, sich die Stadt und die schöne Umgebung etwas näher anzusehen.

Mitterteich* hat einen guten Namen durch seine Glas- und Porzellanerzeugnisse. Von dort folgen Sie erst der B 299 Richtung Waldsassen und biegen bald links ab nach **Konnersreuth** mit Spätbarockpfarrkirche von 1782 und Anbetungskloster Theresianum des Karmeliterinnenordens.

Kurz vor Konnersreuth liegt rechts etwas abseits **Schloß Fockenfeld,** errichtet um 1750 von Barockbaumeister Philipp Muttone. Die ehem. Sommerresidenz der Waldsassener Äbte dient heute als Salesianum.

Konnersreuth war Wohnort der stigmatisierten Therese Neumann (1898-1962). Seit 1926 erlebte sie in Visionen das Leiden Christi. Über ihr wundersames Leben erschienen zahlreiche, auch kritische Veröffentlicheungen. Ihr Grab befindet sich auf dem Konnersreuther Friedhof.

Auch in **Waldsassen*** wandeln Sie auf den Spuren Goethes. Als der Dichter bei seiner Italienreise vom benachbarten Eger aus über die böhmisch-bayerische Grenze kam, notierte er im Tagebuch:

„In Bayern stößt einem sogleich das Stift Waldsassen entgegen - köstliche Besitztümer der geistlichen Herren, die früher als andere Menschen klug waren. Es liegt in einer Teller-, um nicht zu sagen Kesseltiefe, in einem schönen Wiesengrunde, rings von fruchbaren, sanften Anhöhen umgeben. Der Boden ist aufgelöster Tonschiefer. Der Quarz, der sich in dieser Gebirgsart befindet und sich nicht auflöst noch verwittert, macht das Feld locker und durchaus fruchtbar. Bis gegen Tirschenreuth steigt das Land noch. Die Wasser fließen einem entgegen, nach der Eger und Elbe zu. Von Tirschenreuth aus fällt es nun südwärts ab, und die Wasser laufen zur Donau.“

Versäumen Sie nicht, sich in Waldsassen die großartige barocke **Basilika** und den berühmten **Bibliothekssaal** im anschließenden Klostergebäude anzuschauen. Ebenso lohnend ist ein Besuch der 4 km nördlich bei **Münchenreuth** (gotisch-barocke Pfarrkirche) auf dem 628 m hohen **Glasberg** inmitten von Äckern und Wiesen gelegenen **Dreifaltigkeitskirche Kappel.** Ihr origineller Rundbau gilt als Meisterwerk deutschen Barocks und symbolisiert in architektonischer Vollendung die Dreieinigkeit Gottes.

Die 1685-1689 von Georg Dientzenhofer erbaute Wallfahrtskirche beeindruckt durch den harmonischen Dreiklang ihrer Bauteile: Drei Rundchöre, drei Seitenkapellen, drei Altäre sowie drei große und kleine Zwiebeltürme versinnbildlichen die Dreieinigkeit. Selbst bei den drei Säulen in den drei Ecken des Grundrisses und bei den Fensteröffnungen ist der Gedanke der Trinität zum Ausdruck gebracht. Dazu thront die Kirche noch über drei Gebirgen (Oberpfälzer Wald, Böhmerwald, Fichtelgebirge) und ist nach drei Ländern ausgerichtet (Bayern, Böhmen, Sachsen). Der als vollkommene Einheit wirkende neutrale Rundbau ist von einem gedeckten Prozessionsweg umgeben.

Die Kirche ist in der Regel werktags verschlossen. Um sie auch innen besichtigen zu können, ist eine Anmeldung beim Pfarramt Münchenreuth Post 8595 Waldsassen erforderlich. Im Sommer findet an Sonntagen um 9.30 Uhr ein kath. Gottesdienst statt. Bis 18 Uhr gibt an Sonn- und Feiertagen ein Automat alle zehn Minuten eine Kirchenbeschreibung.

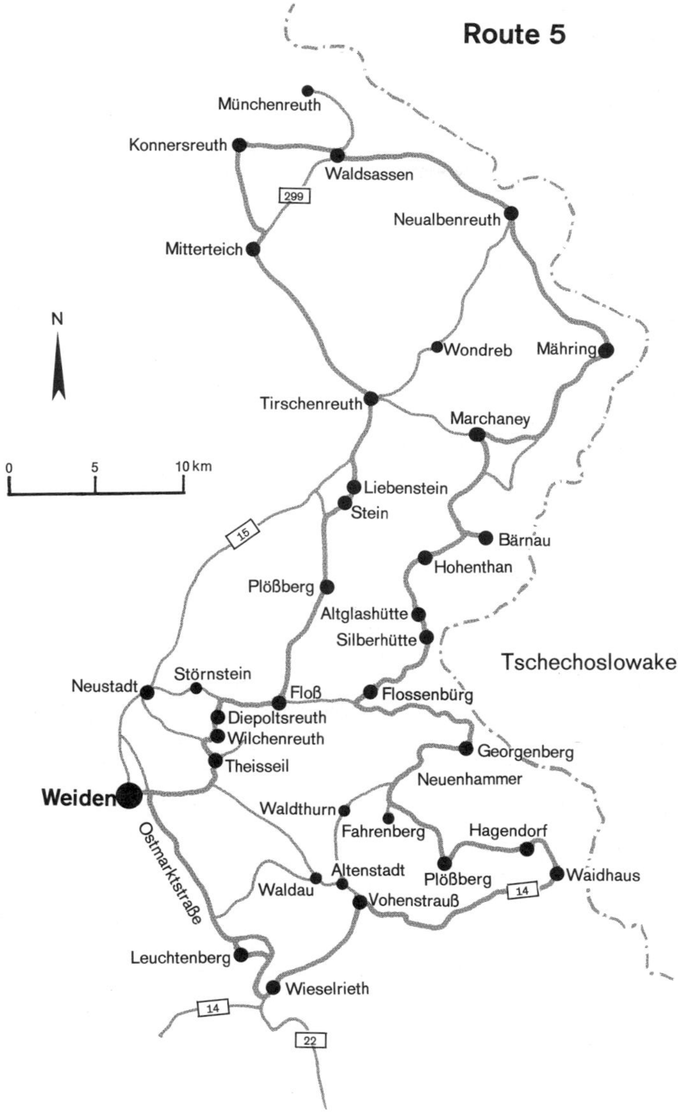
Route 5
N
0
5
10 km
Münchenreuth
Konnersreuth
Waldsassen
299
Neualbenreuth
Mitterteich
Wondreb
Mähring
Tirschenreuth
Marchaney
Liebenstein
Stein
15
Bärnau
Hohenthan
Plößberg
Altglashütte
Silberhütte
Tschechoslowakei
Störnstein
Neustadt
Floß
Flossenbürg
Diepoltsreuth
Wilchenreuth
Georgenberg
Theisseil
Neuenhammer
Weiden
Waldthurn
Fahrenberg
Hagendorf
Ostmarktstraße
Altenstadt
Plößberg
Waidhaus
Waldau
14
Vohenstrauß
Leuchtenberg
Wieselrieth
14
22

Neualbenreuth* plaziert sich 11 km östlich von Waldsassen nahe der böhmischen Grenze am Fuße des sagenumwobenen Tillenberges (939 m), dessen Gipfel jenseits der Grenze als geographischer Mittelpunkt Europas gilt. Zwischen Waldsassen und Neualbenreuth liegen die herrlichen Wälder des Jesuitenforstes.

Ein empfehlenswerter Abstecher führt südwestlich zum bewirtschafteten **Egerer Waldhäusl** inmitten schönen Hochwaldes. Von dort wandern Sie in 3/4 Std. südöstlich zur Wegkapelle **Alter Herrgott** (1676), so benannt nach der barocken Holzfigur „Gott Vater auf dem Altärchen". Bald folgt **Wondreb** im gleichnamigen Tal mit Barockpfarrkirche von 1730. Besonders sehenswert ist die Friedhofskapelle von 1669, deren getäfelte Decke in 28 Feldern interessante Totentanzdarstellungen aufweist. Über jeder Szene steht ein lateinischer Bibeltext, darunter ein deutscher Reim. Den Pfarrhof erbaute der Barockmeister Muttone.

Die Straße verläuft weiter durch die einsamen Grenzwälder. Nach 4 km folgt die kleine **St.-Nikolaus-Kirche,** der einzige Überrest des im Hussitenkrieg untergegangenen Dorfes Högelstein. Im 12. Jahrh. erbaut und im 17. Jahrh. erneuert, wurde das Kirchlein nach einem Brand 1897 unter Verwendung des alten Mauerbestandes neu errichtet. In unmittelbarer Nähe die Landesgrenze.

Mähring war früher durch seinen Erzbergbau bekannt. Der kleine Ferienort liegt am Lohbach in waldreicher Umgebung. Bemerkenswert die Barockpfarrkirche von 1771 mit Chor und Turm des 17. Jahrh. und die Fachwerkhäuser im Egerländer Stil. Auf dem **Pfaffenbühl** nordöstlich die St.-Anna-Kirche mit Aussichtsturm. Westlich der **Poppenreuther Berg** (761 m) mit herrlichem Ausblick über die Grenze nach Marienbad. Südwestlich in **Großkonreuth** beherbergt die Pfarrkirche von 1776 mit mittelalterlichem Turm eine gute Barockausstattung.

In **Marchaney** finden Sie wieder ein Kleinod barocker Kirchenbaukunst: Das Kirchlein St. Jakobus mayor, 1733 von dem Waldsassener Frater Philipp Muttone errichtet, ein herzförmiger Zentralbau mit niederer Kuppel. Die Originalfresken wurden leider bei einem Brand von 1915 vernichtet.

Vorbei am aussichtsreichen **Ahornberg** (792 m) geht es nach **Bärnau*,** Hauptort des historischen „Bärnauer Ländchens" und Zentrum der Knopfindustrie.

Die nördlich von Waldsassen gelegene Dreifaltigkeitskirche Kappel ist mit ihrem originellen Rundbau ein Meisterwerk deutschen Barocks. In architektonischer Vollendung symbolisiert sie die Dreieinigkeit Gottes.
(Foto: Gernot Messarius)

Über **Thanhausen** mit ehem. Schloß aus dem 18. Jahrh. kommen Sie nach **Hohenthan** (583 m); das im Verschönerungswettbewerb schon mehrmals ausgezeichnete Dorf liegt mit seiner Barockpfarrkirche von 1729 malerisch in einer Hangmulde des **Galgenberges** (671 m). Die Straße zieht sich hinauf nach **Altglashütte** (730 m) am Fuß des **Kutscherberges** (809 m), auf dem sich im Winter auch die Skifahrer tummeln (Skilift).

Der idyllische Ferienort entwickelte sich aus einer Glashütte, die von 1614-1799 Fenster- und Gebrauchsglas erzeugte. Die Wald-Freibad-Anlage Altglashütte mit beheiztem Wasser, Wärmehalle mit Durchschwimmkanal, Liegewiesen, Minigolf, Trambolin und anderen Freizeiteinrichtungen sowie Cafeteria ist eine besondere Attraktion. Im altrenommierten Gasthof Blei können Sie neben Stiftlandkarpfen aus eigener Zucht auch Wildspezialitäten probieren.

Noch etwas höher liegt **Silberhütte** (850 m) am Westhang des **Entenbühls** (901 m), die höchstgelegene Ortschaft der Oberpfalz. Ob hier wirklich einmal Silber geschürft wurde, sei dahingestellt, zumindest aber war es Glimmerschiefer, der im Volksmund „Katzensilber" genannt wird.

Beliebter Wanderstützpunkt ist das gastliche **Unterkunftshaus Silberhütte des Oberpfälzer Waldvereins.** In der Nähe steht das Jugendfreizeit-Haus der Stadt Regensburg. Südöstlich zehn Minuten erhebt sich der **Entenbühl** (901 m). Von dort wandern Sie in 20 Minuten nordöstlich zum unmittelbar an der böhmischen Grenze gelegenen **Kreuzbrunnen,** die 1951 vom Oberpfälzer Waldverein neu gefaßte **Quelle der Waldnaab.** Die vier Steintafeln an der Ruhebank tragen die Wappen jener Städte, die von der Waldnaab bei ihrem Lauf durch die nördliche Oberpfalz berührt werden: Bärnau, Tirschenreuth, Neustadt und Weiden mit der Jahreszahl 1952.

Südöstlich von der Silberhütte führt ein Wanderweg zum **Kreuzstein** (866 m) ebenfalls unmittelbar an der Landesgrenze, ein breiter, stumpfer Granitkegel. Der alte Grenzstein ist mit „Bayern", „Böhmen", einem Kreuz und der Jahreszahl 1843 gekennzeichnet. Von dort weiter südöstlich über die bizarre **Felsaufschichtung Brotstein** zur **Burgruine Schellenberg.** Die im 14. Jahrh. angelegte Burg ist seit dem 30jährigen Krieg in Zerfall (insgesamt von der Silberhütte knapp 1 Std.).

Kurvenreich geht es durch den Flossenbürger Wald nach **Flossenbürg*** hinunter; vor sich sehen Sie auf mächtigem Granitkegel die stolze Ruine der Hohenstaufenfeste. Die Route folgt erst noch etwas der Straße nach **Floß*,** zweigt aber nach 2 km links ab und windet sich am Mühlbach entlang nach **Waldkirch** am Fuß des **Schellenbergs** (826 m) mit der verwitterten Burgruine und weiter durch schönes Waldgelände nach **Georgenberg** im Zottbachtal. Oberhalb nahe der Grenze das Pfarrdorf **Neukirchen-St. Christoph** mit einer Kirche des 18. Jahrh. und Blick ins Böhmische.

Das Zottbachtal zeigt sich als liebliches, tief eingeschnittenes Waldtal mit schönen Felspartien. Bis zum vorigen Jahrhundert gab es hier noch viele Hammerwerke, die vom wasserreichen Zottbach angetrieben wurden. Einige von ihnen wurden zu Säge- und Schleifmühlen umgebaut. Die reizvolle Waldstraße verläuft flußabwärts über **Neuenhammer, Hagenmühle** (Besichtigung der Glasschleife) und **Peugenhammer** nach **Pleystein***.

Von Neuenhammer (Hammerschlößchen von 1808 mit Kapelle) führt eine Straße nach **Waldthurn.** Das ehem. Schloß erinnert an die Grafschaft Störnstein der Fürsten von Lobkowitz, zu der Waldthurn zwischen 1666 und 1806 gehörte. Sehenswert ist die Flachs- und Webereigerätesammlung.

Zwischen Neuenhammer und Waldthurn empfiehlt sich ein Abstecher über **Oberbernrieth** auf den aussichtsreichen **Fahrenberg** (801 m).

Der Fahrenberg wird von der 1779 erbauten **Rokokokirche** mit hohem Spitzturm gekrönt, deren holzgeschnitzte spätgotische Marienfigur auf dem Hochaltar besonders am 15. August (Mariae Himmelfahrt) das Ziel zahlreicher Wallfahrer ist. Die am Hals der Madonna sichtbare Einschußstelle wird der Kugel eines Schweden zugeschrieben. Als Symbol des Friedens grüßt vom Dachfirst eine 3,5 m hohe Marienfigur (1956) ins Land hinein.

Neben der Kirche steht die **Dreifaltigkeitskapelle** von 1706. Ein Gedenkstein (1959) erinnert an den oberpfälzischen Volkskundler Franz von Schönwerth.

Im 12. Jahrh. thronte auf dem Fahrenberg die Veste Vornburg der Herren von Waldau und Waldthurn, der ein Kloster des Zisterzienserstifts Waldsassen folgte, das 1425 von Hussiten zerstört wurde. Die hölzerne Madonna in der Wallfahrtskirche soll noch aus der alten Burgkapelle stammen.

Eine steile Waldschneise führt von der Wallfahrtskirche hinunter zum gastlichen **Schutzhaus Fahrenberg** des Oberpfälzer Waldvereins. Im Winter befindet sich auf der Nordostseite des Fahrenbergs ein beleuchteter Skilift.

Zurück fahren Sie wieder über **Oberbernrieth** und weiter über **Peugenhammer mit dem gastlichen Zottbachhaus** nach **Pleystein** am Ausgang des romantischen Zottbachtals.

Pleystein* bietet als eindrucksvolle Sehenswürdigkeit den inmitten des Städtchens aufragenden 38 m hohen Rosenquarzfelsen mit der Kreuzbergkirche.

Über **Miesbrunn** kommen Sie nach **Hagendorf,** dessen bedeutendes Feldspat-Bergwerk als Schrägschacht bis in 140 m Tiefe reicht und jährlich rund 12 000 Tonnen Feldspat fördert.

Das spathaltige Gestein wird zu weißem Spatmehl gemahlen und für Porzellanmassen und Glasuren verwendet. Die oft metergroßen Kristalle enthalten auch Quarz: Diese spezielle Mischung bezeichnet man als Pegmatit. Hagendorfer Pegmatit ist bei Mineraliensammlern wegen seines Reichtums an seltenen Phosphatmineralien wie Hagendorfit, Laueit, Strunzit und Scholzit geschätzt; außerdem finden sich noch Uranmineralien.

Waidhaus* ist wichtiger Grenzübergang zur ČSFR; auf der „Diplomatenstraße" (B 14) erreichen Sie südwestlich **Vohenstrauß*** mit seinem Wahrzeichen, dem sechstürmigen Renaissanceschloß des Pfalzgrafen Friedrich.

Eine Abzweigung führt nach **Altenstadt;** die im 17. Jahrh. veränderte gotische Pfarrkirche enthält eine Kassettendecke und zahlreiche alte Grabsteine. In **Waldau** interessieren die Burg der Herren von Waldau aus dem 12. Jahrh., das gotische Schloß und die neubarocke Pfarrkirche von 1912 mit Barockausstattung von 1710 und Akanthusaltären. Über **Roggenstein** mit Burgstall erreichen Sie durch das früher von Hammerwerken beherrschte Luhetal die Ostmarkstraße.

Etwa 4 km südwestlich von Vohenstrauß finden Sie an der B 14 den sagenumwobenen „Kalten Baum“, eine viele Jahrhunderte alte Linde mit einer Bank im Inneren des Stammes . Bei **Wieselrieth** stoßen Sie auf die Ostmarkstraße und fahren rechts Richtung Weiden. Bald folgt links auf 160 m hoch aufragender Granitkuppe die mächtige Burgruine **Leuchtenberg.** Der alte Stammsitz der Landgrafen von Leuchtenberg gehört zu den großartigsten Burganlagen der Oberpfalz. Rechts der Straße erstreckt sich das unter Naturschutz stehende **Lerautal.** Zwischen **Sargmühle** und **Burgmühle** am Zusammfluß mit der Luhe ist es von romantischen Granitfelsen durchsetzt (Schafsteg, Wolfslohe). Oberhalb der Straße das Teufelsbutterfaß.

Über die Ostmarkstraße in nördlicher Richtung, vorbei an den alten Pfarrdörfern **Michldorf** (gotische Kirche 1953 erweitert) und **Irchenried** (Barockkirche von 1725), endet diese Route wieder in Weiden. Dort, von der Höhe des „Postkellerberges“ aus, hat man bei klarem Wetter einen herrlichen Blick über die weitausgedehnte Stadt bis hinauf zu den Höhen des Steinwaldes.

Route 6: Von Cham in den Südlichen Oberpfälzer Wald

Zwischen Pfreimd und Regen

Cham - Rötz - Neunburg - Oberviechtach - Tännesberg - Eslarn - Schönsee - Waldmünchen - Furth - Cham

Die oberpfälzische Kreisstadt **Cham*** im Talbecken des Regen, schon 976 als Stadt beurkundet, liegt verkehrsgünstig am Kreuzungspunkt der Bundesstraßen 20, 22 uns 85. Der Zwiebelturm der Pfarrkirche St.Jakob weist den Weg zum Zentrum am Marktplatz mit dem spätgotischen Rathaus.

Sie überqueren südlich die Regenbrücke und biegen bald westlich in die B 85 Richtung Roding ein. Vorbei am Naturschutzgebiet **Rötelseeweiher** mit artenreicher Vogelwelt und seltener Flora kommen Sie zum **Schloß Thierstein,** das hoch über dem Regental auf einem mächtigen Quarzfelsen des Großen Pfahl thront. Die

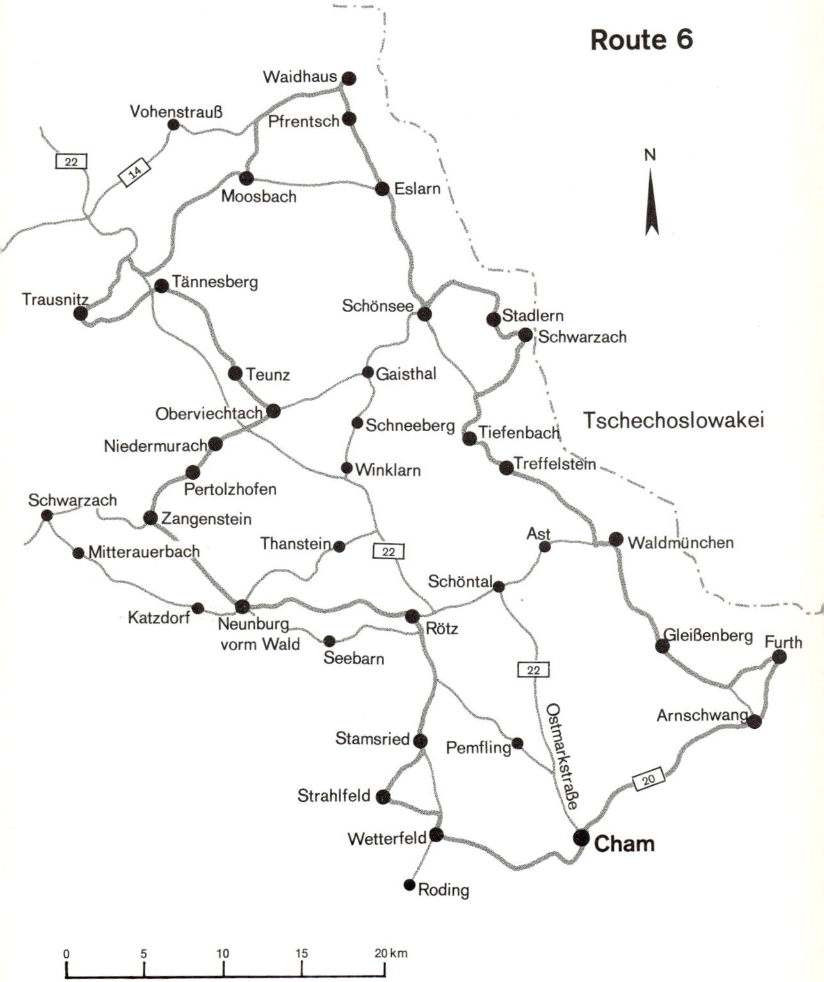

Route 6
N
Tschechoslowakei
Waidhaus
Vohenstrauß
Pfrentsch
22
14
Moosbach
Eslarn
Tännesberg
Trausnitz
Schönsee
Stadlern
Schwarzach
Teunz
Gaisthal
Oberviechtach
Schneeberg
Tiefenbach
Niedermurach
Winklarn
Treffelstein
Pertolzhofen
Schwarzach
Zangenstein
Thanstein
22
Ast
Waldmünchen
Mitterauerbach
Schöntal
Katzdorf
Neunburg vorm Wald
Rötz
Seebarn
Gleißenberg
Furth
22
Ostmarkstraße
Arnschwang
Stamsried
Pemfling
20
Strahlfeld
Wetterfeld
Cham
Roding
0
5
10
15
20 km

Jenseits der Ostmarkstraße erwartet Sie **Oberviechtach*,** Geburtsort des berühmten Arztes Dr. Eisenbarth. Nordwestlich folgt an der alten Landstraße **Hof** mit einer romanischen Dorfkapelle, die von „Riesen" erbaut sein soll.

Teunz im Murachtal birgt in seiner Barockpfarrkirche St. Lambert einen schönen Rokoko-Hochaltar. Parallel zur Ostmarkstraße fahren Sie zur einsam gelegenen turmlosen Waldkirche **St. Jodok,** ein Heiligtum besonders bei Bauernwallfahrten. Auf einem Altarblatt ist die im 30jährigen Krieg zerstörte und seit 1817 abgetragene Burg Tännesberg dargestellt.

Tännesberg* ist anerkannter Erholungsort am Südhang des aussichtsreichen **Schloßberges** (692 m) und bietet eine Fülle schöner Wanderwege. Als Besonderheit gilt der geologische **Waldlehrpfad,** der seinen Ausgangspunkt am östlichen Waldparkplatz hat.

Sie überqueren die Ostmarkstraße und fahren südwestlich nach **Trausnitz** am Trausnitzstausee. Der hübsche Ferienort wird von der gut erhaltenen Burg Trausnitz beherrscht, die aus dem Besitz der Herren von Waldthurn 1271 an die Wittelsbacher überging und zur Unterscheidung der gleichnamigen Veste bei Landshut den Zusatz „im Tal" trägt. Heute ist die Burg eine Jugendherberge.

„Trau-es-net" soll ihr unfreiwilliger Bewohner Herzog Friedrich der Schöne von Österreich gerufen haben, als er nach der verlorenen Schlacht bei Ampfing 1322 über die schmale Brücke ging, die noch heute vom Ballettsaal zum Turmgemach führt. Achtundzwanzig Monate lang war er dort Gefangener Kaiser Ludwigs des Bayern, bis sich die beiden feindlichen Vettern am 13. März 1325 versöhnten. Das geschah in der frühgotischen Versöhnungskirche beim viereckigen Sachsenturm unweit der Pfarrkirche St.Josef (1893); ein Gemälde erinnert an jene Ereignisse.

Trausnitz hieß ursprünglich Sachsenkirchen. Der Name wird von Karl dem Großen abgeleitet, der am Ende seiner Sachsenkriege in dieser Gegend Sachsen angesiedelt haben soll.

Der Doktor-Eisenbarth-Brunnen erinnert an den aus Oberviechtach stammenden berühmten Landarzt. Die Bronzeplastik zeigt den Meister mit Stab und einer symbolischen Schale des Heils, aus der Wasser in ein granitenes Becken fließt. Im Heimatmuseum befindet sich eine reichhaltige Eisenbarth-Sammlung.
(Foto: Kraus, Oberviechtach)

USEUM
DEM GROSSEN WUNDA
JOHANNES ANDR
EISENBARTH
KGL. GROSSBRITANNIS
UND KURFÜRSTL. BRA
SCHWEIG-LÜNEBURGIS
PRIV. LANDARZT UND
PREUSSISCHER RA
WELTBERÜHMT ALS
DOKTOR EISENBA
*27.3.1663 IN OBERVIECH
†11.11.1727 IN HANN. MÜ
VIEL GENANNT –
OFT VERKANNT.
KÖNNEN UND ERF
WAREN MIT IHM.
GEWIDMET VON SE
FREUNDEN

Südwestlich zieht sich eine Straße entlang der Pfreimd abwärts über **Stein** mit Burgruine des 12. Jahrh. und **Oberpfreimd** am Ausgang des idyllischen Stelzlmühlbaches mit Barockpfarrkirche von 1789 nach **Pfreimd*** beim Einfluß der Pfreimd in die Naab.

Nördlich 1 km von Trausnitz empfiehlt sich in Oedmühl am Anfang des Trausnitzstausees das Seehotel Anzer zur gastlichen Einkehr. Von dort umfahren Sie etwa die Hälfte des Sees, biegen beim **Kraftwerk Reisach** ab und kommen vorbei am **Hochspeicher Rabenleite** bei **Großenschwand** wieder auf die Ostmarkstraße.

3 km nordwestlich von Trausnitz erstreckt sich auf weiter Höhe das Pfarrdorf **Söllitz** mit seiner Wallfahrtskirche von 1723.

Von Großenschwand führt eine Straße direkt zum **Hochspeicher Rabenleite** („Wasserschüssel der Oberpfalz") mit Parkplatz; von dort empfiehlt sich ein Besuch des nahen Aussichtsturmes.

Nordwestlich von Großenschwand, mit dem Wagen von einer Abzweigung der Ostmarkstraße zu erreichen, liegt das **Kraftwerk Tanzmühle;** in der Nähe die **Pfreimdtalhütte** des Oberpfälzer Waldvereins.

Die **Pumpspeicheranlagen** im Pfreimdtal sind eindrucksvolle technische Sehenswürdigkeiten. Sie wurden 1951-1955 von der Energieversorgung Ostbayern AG. errichtet. Der gesamte Komplex besteht aus der **Kainzmühlsperre** (der früheren Pfreimdtalsperre), dem **Kraftwerk Tanzmühle,** dem **Trausnitzstausee** mit den **Kraftwerken Reisach** und **Trausnitz** sowie dem **Hochspeicher Rabenleite.**

Der nierenförmige See des Hochspeichers Rabenleite liegt in 586 m Höhe. Er ist 400 m lang, 280 m breit und 15 m tief. Das meistens vormittags voll gefüllte Becken umfaßt 1,5 Millionen Kubikmeter Wasser. Durch Stollen ist es sowohl mit dem tieferliegenden Kainzmühl- als auch mit dem Trausnitzstausee verbunden. Nachts wird mit billigem Strom Wasser in den Hochspeicher gepumt, das tagsüber wieder in die Unterspeicher abgelassen wird, um auf diese Weise den täglichen Spitzenbedarf zu decken. Hauptkraftwerk ist das Reisachkraftwerk, das aus Quadern der ehem. Nürnberger Parteibauten errichtet wurde. Allein die drei Aggregate dieses Werkes haben eine Leistung von rund 100 000 Kilowatt.

Von Großenschwand fahren Sie erst 1,5 km auf der Ostmarkstraße und biegen von Tännesberg links in die Nebenstraße ein. Sie führt am Westhang des Schloßberges und am Bursweiher vorbei über **Böhmischbruck** mit gotisch-barocker Pfarrkirche und Ferienzentrum St. Hubertus nach **Moosbach,** anerkannter Erholungsort mit beheiztem Freibad und Ozon-Hallenbad; am nördl. Ortsrand die barocke Wallfahrtskirche Wies (1769).

Südwestlich liegt bei **Oedpielmannsberg** die **Moosbacher Hütte** des Oberpfälzer Waldvereins. Westlich in **Burgtreswitz** an der Pfreimd steht ein Schloß des 13. Jahrh; nach einem Brand wurde es im 17. Jahrh. erneuert und befindet sich heute in Privatbesitz. In der Ortskapelle steht der Renaissancealtar aus der Burg.

Die Hauptroute führt nördlich auf die B 14, der Sie bis kurz vor **Waidhaus*** folgen. Auf der rechts abzweigenden Straße erreichen

Sie **Pfrentsch** im Tal der Pfreimd am Fuße des **Ulrichsberges** (591 m) mit Wallfahrtskirche von 1689. Auf dem Gelände des 1364 von den Leuchtenberger Landgrafen angelegten und 1840-1847 trockengelegten Pfrentschweihers befindet sich heute ein staatliches Mustergut. Nahe der Landesgrenze erstreckt sich ein unter Naturschutz stehendes Urwaldgebiet.

Eslarn* besitzt eine sehenswerte Pfarrkirche, deren Zwiebelturm sich schon von weitem ankündigt. Langsam steigend, schlängelt sich die bergige Landstraße zum gastlichen **Lindauer Waldhaus** (628 m) hinauf, mit Wildgehege, Kinderspielplatz und markierten Wanderwegen ein beliebtes Ausflugsziel, im Winter auch für Skifahrer (Skilift). Auf dem nahen **Stückstein** (808 m) wurde 1974 ein 30 m hoher Aussichtsturm errichtet.

Schönsee* breitet sich reizvoll im Aschatal aus; hier und im „Schönseer Ländchen" ist seit Generationen die handwerkliche Kunst des Spitzenklöppelns heimisch. Gut aufgehoben sind Sie im komfortablen Feriendorf St. Hubertus mit Hotel, Hallenbad, Sauna, Solarium und Skilift.

An der Straße nach Gaisthal erinnert die Doppelstatue des Hl. Nepomuk (1791) an die Zeit, als Schönsee noch zum böhmischen Kronlehen gehörte: Das eine Gesicht schaut nach Böhmen, das andere nach Bayern. Nach Durchquerung des reizvollen „Rosentales" gelangen Sie nach **Gaisthal,** anerkannter Erholungsort im Tal der Ascha mit beheiztem Freibad. Von dort kommen Sie entweder nach **Oberviechtach** oder über Schneeberg nach **Winklarn** an der Ostmarkstraße.

Winklarn liegt am Rande eines Lehmbeckens und ist weit und breit durch die hervorragende Güte seiner Kartoffeln bekannt. Das von drei erhaltenen Ecktürmen gezierte Schloß der Grafen Du Moulin-Eckart stammt aus dem 16. Jahrh. Beachtung verdient der originelle Renaissancealtar in der Friedhofskapelle.

Stadlern ist ein kleiner Ferienort östlich von Schönsee am Fuße des **Reichenstein** (874 m) mit der Ruine einer seit dem 16. Jahrh. verfallenen Burg. Attraktion ist die Sommerrodelbahn mit Lift zur Bergstation. Die Pfarr- und Wallfahrtskirche Unsere Liebe Frau und St. Michael stammt ursprünglich aus dem 14. Jahrh.

In dem barocken Choraltar steht eine sagenumwobene spätgotische Madonna, deren Oberteil aus gebranntem Ton gefertigt ist; auf einem Nebenaltar die Holzfigur des Hl. Michael mit Drachen. Die 3,5 m hohe Granitsäule an der äußeren Südseite, deren Inschrift nicht mehr zu entziffern ist, gilt als besondere ikonographische Seltenheit in der Oberpfalz. Die Steinsäule stammt vermutlich aus dem 17. Jahrh. und zeigt in eigenartiger Reliefdarstellung „Christus in der Kelter". - Alljährlich am 15. August findet ein traditionsreiches Wallfahrtsfest mit Jahrmarkt statt.

Über das zweigeteilte Grenzdorf **Schwarzach** erreichen Sie **Tiefenbach** mit Barockpfarrkirche von 1721.

Südwestlich in **Hoffeld** steht inmitten des Dorfes eine 30 m hohe tausendjährige Linde. Vom Nachbardorf **Altenschneeberg** mit Burgstall führt ein schöner Wanderweg nördlich über die **Platte** (818 m) zum **Signalberg** (890 m) mit der **Burgruine Frauenstein** aus dem 13. Jahrh.

Über **Hammertiefenbach** mit ehem. Hammerschloß kommen Sie nach **Treffelstein.** Hoch auf einer Gneiskuppe thront die Ruine einer schon 1333 genannten Burg mit 15 m hohem Rundturm. In der Pfarrkirche von 1720 befindet sich ein bemerkenswertes spätgotisches Holzrelief. Gemütlich sitzt man im Hotel-Restaurant Katharinenhof im Ortsteil Kritzenthal nahe der böhmischen Grenze. Westlich lädt der von der Bayerischen Schwarzach aufgestaute **Silbersee** ein zu Bade- und Segelfreuden.

Waldmünchen*, Luftkurort über dem Schwarzach- und Ulrichsgrüner Tal, hat auch als Festspielstadt mit dem nächtlichen Freilichtspiel „Trenck der Pandur" einen guten Namen.

Westlich lohnt ein Abstecher nach **Ast** zur Wallfahrtskirche „Unsere liebe Frau". Die dreischiffige frühgotische Kirche aus dem 13. Jahrh. besitzt neben einer üppigen Barockausstattung eine originelle Kanzel, aus deren Schalldeckel ein „Ast" mit einer Madonnenfigur herauswächst. Der Nachbarort **Schönthal** mit ehem. Augustinerkloster (1255-1803) und Barockpfarrkirche (um1700) stellt die Verbindung zur Ostmarkstraße her.

Gleißenberg zeigt sich als schön gelegener Ferienort in einem waldumsäumten Talkessel mit modernem Freibad und herrlichen Wanderwegen. Besuchen Sie 1/2 Std. nordöstlich den **Burgstallfelsen** (672 m) mit Resten einer mittelalterlichen Burg und wandern von dort über Althütte in 1/2 Std. zum **Gibacht** (938 m) oder steigen Sie nordwestlich empor in 1 Std. zur aussichtsreichen Bergpension Roßhof am **Hinteren Hiener.** Schön ist auch der Weg östlich über Gschwand und vorbei am **Reiseck** (901 m) und **Dachsriegel** (826 m) in etwa 2 Std. nach **Voithenberg** mit Schloß des 19. Jahrh. und Ausblick auf die Cham-Further Senke.

Furth im Wald* ist anerkannter Erholungsort und wichtige Grenzstation zur CSSR. Wenn Sie im August kommen, können Sie den berühmten „Drachenstich" erleben, ein über 500 Jahre altes Volksschauspiel.

Die Route führt nun durch die **Cham-Further-Senke.** Sie bildet den tiefsten Einschnitt in das ostbayerische Grenzgebirge und trennt zugleich den Oberpfälzer Wald vom Bayerischen Wald. Als Völkertor dient sie seit Jahrhunderten dem Durchgangsverkehr zwischen Bayern und Böhmen. Das breite Wiesental wird von der Chamb durchflossen, die bei Cham in den Regen mündet.

Arnschwang mit ehemaligem Wasserschloß des 12. Jahrh. und Barockpfarrkirche von 1723 interessiert besonders wegen der seltsamen Schrazellöcher, über deren Bedeutung schon viel gerätselt worden ist.

Die geheimnisvollen Gänge, die der Sage nach von Schrazln (Zwergen) bewohnt werden, sind bis zu 1,75 m hoch und 50 cm breit. Vermutlich bestehen sie schon seit vorgeschichtlicher Zeit und haben den Hausbewohnern als Fluchtweg oder Versteck gedient. Sie beginnen meistens an der Kellermauer und laufen dann unter oder neben dem Haus weiter.

Windischbergerdorf am Fuße des Buchberges (563 m), mit Resten einer großen Burganlage, ist durch das Bayerwaldsanatorium für Galle-, Leber-, Herz- und Kreislaufkuren bekannt geworden. Östlich liegt das Pfarrdorf **Runding,** auf dessen Schloßberg 800 Jahre lang eine der mächtigsten Burgen der Umgebung stand.

Die Hauptroute bringt Sie nach 4 km wieder an den Ausgangspunkt **Cham** zurück.

Route 7: Von Cham in den Oberen Bayerischen Wald

Zwischen Chamb und Weißem Regen

Cham - Furth - Eschlkam - Neukirchen b. Hl. Blut - Lam Arrach - Hohenwarth - Kötzting - Miltach - Cham

Von **Cham*** führt die B 20 durch die Cham-Further-Senke nach **Furth im Wald***. Östlich folgt auf einem Höhenrücken über dem Zusammenfluß von Chamb und Freibach der Marktflecken **Eschlkam** (700 m, 1200 Einw.), der schon zu keltischer Zeit besiedelt war. 1832 wurde hier der Heimatdichter Maximilian Schmidt, genannt Waldschmidt, geboren (Gedenktafel am Geburtshaus).

Lohnend ist eine Wanderung nordöstlich über **Großaign** mit Barockkapelle zur **Waldkapelle Schöne Eiche** (3/4 Std.) mit alten Totenbrettern. - Östlich bei **Warzenried** finden sich noch Schanzen aus dem Spanischen Erbfolgekrieg (1702).

Neukirchen beim Heiligen Blut* ist ein traditionsreicher Wallfahrtsort, der auch als Sommerfrische und Wintersportplatz einen guten Namen hat. Ganzjährig führt ein Doppelsessellift auf den **Hohen Bogen;** beliebt ist die Sommerrodelbahn.

Der **Hohe Bogen** erstreckt sich als markanter Gebirgszug in einer Länge von etwa 7 km und bietet sich als herrliches Wandergebiet an. Wie in einem Bogen verlaufen von Nordwest nach Ost seine Erhebungen **Burgstall** (976 m), **Kohlriegel** (957 m), **Eckstein** (1073 m), **Schwarzriegel** (1079 m) und **Ahornriegel** (1050 m). Besonders der Burgstall, bekannt durch seinen UKW- und Fernsehsender, gewährt großartige

Fernsicht nach allen Richtungen. Sein mit riesigen Felsbrocken übersäter Gipfel ist mit einem 18 m hohen Kreuz geschmückt. Von der unvollendeten Burg des Grafen Albert III. von Bogen sind noch Reste der Wallanlagen zu erkennen.

Mit dem Wagen können Sie von der Straße Furth-Eschlkam südlich Richtung Kötzting abzweigen und über Madersdorf und Hinterlichteneck bis zum **Berggasthof Hohenbogen** (915 m) unterhalb des Kohlrieges fahren. Von dort jeweils 1/2 Std. zum Burgstall und zum Eckstein.

Südöstlich von Madersdorf erhebt sich auf einem Bergkegel die sagenumwobene **Burgruine Lichteneck,** Schauplatz der Erzählung von Maximilian Schmidt „Das Fräulein von Lichteneck". Von der im 12. Jahrh. erbauten und im 30jährigen Krieg zerstörten Burg sind noch Teile des runden Bergfrieds und des Wohnbaues erhalten.

Über den Weiler **Engelshütt** kommen Sie in den **Lamer Winkel,** der wie ein Hufeisen von den höchsten Bergen des Bayerischen Waldes umschlossen ist: Im Osten das **Künische Gebirge** mit **Osser** (1293 m) und **Zwercheck** (1333 m) entlang der Landesgrenze, im Südosten der **Brennessattel** (1033 m) als Übergang zum **Arber-Kaitersberg-Höhenzug.**

Hauptorte dieses Gebiets sind **Lam*** und der seit 1975 auch zur Oberpfalz gehörende Erholungsort **Lohberg.** Beide liegen günstig für Wanderungen zum Großen Osser.

Der **Große Osser** (1293 m) an der tschechoslowakischen Grenze ist Teil des Künischen Gebirges, so genannt nach den künischen (königlichen) Freibauern, die dieses unwegsame Gelände im 11. Jahrh. besiedelten. Diese Freibauern besaßen besondere Rechte wie eigene Gerichtsbarkeit und waren noch bis zur Mitte des 19. Jahrh. unmittelbar dem König unterstellt. Der Böhmerwalddichter Hans Watzlik (1879-1948) hat das Gebirgsmassiv in seinem Roman „Im Ring des Osser" geschildert.

Charakteristisch ist der eigenartig geformte Osser-Doppelgipfel. Über den östlichen Hauptgipfel, den **Großen Osser,** verläuft die tschechoslowakische Landesgrenze; unterhalb steht das bewirtschaftete Unterkunftshaus des Bayerischen Waldvereins. Durch einen Sattel getrennt erhebt sich westlich der **Kleine Osser** (1266 m) mit Gipfelkreuz. Von beiden Gipfeln haben Sie eine prächtige Fernsicht.

Aufstieg von Lam oder Lohberg in jeweils 2 Std.

Von Lohberg zeiht sich die Straße kurvenreich über den **Scheibensattel** (1050 m) und die **Hindenburgkanzel** (1062 m) zum **Brennessattel** (1033 m). Östlich gelangen Sie nach Bayerisch Eisenstein, südlich Richtung Bodenmais nach 1,5 km zum Parkplatz der Talstation des Arber-Sessellifts. Von dort können Sie den **Großen Arber** (1456 m) den höchsten Berg des Bayerischen Waldes, in 10 Minuten „bezwingen".

Die Hauptroute führt von Lam zurück zum Weiler **Engelshütt** und weiter über die hübsch gelegene Sommerfrische **Haibühl** nach **Arrach*** im Tal des Weißen Regen. Nächste Station ist **Hohenwarth*** am Fuße des Kaitersberg-Höhenzuges, einem ehem. Edelsitz mit teilweise erhaltenem Schloß aus dem 17. Jahrhundert.

Der **Kaitersberg** erstreckt sich als zerklüfteter Bergrücken mit eigenartigen Felsbildungen zwischen Kötzting und dem Ecker Sattel und bildet die westliche Fortsetzung des Arbergebirgszuges. Höchste Erhebungen sind **Riedelstein** (1133 m), **Mittagstein** (1044 m) mit der bewirtschafteten **Kötztinger Hütte** und **Kreuzfelsen** (999 m). Im vorigen Jahrh. lebten auf dem Kaitersberg noch Bären in freier Wildbahn.

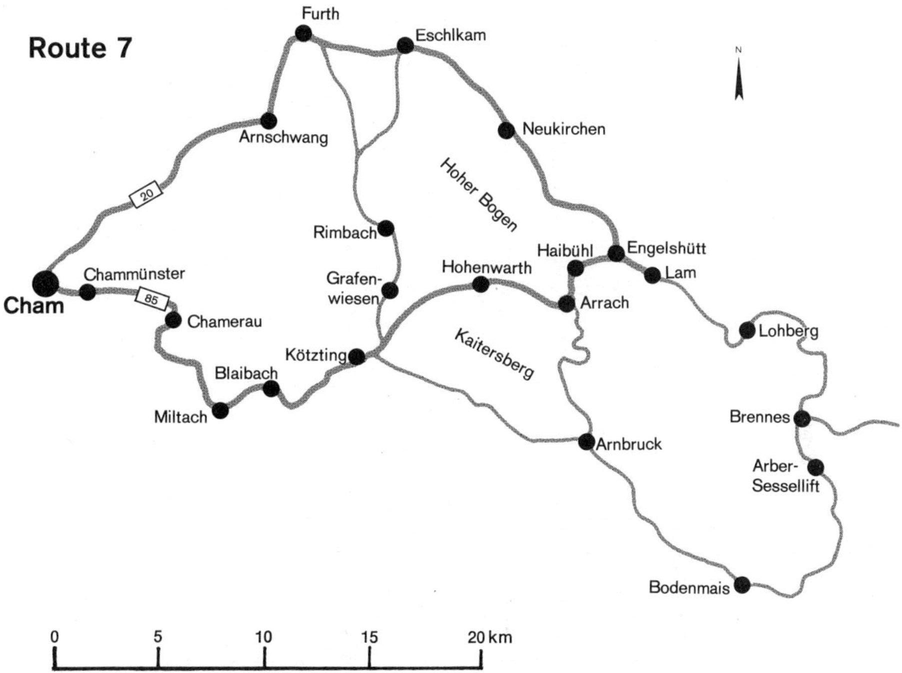
Route 7
Furth
Eschlkam
N
Arnschwang
Neukirchen
20
Hoher Bogen
Rimbach
Engelshütt
Haibühl
Lam
Hohenwarth
Grafen-
wiesen
Chammünster
Cham
85
Arrach
Chamerau
Lohberg
Kaitersberg
Kötzting
Blaibach
Miltach
Brennes
Arnbruck
Arber-
Sessellift
Bodenmais
0
5
10
15
20 km

Zu einiger Berühmtheit gelangte der Räuber und Landstreicher Michael Heigl, der um 1850 in der noch heute sichbaren Heiglhöhle unterhalb des Kreuzfelsens hauste, bis er von einem Riesenaufgebot an Gendarmen überwältigt wurde. In Straubing zum Tode verurteilt, vom König zu lebenslanger Kettenhaft begnadigt, 1857 von einem Mitgefangenen erschlagen, als Skelett in der Anatomie aufbewahrt, bis auch dieses 1944 bei einem Luftangriff zerstört wurde - fürwahr ein abenteuerliches Leben, das in Moritatenliedern besungen wird: „Im Wald am Kaitersberg bum bum, da geht der Räuber Heigl um. . .“

Lohnend ist die vierstündige Kammwanderung von **Kötzting*** bis zum Ecker Sattel. Mit dem Wagen können Sie von **Arrach*** auf kurvenreicher Straße aufwärts zum **Ekker Sattel** (844 m) fahren (Berggasthof). Von dort geht es abwärts nach **Arnbruck** und durch das liebliche **Zellertal** über **Steinbühl** (Ziel des Kötztinger Pfingstritts) nach Kötzting. Zwischen Hohenwart und Kötzting zweigt nördlich eine Straße ab über **Grafenwiesen*** nach **Rimbach*** am Fuße des Hohen Bogen.

In **Kötzting*** trifft man sich am Pfingstmontag zum historischen „Kötztinger Pfingstritt“. Südwestlich im benachbarten **Weißenregen** erhebt sich über dem Zusammenfluß von Schwarzem und Weißen Regen die ursprünglich 1536 gegründete, 1765 als Rokokobau neu entstandene **Wallfahrtskirche Mariae Himmelfahrt** mit Gnadenbild des 14. Jahrh. und der originellen Schiffskanzel, ein Meisterwerk des Kötztinger Bildhauers Joh. Paulus Hager von 1758: Drei Apostel bergen ein Fischernetz in die als hochbordiger Kahn gestaltete, reich geschnitzte Kanzel.

Auf dem Weg nach **Blaibach*** sehen Sie links das **Kraftwerk Pulling** und den **Blaibacher Stausee,** zu dem der Schwarze Regen aufgestaut ist. In **Miltach** stoßen Sie auf die Ostmarkstraße; der kleine Ferienort an der Einmündung des Perlenbaches in den Regen entwickelte sich aus einer Hofmark und besitzt ein sehenswertes Schloß aus dem 16./17. Jahrh., das mit seinen vollkommen restaurierten Innenräumen werktags besichtigt werden kann. Es wurde 1872 von dem Schriftsteller Maximilian Schmidt, genannt Waldschmidt, erworben und nach wechselnden Eigentümern 1979 von der Familie Schleyerbach aus Kathried vor dem Verfall gerettet. Im Schloßladen können Sie Leinen-Bauernhanddrucke erwerben. Sehenswert auch die Pfarrkirche mit gotischem Chor und Langhaus von 1975, die Friedhofskapelle des 18. Jahrh. und die wappengeschmückte Maria-Hilf-Kapelle von 1780.

Das 4 km südlich im Perlbachtal auf einem bewaldeten Hügel thronende vierflügelige **Schloß Altrandsberg** mit Rokoko-Schloßkapelle war vom 12. Jahrh. an Sitz der Randsberger, Ministeriale der mächtigen Grafen von Bogen. Von der benachbarten **Burgruine Neurandsberg** aus dem 14. Jahrh. ist nur noch eine bis zu 7 m hohe Ringmauer erhalten; unterhalb steht eine kleine Barockkirche (um 1700) mit einem aus Ton gefertigten Gnadenbild.

Westlich 3 km von Miltach liegt der kleine Ferienort **Zandt*** mit einem stattlichen Schloß des 16. Jahrhunderts.

Die Route folgt nun der Ostmarkstraße und dem Regental abwärts nach Cham. In **Chamerau,** einem hübsch gelegenen Ferienort beiderseits des Regen, stand einst eine mächtige Burg: Die schon im 11. Jahrh. genannten Ritter von Chamerau gehörten bis zum 15. Jahrh. zu den bedeutendsten Adelsgeschlechtern im Oberen Bayerischen Wald. Die barocke Pfarrkirche von 1669 (erweitert 1957) besitzt einen bemerkenswerten romanischen Taufstein mit Reliefs der stehenden Apostel.

Lohnend ist der halbstündige Aufstieg westlich auf den **Lamberg** (601 m) mit der Wallfahrtskirche St. Walpurga (1833), die zahlreiche Votivtafeln enthält. In der Nähe ein Wildgehege. Am linken Flußufer die Steinklamm.

Ein schönes Wandergebiet erstreckt sich auch südöstlich, z.B. über den **Kleinen Roßberg** (646 m), die **Roßberghütte** (664 m; genannt „Böhmerwald-Fensterl"), den **Roßbergriegel** (630 m) nach **Miltach** (2 Std.). Zurück am rechten Regenufer entlang.

Nordöstlich liegt **Runding*** mit der aussichtsreichen Burgruine des einstigen Reichsministerialsitzes.

In **Chameregg** interessiert der sagenumwobene, 22 m hohe Ödenturm mit seinem mächtigen Buckelquaderwerk - Überbleibsel der mittelalterlichen Burg Chameregg aus dem 12. Jahrh. Graben und Wall der früheren Burg sind noch zu erkennen.

Chammünster wurde 739 durch Benediktinermönche des Regensburger Klosters St. Emmeram als Stützpunkt für die Kolonisation des Grenzgebirges gegründet. Das Benediktinerkloster bestand bis zum 10. Jahrhundert.

Die heutige **Pfarrkirche Mariae Himmelfahrt** wurde auf den Grundmauern einer romanischen Basilika errichtet und vereinigt Chorteile des 13. Jahrh. mit dem dreischiffigen Langhaus des 15. Jahrhunderts.

Der südliche der beiden Chortürme wurde 1877 neu errichtet. Das Innere beeindruckt durch die großzügige Raumanlage, schlanke Wanddienste tragen ein elegantes Sterngewölbe. Der Baldachin-Hochaltar zeigt üppige Spätrokoko-Dekoration. Aus romanischer Zeit sind zwei Taufbecken erhalten.

Die benachbarte **St.-Anna-Kapelle** auf dem Friedhof, 1393 vermutlich als Grablege der Herren von Chamerau errichtet, bewahrt heute eine Sammlung schmiedeeiserner Grabkreuze. In der Nähe das Untergeschoß eines romanischen **Karners** (Beinhaus) aus dem 12. Jahrh. mit etwa fünftausend Totenschädeln; darüber das 1965 neu erbaute Leichenhaus.

Während Chammünster zu den frühesten bayerischen Klostergründungen gehörte, entwickelte sich nördlich unter dem Schutz der einst mächtigen Reichsburg auf dem nahen Galgenberg schon im 10. Jahrh. die „Civitas Chamma", und bereits 1135 bezeugt ist im Südwesten die Siedlung Altenmarkt: Drei geschichtsträchtige Wurzeln, die zur heutigen Stadt Cham führen, die an ihrer jetzigen Stelle um 1220 unter Herzog Ludwig dem Kelheimer als „novum forum Chambe" neu gegründet wurde.

C
STADT- UND ORTSBESCHREIBUNGEN

AMBERG

(kreisfreie Stadt, 373 m, 45 000 Einw.), ist eine historisch bedeutende und industriell rege Stadt im Herzen der Oberpfalz. Der mittelalterliche Stadtkern, von der Vils in etwa gleich große Hälften geteilt, ist von schönen Alleen und einer wohlerhaltenen Ringmauer mit Wehrgang, Wall und Graben umgeben, die nur zwischen Kurfürstenschloß und St.-Georgs-Kirche abgetragen wurde. Von den ehemals fünf Toren sind noch vier mächtige Torbauten erhalten: Ziegeltor, Vilstor, Wingershofer Tor und Nabburger Tor. Nicht weniger als 97 Türme sollen einst die Wehrmauer besetzt haben.

Geschichte

Ambergs Ursprung liegt vermutlich in der Karolingerzeit des 9. Jahrh. Durch seine günstige Lage an der damals schiffbaren Vils entwickelte sich der Ort schon bald zu einem wichtigen Handelsplatz, der als „villa ammenberg" 1034 erstmals in einer Kaiserurkunde urkundlich genannt und 1242 schon Stadt im Rechtssinn war.

Besonders die ergiebigen Erzgruben ließen den blühenden Handel mit Erz und Eisen wachsen. Durch den Zusammenschluß von 66 oberpfälzischen Hammerwerken (1387) zu einem großen Eisenkartell eroberte sich die Stadt eine alles überragende Schlüsselposition im süddeutschen Eisenhandel.

Starke Befestigungsanlagen schützten Amberg schon im 14. Jahrh. Der Amberger Bürgermeister Michael Schwaiger rühmte in seiner 1564 zu Wittenberg gedruckten Stadtchronik:
„München ist die schönst', Leipzig die reichst' und Amberg die festest' Fürstenstadt".

Als Lehen des Hochstifts Bamberg kam Amberg nach dem Tode Konradins 1268 an das Haus Wittelsbach. Im Hausvertrag von Pavia trat 1329 Kaiser Ludwig der Bayer seinen drei Neffen die Rheinpfalz und große Teile des bayerischen Nordgaus ab. Amberg wurde Residenz der pfälzischen Statthalter sowie zeitweise der Kurprinzen und damit Hauptstadt der „Oberen Pfalz". 1538 bekannte sich Amberg unter Pfalzgraf Friedrich als erste Stadt der Oberpfalz zur Reformation Luthers.

Im 30jährigen Krieg fiel Amberg 1628 an Kurfürst Maximilian I. von Bayern, der die Stadt rekatholisierte, unterstützt durch die einsetzende Tätigkeit der Jesuiten. 1634 wurde die Bevölkerung durch eine verheerende Pest stark dezimiert. Der 30jährige Krieg, der Spanische Erbfolgekrieg, der Österreichische Erbfolgekrieg und der Einzug der Franzosen 1796 lähmte die Wirtschaftskraft. 1810 wurde der Sitz der Oberpfälzer Regierung nach Regensburg verlegt.

Amberg: Der hohe Viereckturm des Vilstores stammt aus dem 15. Jahrhundert. Die vorgeschobene Befestigungsmauer von 1574 ist innen von einem Wehrgang durchzogen.
(Foto: Städt. Kulturamt, Amberg)

Eine neue wirtschaftliche Blüte begann sich im 19. Jahrh. abzuzeichnen. Aus dem 1883 errichteten ersten Hochofen entstand das Hüttenwerk Luitpoldhütte, das zwar 1964 seinen Erzbergbau einstellte, aber mit seiner Gießerei einer der größten Industriebetriebe Ambergs geblieben ist. Weitere Industriezweige siedelten sich in den letzten Jahrzehnten an. Firmen wie das Siemens-Gerätewerk, der Preßluftmaschinenbau DEPRAG, das Stanz- und Emaillierwerk Gebrüder Baumann, die Thomas Glas und Porzellan AG. (Rosenthal) sorgen für eine gesunde wirtschaftliche Struktur. Außerdem ist Amberg Garnisonstadt mit deutschen und amerikanischen Truppenteilen.

Doch trotz reger Industrie ist Amberg eine romantische Stadt im Grünen geblieben, da die gesamte Altstadt von einem geschlossenen Grünanlagenring umgeben ist.

Sehenwürdigkeiten

Ein Stadtrundgang führt vom Bahnhof (Tiefgarage) durch die Bahnhofstraße in die Altstadt. Rechts sehen Sie nach der Vereinsbank die **Spitalkirche** mit dem Bürgerspital, das 1347 von Kaiser Ludwig dem Bayern gestiftet wurde. Gegenüber die **Alte Münze,** ein früheres Münzgebäude, jetzt Teil eines Kaufhauses. Durch die Rathausstraße kommen Sie zum **Marktplatz,** der mit seinen malerischen Bürgerhäusern aus vier Jahrhunderten den Mittelpunkt der Stadt bildet (Fußgängerzone) und einst Teil eines Friedhofs war.

An seiner Ostseite erhebt sich das 1985 restaurierte 600jährige **Rathaus** mit reich verblendeter, schlanker gotischer Giebelfront und Renaissance-Balustrade mit vorgeschobener Wendeltreppe von 1552.

Die Arkadengänge unter der Südfront wurden 1761 geschlossen. Im Obergeschoß der große Ratssaal mit kassettierter Holzdecke des 15. Jahrh. und das sog. gotische Zimmer mit Kreuzgewölbe. Östlich anschließend der kleine Ratssaal von 1573, der ebenfalls eine kassettierte Holzdecke sowie schöne Wandvertäfelung enthält.

Gegenüber dem Rathaus befindet sich der ehem. **Wittelsbacher Hof** von 1728, heute Kreissparkasse. - In der Herrnstraße hinter dem Rathaus ließen sich Mitte des 18. Jh. hohe Regierungsbeamte prächtige Wohnhäuser errichten. Besonders beeindruckend das **Palais des kurbayerischen Vizestatthalters** mit malerischem Innenhof, erbaut für Reichsgraf Morawitzky. Es gilt als schönstes profanes Barockgebäude der Stadt.

An der Südseite des Marktplatzes die **Pfarrkirche St. Martin,** nach dem RegensburgerDom der bedeutendste gotische Kirchenbau der Oberpfalz. Der Kirchenpatron St. Martin deutet auf eine fränkische Gründung in karolingischer Zeit. 1421 begann der Neubau, 1483 schlossen sich die Gewölbe, 1584 wurde der 91 m hohe Turm vollendet, der um 1720 sein heutiges Aussehen erhielt.

An der südlichen Außenwand befindet sich eine bemerkenswerte Rotmarmorplatte für Martin Merz (1501), dem berühmten pfälzischen Büchsen- und Kanonenmeister mit Reliefbildnis und Kanonenrohr.

Im Inneren beeindruckt die dreischiffige Hallenkirche durch großzügige Weiträumigkeit. Schlanke Rundpfeiler tragen das Rippengewölbe. Über den Seitenkapellen zieht sich eine Empore zwischen den Wandpfeilern rings herum, Vorbild der um rund 100 Jahre jüngeren „obersächsischen Bergmannsgotik".

Eine barocke Ausstattung mußte 1869-1874 der Neugotik weichen. Aus dem Jahre 1417 blieb das bronzene Taufbecken erhalten. Einige Gemälde stammen von dem niederländischen Rubens-Schüler Caspar de Crayer.

Nördlich vom Hochaltar ein schöner Flügelaltar mit geschnitzter Madonna um 1520 und Seitentafeln um 1480. Hinter dem Hochaltar die Sandsteintumba mit Relieffigur des Pfalzgrafen Ruprecht Pipan (1397), in einer Kapelle nach dem Nordportal Grabdenkmäler für Prinz Philipp (1575) mit Relief der Kreuztragung und Prinz Friedrich Philipp (1562) mit Relief des kindersegnenden Christus.

Sie überqueren die Vils auf der alten **Krambrücke,** die früher zu beiden Seiten von Läden umsäumt war und sind in der Georgenstraße - neben der Bahnhofstraße die Hauptgeschäftsstraße der Stadt.

Rechts führt die Obere Apothekergasse zur **Deutschen Schulkirche,** einer ehem. Salesianerinnenkirche, erbaut 1697 bis 1699 nach einem Modell Wolfgang Dientzenhofers. Das 1692 gegründete Salesianerinnenkloster wurde 1802 säkularisiert und 1847 in ein Kloster der Armen Schulschwestern umgewandelt.

Ein schönes Portal (1738) mit Giebelfiguren der Heiligen Augustin und Franz von Sales führt in das Innere der Kirche, deren Raumbild von heiterem Rokoko geprägt ist. Die Fresken von Gottfr. Bernh. Götz (1758) am Langhausgewölbe zeigen Szenen aus der Gründungsgeschichte des Salesianerinnenordens. Besonders sehenswert ist die als Muschel geformte Orgelempore. 1985 erfolgte eine umfassende Renovierung.

Am nahen Schrannenplatz steht das ehem. Franziskanerkloster (heute Brauerei) mit der ehem. **Franziskanerkirche,** seit der Säkularisation 1802 **Stadttheater;** nach gründlicher Erneuerung 1978 erstrahlt der Zuschauerraum wieder in klassizistischer Pracht. Im gotischen Chor der früheren Kirche empfiehlt sich die mit viel Lokalkolorit eingerichtete **Altdeutsche Stube** zu gastlicher Einkehr.

Nördlich führt die Vilsstraße zum **Vilstor** mit seinem mächtigen Viereckturm aus dem 15. Jahrh. Östlich jenseits der Vils das **Ziegeltor** mit Unterbauten des 15. Jahrh. und oberen Teilen um 1580; die beiden flankierenden Batterietrüme sind durch einen Wehrgang verbunden.

Durch die fast parallel zur Georgenstraße verlaufende Seminargasse kommen Sie zum Malteserplatz mit der **St.-Georgs-Kirche** (1359 erbaut), der ältesten Pfarrkirche Ambergs, deren Vorläuferin schon 1094 in einem Reisebericht des Kosmas von Prag erwähnt wurde. Im Laufe ihrer Geschichte war sie abwechselnd katholisch, lutherisch und calvinistisch, bis 1621 unter dem neuen katholischen Landesherrn Maximilian von Bayern Jesuiten einzogen, die Innenausstattung veränderten und barock umgestalteten.

1668 wurden die Altäre in den Seitenschiffen aufgestellt und 1672 mit Gemälden von Caspar de Crayer geschmückt. Der 20 m hohe Hochaltar entstand 1694 nach Plänen des Jesuitenbruders Josef Hörmann; das Altarbild von Joh. Nep. Schöpf (1766) zeigt die Verherrlichung des Hl. Georg. Üppiger Akanthusschmuck ziert die prunkvolle Kanzel von 1702. Die prächtigen Stukkaturen schuf 1718 Joh. Babt. Zimmermann, die Fresken mit Szenen aus der St.-Georg-Legende 1722 der Asamschüler Josef Adam Müller.

Der Kirche vorgelagert ist das langgestreckte ehemalige **Jesuitenkolleg,** das 1689 vermutlich von Georg Dientzenhofer errichtet wurde. Unter den Innenräumen verdient der Kongregationssaal mit schöner Holzdecke von Frater Josef Hörmann (1678) und prächtigem Rokokoaltar (1764) sowie die Staatliche Provinzbibliothek mit dem barocken Saal der früheren Klosterbibliothek besondere Beachtung.

Neustift- und Badgasse bringen Sie zum Frauenplatz mit der **Frauenkirche,** einer kleinen dreischiffigen Hallenkirche auf Rundpfeilern, die um 1390 als Hofkapelle anstelle einer Synagoge erbaut wurde. Das Südportal ziert eine Verkündungsgruppe von 1440/50; die Figuren sind Kopien der von Luftverschmutzung bedrohten Originale, die sich jetzt in der Martinskirche befinden.

Wenige Schritte entfernt steht an der Ecke Roßmarkt/Georgenstraße ein stattliches Bürgerhaus mit einem fotogenen Rokoko-Erker, der an die liebenswerte Spitzwegromantik vergangener Zeiten erinnert.

Durch die Kanzleistraße erreichen Sie die Regierungsstraße, an deren Westseite die ehem. **Regierungskanzlei** steht, errichtet 1544/45 unter Kurfürst Friedrich II., heute Landgericht. Der malerische Renaissancebau zeigt sich mit auffallend hohem Giebel und dem 1601 entstandenen polygonen Treppenturm. Das von Säulen flankierte Portal trägt einen Erker mit Wappen des Pfalzgrafen Friedrich II. und seiner Gemahlin Dorothea von Dänemark; darüber ihre Medaillons und die der Neuburger Pfalzgrafen Ottoheinrich und Philipp Reliefbildnisse. Auch an der Hofseite befindet sich ein Renaissanceerker, dessen allegorische Reliefs die vier Laster symbolisieren.

Am Vilsufer nahe St. Martin steht das **Alte Schloß** aus dem frühen 14. Jahrh. Ein gotischer Bauteil wird auch „Klösterl“ genannt, weil es einem katholischen Schwesternkonvent eine Zeitlang diente. Dieses Haus besitzt noch eine gotische Hauskapelle.

Vilsabwärts das ab 1417 erbaute **Neue Kurfürstliche Schloß** mit Volutengiebel und Balustrade (1603), heute **Landratsamt.** Beim wehrhaften **Wingershofer Tor** (1579/80) ragt am Schloßeingang der **Fuchssteiner Eckturm** empor, der einst das Schloß flankierte.

Amberg: Das Nabburger Tor wird von zwei mächtigen Rundtürmen mit polygonalen Obergeschossen von 1587 flankiert.
(Foto: Städt. Kulturamt, Amberg)

Nun am Wingershofer Tor vorbei und nach links über die Vilsbrücke. Von dort bietet sich ein schöner Blick auf die originelle **Stadtbrille,** zwei mächtige, sich im Wasser der Vils spiegelnde Bogen des ehem. Wehrganges, durch die das Kurfürstliche Schloß mit dem ehem. Kurfürstlichen Zeughaus am anderen Ufer verbunden ist. Sie steigen hinab in den Stadtgraben und gelangen unter dem Bogen des Wehrgangs zwischen Vils und dem ehem. **Kurfürstlichen Zeughaus** (15./16. Jahrh.) mit stattlichen Giebeln und schönem Innenhof (heute Finanzamt) zur überdachten **Schiffsbrücke,** unter der bis 1826 die Vilsschiffe nach Regensburg hindurch schwammen.

Durch die Zeughausstraße kommen Sie vorbei an der ehem. **Paulanerkirche** von 1729, heute evangelische Pfarrkirche, zur Unteren Nabburger Straße und rechts zum wuchtigen **Nabburger Tor,** das von zwei kräftigen Halbrundtürmen mit polygonalen Obergeschossen (1587) flankiert wird.

Entlang des Stadtgrabens gelangen Sie zum Bahnhof zurück.

Mittelalterliche Kirchen außerhalb des Stadtberings sind im Osten die **Dreifaltigkeitskapelle** von 1514 mit der angebauten Weinzierl-Kapelle (um 1700), im Nordwesten die kleine gotische Kirche **St. Katharina** (um 1380) und im Süden die **Sebastianskirche** von 1715 mit barocker Ausstattung.

Zwischen Bahnhof und Nabburger Tor führt ostwärts der Mariahilfbergweg vorbei bei am Marienkrankenhaus auf dem Kreuzweg in 1/2 Std. auf den aussichtsreichen **Mariahilfberg** (529 m), dessen Scheitel die im 10. Jahrh. errichtete, im frühen 15. Jahrh. verfallene Burg Ammenberg trug. Das verheerende Pestjahr 1634 gab den Anlaß zum Bau einer Votivkapelle, einem kleinen Rundbau mit Laterne, der 1643 vollendet wurde. Die rasch wachsende Wallfahrt machte jedoch den Bau einer größeren Kirche erforderlich, der heutigen barocken **Wallfahrtskirche Mariahilf,** die 1697/1700 nach Plänen Wolfgang Dientzenhofers entstand. Der Turm folgte 1726, die gewaltige Treppenanlage 1856.

Die Stukkateure Giov. Batt. Carlone (1702) und sein Schüler P.d'Aglio (1717) schufen die reichverzierten Ornamente und Figuren, Cosmas Damian Asam malte 1717 die herrlichen Fresken und schildert damit die Geschichte der Wallfahrt. Der prächtige Hochaltar (1703) ist ein Gemeinschaftswerk von Carlone und d'Aglio; 1760 wurde der silberne Rahmen für das Gnadenbild eingesetzt, eine Kopie des Mariengemäldes von Lukas Cranach. Zu gleicher Zeit entstand der Tabernakel.

Neben der Kirche steht ein **Franziskanerkloster;** eine Auffahrt führt zum dahinterliegenden Parkplatz. Am **Bergcafé** beginnt ein 2,5 km langer Rundwanderweg. Außerdem lockt der nördlich anschließende **Wagrainwald** zu Spaziergängen.

Als Beispiel vorbildlichen modernen Kirchenschaffens gilt die am südöstl. Stadtrand 1955 von F. Haindl erbaute katholische **Pfarrkirche zur Hl. Familie** mit Stahlbetonstützen und Vereinheitlichung von Langhaus und Presbyterium.

Auskunft: Verkehrsamt, Zeughausstr. 1 a, 8450 Amberg

Verkehr: Autobahnabfahrt Amberg/Kastl der Strecke Nürnberg-Amberg; Bahnverbindungen nach Nürnberg, Regensburg und Furth im Wald; Busverbindungen nach allen Richtungen.

Parkmöglichkeiten: Tiefgarage beim Bahnhof, Großparkplätze auf dem Dultplatz und an der Kräuterwiese. In der Innenstadt „blaue Zonen“ mit Parkscheibe.

Veranstaltungen: Theatergastspiele, Pfingstdult, Herbstdult, Bergfest auf dem Mariahilfberg in der 1. Juliwoche.

Sammlungen: Staatsarchiv für die Oberpfalz, Archivstraße; Stadtmuseum mit prähistorischer Sammlung und dem berühmten Amberger Liedertisch, ein bedeutendes Werk der Steinätzkunst, Eichenforstgasse; Staatl. Provinzialbibliothek mit Beständen der oberpfälzischen säkularisierten Klöster, Malteserplatz; Stadtarchiv und Stadtbibliothek im Raseliushaus, Zeughausstr. 1a.

Sport: Sportzentrum mit Stadion, Werner-von-Siemens-Straße; Hallenbad am Kurfürstenring; Freibad (Hockermühlbad) am Mittleren Ring; Minigolfanlage am Zwinger bei der St.-Georges-Kirche; Kunsteisstadion beim Sportzentrum; Tennisplätze beim Sportzentrum; Segelfluggelände westlich der Stadt bei Fuchsstein/Rammertshof; Reithalle Neumühle.

Ausflüge

1. **Ammerthal,** 8 km westlich. Reizvoll gelegener kleiner Ort in einem romantischen Felsental, im frühen Mittelalter Sitz der Schweinfurter Markgrafen auf dem Nordgau. Sehenswert die restaurierte romanische Frauenkirche (ehem. Burgkirche) mit gotischem Chor, die romanische Pfarrkirche St. Nikolaus (1971 erweitert) und gegenüber das ehem. Hofmarkschlößchen des 16. Jahrh.; auf dem Herrenberg Reste der Burg „Spitz“.

2. **Kastl*,** 20 km südwestlich am oberen Lauf der Lauterach (auch Busverbindung). Klosterburg der ehem. Benediktinerabtei mit romanischer Pfeilerbasilika des 11. Jahrh. In der Nähe 1 km westlich in **Pfaffenhofen** die Ruine der Schweppermannsburg (Route 2), nordwestlich jenseits der Autobahn der aussichtsreiche **Poppberg** (657 m), höchste Erhebung der Oberpfälzer Alb.

3. **Hausener Tal.** Auf der B 299 Richtung Kastl, über **Atzlricht** mit Wallfahrtskirchlein Maria Schnee bis **Ursensollen** mit Barockpfarrkirche. Von dort südlich vorbei an der **Burgruine Zant,** einst Stammsitz der seit 1130 genannten Zantner, über das Pfarrdorf **Hausen** und das burggekrönte **Heimhof** nach **Allersburg** im Lauterachtal (Route 3).

Das abgeschiedene, landschaftlich überaus reizvolle **Hausener Tal** mit seinen felsigen Steilhängen wird vom Hausener Bach durchflossen, der östlich von Kastl entspringt und sich in Allersburg mit der Lauterach vereinigt. Mittelpunkt des Hausener Tales ist die malerische **Burg Heimhof,** eine ursprünglich romanische Anlage, die im 16. Jahrh. zu einem Schloß umgebaut wurde. Aus dem 14. ist noch der stattliche Hauptbau erhalten (Privatbesitz).

4. **Ensdorf,** 14 km südöstlich im Vilstal. Über **Kümmersbrück** (Barockpfarrkirche), **Haselmühl** (ehem. Hammerschloß 14. Jahrh.), **Lengenfeld** (Barockkapelle) und **Theuern** mit Industrie- und Bergbaumuseum nach Ensdorf mit ehem. Benediktiner-Klosterkirche und Wittelsbacher-Grablege (Route 3). Östlich liegt **Ebermannsdorf** mit Barockschloß, Dientzenhoferkirche und Burgruine. Zurück über die Vilsbrücke vorbei an der **14-Nothelfer-Kapelle** nach **Hirschwald,** wo die Kurfürsten einst ein Jagdschloß besaßen. Nun durch den ausgedehnten Hirschwald nach **Waldhaus** mit Wildschweingehegen und über **Köfering** nach Amberg.

5. **Freudenberg,** 11 km nordöstlich. Ein schön gelegenes Erholungsgebiet rund um den **Johannisberg** (652 m) mit Wallfahrtskirche und Rundwanderwegen (Route 3).

ARRACH

(Kreis Cham, 520 m, 2700 Einw.), Sommerfrische im Tal des Weißen Regen mit den Ortsteilen **Haibühl** und **Ottenzell.** Rokokokapelle von 1750 mit Totenbrettern.

Auskunft: Verkehrsamt 8491 Arrach.

Verkehr: Busverbindung nach Lam, Kötzting; Bahnstation.

Unterhaltung und Sport: Tier- und Wildgehege, Angeln, Reiten (Reitschule), Wildfütterungen; Eisstockschießen.

Wanderungen

1. Zum **Ecker Sattel** (844 m) mit Berggasthof, beliebte Zwischenstation der Kaitersberg-Arber-Höhentour (siehe **Kötzting***), knapp 1 1/2 Std. südlich. Westlich der **Große Riedelstein** (1133 m) mit Waldschmidtdenkmal.
2. Nach **Hintereschlsaign** (Berggasthof mit Schwimmbad und Wildgehege), 3/4 Std. südwestlich. Auch mit dem Wagen zu erreichen. Von dort weiter südwestlich in 1 Std. zur **Kötztinger Hütte** oder südöstlich knapp 3/4 Std. zum **Ecker Sattel.**
3. Über Haibühl und Frahels oder Engelshütt nach **Lam*,** 1 1/4 Std. östl.
4. Über **Kolmsteiner Kirchl** zur **Höllhöhe** (736 m) mit Gasthaus Waldschlößl, 1 1/2 Std. nordwestl. Ausgangspunkt einer Höhenwanderung über den **Hohen Bogen.**

Auerbach: In der Mitte des langgezogenen Straßenmarktes erhebt sich freistehend das ursprünglich gotische Rathaus. Seine Fassade ist mit einem Wappenrelief des „Auerbacher Ochsen" geschmückt.

(Foto: Gernot Messarius)

AUERBACH

(Kreis Amberg-Sulzbach, 435 m, 9000 Einw.), kleine Stadt östlich vom Veldensteiner Forst, verdankt seine Entstehung dem nahegelegenen ehem. Benediktinerkloster Michelfeld. Schon 1108 in einer Schenkungsurkunde Kaiser Heinrichs II. genannt und 1314 als Stadt bezeichnet, entwickelte sich Auerbach durch seine Lage an der alten Handelsstraße Nürnberg-Eger zu einem wichtigen Handelsplatz und durch seine Erzgruben zu einem Zentrum der Eisenindustrie. Der Auerbacher Lehrer Josef Köstler hat die Geschichte der Stadt in nicht weniger als 28 Bänden dargestellt.

Berühmter Sohn der Stadt war der Arzt Dr. Heinrich Stromer (1482-1542). Mit 26 Jahren bereits Universitätsprofessor in Leipzig, errichtete er dort nach seiner Heirat mit einer reichen Leipziger Bürgerstochter um 1530 ein großes Messehaus mit geräumigen Kellern, die er Kaufleuten als Warenlager zur Verfügung stellte und so zum Wegbereiter der Leipziger Messe wurde.

Neben einer Weingroßhandlung gliederte Dr. Stromer dem Messehaus eine Weinwirtschaft an, die er nach seiner Heimatstadt „Auerbachskeller“ nannte und bald zu einem beliebten Treffpunkt von Kaufleuten, Künstlern, Gelehrten und Fürsten wurde. In seinem „Faust“ verhalf Goethe dieser gastlichen Stätte durch den „Spuk im Auerbachskeller“ zu literarischem Ruhm.

Anstelle des alten Messehauses mit dem Auerbachskeller wurde 1912 ein modernes Messegebäude unter Einbeziehung einiger historischer Räume errichtet mit einem großen Weinrestaurant, das wieder den traditionellen Namen Auerbachskeller erhielt und noch heute besteht.

Sehenswürdigkeiten

In der Mitte des langgezogenen Straßenmarktes das frei stehende gotische **Rathaus** von 1418, umgestaltet 1928/29, mit Wappenrelief (1552) des „Auerbacher Ochsen“ an der Fassade. Dahinter die **Stadtpfarrkirche St. Johann Baptist** von 1447, 1687 durch Georg Dientzenhofer unter Beibehaltung gotischer Mauerteile erweitert und barockisiert, mit prächtigem Hochaltar (1785) und 4 Seitenaltären in geschnitzten Akanthusrahmungen. Am benachbarten **Kaufhaus Auerbachskeller** erinnert eine Gedenktafel an Dr. Heinrich Stromer. In der Unteren Vorstadt die **Spitalkirche St. Katharina** (14. Jahrh.) mit Statue der Namenspatronin auf dem Hochaltar und drei schönen Rokokoaltären; an der Empore 13 bemalte Felder mit Szenen aus dem Leben der Heiligen Katharina. Die **Friedhofskirche St. Helena** (1599) besitzt eine bemalte Balkendecke von 1611. – Die prächtige **Lindenallee** am südlichen Stadtgraben von 1795 steht unter Naturschutz.

Das ehem. **Benediktinerkloster Michelfeld** liegt 4 km westlich von Auerbach. Das 1119 gegründete, 1803 säkularisierte Kloster ist noch von einer Ringmauer mit starken Wohntürmen umgeben.

Die ehem. Kloster- und jetzige **Pfarrkirche,** eine Wandpfeilerkirche mit Emporen, entstand 1690-1695 nach Plänen Wolfgang Dientzenhofers. Die Stukkaturen u. der plastische Schmuck stammen von Egid Quirin Asam (Statuen des Gründers Bischof Otto von Bamberg und des Heiligen Wolfgang zu Seiten des Hochaltars, die 14 Nothelfer in den Kapellen), die Gemälde aus dem Jahre 1721 von Cosmas Damian Asam (im Hochaltar das Abendmahl, im Gewölbe die Hl. Dreifaltigkeit). Im Friedhof die Kirche **St. Michael** von 1730 sowie die malerische **Ölbergkapelle** mit spätgotischen Steinfiguren.

Auskunft: Verkehrsverein 8572 Auerbach, Unterer Markt 9.

Verkehr: Autobahnanschluß Grafenwöhr (Nürnberg-Berlin); Busverbindungen nach allen Richtungen; Bahnstation Pegnitz 13 km.

Unterhaltung und Sport: Freibad, Hallenbad, Angeln, Reiten.

Wanderungen

1. Zum **Gottvaterberg** (550 m) mit Wallfahrtskapelle und schöner Aussicht, 1/2 Std. südöstlich.
2. Zum **Pinzigberg** (541 m) mit Wallfahrtskapelle, 3/4 Std. nördlich.
3. Durch den **Michelfelder Wald** zu den **Kammerweihern** im Pegnitzgrund, dann südlich am Fluß entlang nach **Fischstein** und zum **Bahnhof Ranna,** 3 Std., zurück mit dem Bus.
4. Von **Michelfeld** durch das idyllische **Flembachtal** nach **Steinamwasser** mit Burgruine, 1 Std. nördlich.

BÄRNAU

(Kreis Tirschenreuth, 614 m, 3700 Einw.), kleine Stadt an der Oberen Waldnaab, ist eine Gründung des Zisterzienserstifts Waldsassen, 1296 urkundlich genannt und 1343 zur Stadt erhoben. Hier hat die Ende des 19. Jahrh. angesiedelte Knopfindustrie ihren bedeutenden Standort in Deutschland. Hergesellt werden alle Knopfsorten vom Kunststoff- bis zum Naturmaterial; die aus den Überseeländern importierte Perlmutter wird auch zu Schmuck verarbeitet. Eingemeindet wurden die Orte Altglashütte, Ellenfeld, Hermannsreuth, Hohenthan, Schwarzenbach, Silberhütte und Thanhausen.

Am großen Marktplatz die **Pfarrkirche St. Nikolaus** von 1732, nach einem Brand 1869 erneuert. Das repräsentative **Rathaus** mit den drei hohen Rundbogenfenstern stammt von 1898. Neben dem Stadtbrunnen die barocke **Nepomukstatue** von 1722. In Resten erhalten die **Stadtbefestigung** aus dem 14. Jahrh. Die **Friedhofskirche St. Martin** wurde 1772 errichtet. Außerhalb südwestlich Richtung Thanhausen die **Elisabethkapelle** von 1656 mit Holzfigur der Hl. Elisabeth von Thüringen um 1500.

Nach Osten führt eine im Jahre 1800 gepflanzte schöne Allee in 1/2 Std. zum **Steinberg** (802 m) mit **Wallfahrtskirche** von 1778 (1818 verändert) und **Grenzlandturm** mit Blick in das Tachauer Land. Am Nordhang die **Tillyschanze,** eine Viereckschanze aus dem 30jährigen Krieg.

Auskunft: Verkehrsverein 8591 Bärnau.

Verkehr: Busverbindung nach Tirschenreuth, Thanhausen, Hohenthan; Bahnstation.

Unterhaltung und Sport: Beheiztes Freibad, Hallenbad, Angeln, Minigolf. - Grenzland-Naturlehrpfad und Erholungsgelände Moorweiher.

Sammlungen: Knopfmuseum, Tachauerstraße 45.

Wanderungen

1. Zum **Gasthof Grenzlandalm,** 1 Std. südöstlich.
2. Nach **Hermannsreuth,** einem geteilten Grenzdorf, 1 Std. nordöstlich.
3. Über **Naab** zur **Waldnaabquelle** und weiter zum Berggasthof **Silberhütte,** 2 1/2 Std. südlich. Zurück über **Altglashütte** und **Thanhausen** (Schloß).

BEILNGRIES

(Kreis Eichstätt, 372 m, 6000 Einw.), ehem. Fürstbischöflich-Eichstättische Stadt und anerkannter Erholungsort an der Einmündung der Sulz in die Altmühl, 1007 als „Beilingriez" erwähnt und 1490 zur Stadt erhoben, kam 1879 an die Oberpfalz und 1971 an den oberbayerischen Landkreis Eichstätt.

Beilngries hat sein **mittelalterliches Stadtbild** mit vielen malerischen Winkeln bis heute erhalten, umgeben von einer zum großen Teil noch gut erhaltenen **Ringmauer** aus dem 15. Jahrh. mit Mauertürmen, die teils bewohnt sind; die beiden Stadttore wurden 1887 abgebrochen. Die in typischer Altmühlbauweise errichteten behäbigen Bürgerhäuser wenden sich mit ihren breiten Giebelfronten der Straße zu. Kunstvoll geschmiedete Wirtshausschilder beleben das Straßenbild. Am Schrannenplatz das spätgotische ehem.**Rathaus** aus dem 15. Jahrh. mit Treppengiebeln, Wappen und Inschriften, einst bischöflicher Getreidekasten, heute u.a. Haus des Gastes. Die doppeltürmige **Stadtpfarrkirche St.Walpurga** entstand 1912/13 auf dem Boden einer romanischen Anlage mit Bauteilen von 1693/94; bemerkenswert die Jugendstilarchitektur mit geschwungenen Fassaden und die mit bunten Ziegeln gedeckten Turmhelme. Früher diente die **Friedhofskirche St. Lucia** von 1476 als Pfarrkirche. Sehenswert außerdem die ehem. **Franziskaner-Klosterkirche** von 1763 und die **Marienkapelle** von 1683, erweitert 1753, mit zahlreichen Votivtafeln.

Hoch über der Stadt auf beherrschender Höhe das **Schloß Hirschberg,** 1760-1764 von dem Eichstätter Hofbaumeister

Moritz Pedetti als Rokoko-Jagdschloß für Fürstbischof Raymund Graf von Strasoldo errichtet anstelle der um 1200 entstandenen Burg Hirschberg, einst Stammsitz der 1305 ausgestrobenen Grafen von Hirschberg. Seit 1925 dient das Schloß als bischöfliches Exerzitienhaus (Führungen, Schloßkonzerte).

Von der alten Burg stammen noch die beiden romanischen Türme mit gotischen Treppengiebeln und Satteldächern. Der nördliche Turm birgt eine Folterkammer und ein 7 m tiefes Verlies. Statt der einst starken Ringmauern zwischen beiden Türmen errichtete Pedetti ein elegantes Gitterportal mit Tierplastiken. Es führt in den langgestreckten 3-Flügel-Ehrenhof. Das dreigeschossige **Hauptschloß** enthält kostbar ausgestattete Repräsentationsräume. Besonders sehenswert der **Kaisersaal** mit feinem Rocaillestuck und Bildnissen der kaiserlichen Familie, der **Rittersaal** mit alten Städteansichten des fürstbischöflichen Gebietes und die zweigeschossige **Schloßkapelle St. Johannes** mit Stuckrelief des Heiligen auf Patmos am Hochaltar.

Auskunft: Stadtverwaltung 8432 Beilngries.

Verkehr: Autobahnanschluß Altmühltal 11 km (Nürnberg-München); Busverbindung nach Dietfurt, Eichstätt, Regensburg, München, Ingoldstadt; Bahnstation; Flugplatz.

Unterhaltung und Sport: Beheiztes Freibad, Hallenbad, Angeln, Reiten, Tier- und Wildgehege, Waldlehrpfad, Rundflüge, Eislauf. - Haus des Gastes im ehem. Rathaus.

Sammlungen: Brauereimuseum am Fuß des Hirschbergs, ein Felsenkeller-Labyrinth mit Brauereigeräten und Maschinen.

Wanderungen

1. Über Neuzell zum **Freizeitzentrum Kratzmühle** an der Altmühl mit Badesee, 1 1/2 Std. südwestlich. Zurück über Kirchanhausen.
2. Nach **Kottingwörth** mit sehenswerter Pfarrkirche, 1 Std. südöstlich.
3. Nach **Plankstetten** mit Benediktinerkloster, 1 Std. nördlich.

BERATZHAUSEN

(Kreis Regensburg, 500 m, 4500 Einw.), anerkannter Erholungsort im Tal der Schwarzen Laber, Geburtsort des Dichters Gottfried Kölwel (1889-1958), Gedenktafel am Geburtshaus).

Die **Pfarrkirche St. Peter und Paul** wurde 1764 auf den Mauern einer romanisch-gotischen Anlage errichtet und im Stil des Rokoko ausgestattet. Die **Friedhofskapelle St. Sebastian** aus dem 15. Jahrh., umgestaltet 1713, besitzt neben einer Holzfigur des Hl. Sebastian aus dem 17. Jahrh. zwei bemerkenswerte, aus Renaissance-Steinepitaphien gefertigte Seitenaltäre. Auf steiler Felskuppe über der Schwarzen Laber die **Wallfahrtskirche Mariahilf** von 1734, erneuert 1847. Das Labertal wird von der **dritthöchsten Eisenbahnbrücke Bayerns** überquert (42 m hoch).

Auskunft: Verkehrsamt 8411 Beratzhausen.

Verkehr: Autobahnanschluß Beratzhausen (Nürnberg-Regensburg); Busverbindung nach Hemau, Kallmünz; Bahnstation.

Unterhaltung und Sport: Beheiztes Terrassenfreibad, Minigolf, Tennis, Reitschule mit Reithalle und Reitbahn; Eisstockschießen.

Wanderungen

1. Über Falkengraben zum **Schloßberg** (555 m) mit **Burgruine Ehrenfels** (1256 genannt, im 30jährigen Krieg zerstört), 1 Std. westlich.

2. Durch den Park zum **Mariahilfberg** mit Wallfahrtskirche und weiter zum **Hohen Felsen;** zurück über Hammerbrücke, etwa 1 Std.

3. Im **Labertal** abwärts nach **Laaber*** vorbei an vielen alten Mühlen: Friesenmühle, Hammermühle, Gleismühle, Schafbruckmühle und Endorfmühle, etwa 2 1/2 Std. Rückfahrt mit der Bahn.

BERCHING

(Kreis Neumarkt, 380 m, 7000 Einw.), ehem. Fürstbischöflich-Eichstättisches Städtchen im Tal der Sulz, einem Nebenfluß der Altmühl, 883 urkundlich erwähnt und 1314 als Stadt genannt, gilt als Musterbeispiel mittelalterlicher Städteromantik: Berching ist noch heute von einer 6 m hohen **Stadtmauer** aus dem 15. Jahrh. mit gedeckten **Wehrgängen** umgeben; neun **Befestigungstürme,** meist zu Wohnungen umgebaut, folgen dem Lauf des Berings, dazu zwei stattliche **Tortürme** mit Vortoren. Zu den originellsten Türmen gehört der **Chinesenturm,** wegen seines chinesenhaften Aussehens beliebtes Fotomotiv. Wie im Mittelalter kann der Besucher die Stadt nur durch eines der vier **Stadttore** betreten.

Zwei weiträumige Marktplätze mit hochgiebeligen Bürgerhäusern trennen die Innenstadt in zwei Teile. Viele Häuser des 16. und 17. Jahrh. haben ihr ursprüngliches Gesicht mit vielerlei Erkern, Wappen, Figuren und Reliefs bewahrt (Foto Seite 243). Mitten durch den Ort fließt der 1983 renovierte Stadtbach. Eine Brücke über die Sulz verbindet die Innenstadt mit der vermutlich älteren Vorstadt.

Die **Pfarrkirche Mariae Himmelfahrt** wurde 1756 unter Einbeziehung frühgotischer Ostteile vom Eichstätter Hofbildhauer Matth. Seybold errichtet. Im Inneren feine Rocaille-Stukkaturen und Deckengemälde von Jos. Bader (König David und Marienkrönung).

Die **Kirche St. Lorenz** in der Vorstadt, deren Turm noch aus dem 13. Jahrh. stammt, wurde 1680 umgestaltet. Sie diente früher als Pfarrkirche. Bemerkenswert der gotische Schnitzaltar um 1520 (Marienkrönung, Flügelreliefs mit Laurentiuslegende), die acht farbigen Tafelgemälde in den Seitenaltären mit Szenen aus dem Leben des Hl. Laurentius um 1515 und ein gotisches Holzrelief der Kreuztragung um 1420.

Die **Friedhofskapelle St. Michael,** 1706 anstelle eines mittelalterlichen Karners erbaut, ist heute eine Kriegergedenkstätte.

Die **Wallfahrtskirche Mariahilf** an der Straße nach Beilngries entstand 1796; auf dem rechten Seitenaltar eine geschnitzte Schmerzensmanngruppe um 1480.

Auskunft: Verkehrsverein 8434 Berching. (Stadtführungen)

Verkehr: Autobahnanschluß Hilpoltstein oder Greding (Nürnberg-München) sowie Neumarkt (Nürnberg-Regensburg); Busverbindung nach Amberg und München; Bahnstation.

Unterhaltung und Sport: Beheiztes Freibad, Angeln, Reitschule.

Veranstaltungen: Roßmarkt mit Bauernjahrtag (Wintervolksfest) am ersten Mittwoch im Februar; Pfingstvolksfest mit Umzug. Sommerkonzerte in St. Lorenz.

Sammlungen: Heimatmuseum, Johannesbrücke 2.

Wanderungen

1. Im Sulzbachtal abwärts über Mariahilf zum **Kloster Plankstetten,** 1 Std. südlich.
2. Im Sulzbachtal aufwärts nach **Wegscheid** und am Ludwig-Donau-Main-Kanal entlang nach **Mühlhausen,** 1 1/2 Std. nördl.
3. In das Tal der Weißen Laber nach **Holnstein** (ehem. Schloß mit Kirche), 1 1/2 Std östlich. Von dort durch das mühlenreiche Flußtal nach **Simbach** (Rokoko-Wallfahrtskirche), 1 Std. nördlich.

BLAIBACH

(Kreis Cham, 380 m, 1800 Einw.), anerkannter Erholungsort unterhalb von Kötzting nahe dem Zusammenfluß von Schwarzem und Weißem Regen. Inmitten des Ortes die **Spätrokokokirche St. Elisabeth** von 1779 mit laternengeschmücktem Zwiebelturm und das ehem. **Hofmarkschloß** von 1604 mit steilem Treppengiebel, heute Gasthaus. Südöstlich der **Blaibacher See,** zu dem der Schwarze Regen mit dem anschließenden Höllensteinsee aufgestaut ist.

Auskunft: Verkehrsamt 8491 Blaibach.

Verkehr: Busverbindung nach Cham, Passau; Bahnstation.

Unterhaltung und Sport: Beheiztes Freibad, Ruderbootverleih, Angeln, Minigolf, Wildfütterungen; Eisstockschießen.

Wanderungen

1. Nach **Weißregen** mit sehenswerter Fischerkanzel in der Wallfahrtskirche, 1 Std. östl. Zurück über Lernbechermühle.
2. Über Lernbechermühle zum **Blaibacher See,** 1/2 Std. südöstl.
3. Über Kreuzbach, Hetzenberg (120 m lange pfeilerlose Eisenbahnbrücke von 1927 überspannt den Regen), Wimbach, Lehen, Ahrain zum Kraftwerk **Höllensteinsee** und zur **Staumauer,** 2 Std. südöstl. Der Schwarze Regen ist nordwestlich zum Blaibacher See, südöstlich zum Höllensteinsee aufgestaut. Zurück auf dem östl. Uferweg des Blaibacher Sees.
4. Über Hochfeld zum **Weißen Felsen** (562 m) und über den **Roßbergriegel** (630 m) zur **Roßberghütte** (667 m; genannt Böhmerwald-Fensterl), 1 3/4 Std. nordwestlich.

5. Über Reckendorf und **Ried** mit Wolframslinde auf den **Haidstein** (743 m), 2 1/2 Std. nördlich. Zurück über Lederdorn und Kolmberg.

6. Über Kreuzbach, Höhenried, Sendestation, Hochberg (587 m), Anzenberg, Kötztinger Berg (590 m), Nepomuk-Kapelle auf den **Hirschpertberg** (647 m), 2 Std. südlich. Zurück über Ober- und Untergschaidt.

7. Am nördlichen Ufer des Regen entlang nach **Miltach** (Schloß), 1 Std. westl. Zurück am Südufer über Kreuzbach.

BODENWÖHR

(Kreis Schwandorf, 380 m, 3500 Einw.), Ferienort am 8 km langen Hammersee und Mittelpunkt eines waldreichen Seen- und Weihergebietes, wurde 1150 urkundlich genannt. Nahe Erzlager veranlaßten 1464 die Gründung eines Hammerwerkes mit eigenem Stausee, das sich in seiner Blütezeit zu den größten Hüttenwerken Bayerns entwickelte, inzwischen jedoch stillgelegt wurde. Die moderne **Pfarrkirche St. Laurentius und Barbara** wurde als neuromanische Basilika 1950 aus heimischem Sandstein errichtet.

Auskunft: Fremdenverkehrsverein 8465 Bodenwöhr.

Verkehr: Busverbindung nach Regensburg, Neunburg v. W.; Bahnstation.

Unterhaltung und Sport: Freibad und Badeplätze am Hammersee, Angeln, Ruderbootverleih, Wildgehege, Sommer-Eisstockschießen.

Wanderungen

1. Nach **Taxöldern** mit alter Schloßkapelle 1 1/2 Std. nördl. Von dort 1/2 Std. nordwestl. auf den **Hirschberg** (571 m) mit Aussichtsturm; dort beginnt der Quarzgang des Großen Pfahl.

2. **Waldlehrpfad Schloßberg:** 700 m Richtung Taxöldern bis Waldparkplatz; 2,5 km langer Wald- und Uferrundweg.

3. **Waldlehrpfad Postlohe:** 2 km nach **Blechhammer,** von dort 700 m nördlich bis Parkplatz; 1,3 km langer Rundwanderweg mit Kinderspielplatz.

BRUCK

(Kreis Schwandorf, 360 m, 3800 Einw.), Marktgemeinde inmitten einer ausgedehnten Wald- und Weiherlandschaft im „Naturpark Vorderer Bayerischer Wald“. Erhalten sind noch Reste der **Marktbefestigung.** Bemerkenswert ist die spätgotische **Friedhofskirche St. Sebastian.**

Auskunft: Marktverwaltung 8461 Bruck.

Verkehr: Busverbindung nach Regensburg, Bodenwöhr; Flugplatz.

Unterhaltung und Sport: Freibad, Minigolf, Angeln, Reitschule, Rundflüge, Motorflugschule; Eisstockschießen.

Sammlungen: Heimat- und Bauernmuseum in Mappach.

Wanderungen

1. Nach **Bodenwöhr*** am Hammersee, 1 Std. nördlich.
2. Über Sollbach, Wanderparkplatz (Waldlehrpfad) Magdalenenkapelle (1398) zur Gaststätte **Waldhaus Einsiedel** mit Wildgehege, 1 1/2 Std. südöstlich.
3. Über Ferienzentrum St. Hubertus nach **Nittenau*** 1 3/4 Std. südl. Zurück über Waltenried.
4. Nach **Mappach** mit sehenswertem Heimat- und Bauernmuseum, 3/4 Std. östlich.

BURGLENGENFELD

(Kreis Schwandorf, 345 m, 11 000 Einw.), historische Stadt an der Naab, wurde schon in karolingischer Zeit urkundlich genannt. Die Grafen von Lengenfeld erbauten im 11. Jahrh. die schon von weitem sichtbare Burg, die 1119 an die Pfalzgrafen von Wittelsbach fiel. Nach 1255 wurde sie Verwaltungsmittelpunkt der wittelsbachischen Besitzungen nördlich der Donau. Von 1505 bis 1777 gehörte Burglengenfeld, das 1554 Stadtrecht erhielt, zum Fürstentum Pfalz-Neuburg.

Aus Burglengenfeld stammt der 1692 als Sohn eines Maurermeisters geborene **Johann Michael Fischer,** genialer kurfürstlicher Hofbaumeister der Barock- und Rokokozeit. Von 1720 an lebte er in München und schuf bis zu seinem Tode 1766 nicht weniger als 32 Kirchen sowie 23 Klöster in Bayern, Württemberg und dem Innviertel.

Die **Stadtpfarrkirche St. Veit** aus dem 18. Jahrh. mit gotischem Chor und Rokokoausstattung besitzt an der Sakristeiwand ein bemerkenswertes Epitaph von Loy Hering aus Eichstätt für Bernhard von Hyrnheim (1541). Unweit der Kirche das malerische **Altmannsche Schlößchen,** ein ehem. Burggut aus dem 16. Jahrh. Das **Rathaus,** ein repräsentativer Bau um 1600, wird von zwei Achtecktürmen flankiert. Auf dem Kreuzberg steht die **Dreifaltigkeitskirche** aus dem 18./19. Jahrhundert.

Die **Burg** thront 85 m hoch über der Talsohle auf dem Burgberg, selbst als Ruine ein imponierendes Bauwerk. König Ludwig I. gebot noch als Kronprinz dem rücksichtlosen Abbruch 1814 Einhalt; der Bestand wurde 1938 und 1958 erneuert. Erhalten sind neben Grundmauern und Kellerräumen der quadratische Sinzenhofer Turm um 1100, der Pulverturm um 1150, der 28 m hohe runde Bergfried um 1200, das spätgotische Torhaus sowie Zehntstadel, Kastenamtsgebäude und Reste des „Tiefen Brunnens“. Die Burganlage beherbergt heute ein Pflegeheim (Besichtigung nach Anmeldung möglich).

Auskunft: Stadtverwaltung 8412 Burglengenfeld.

Verkehr: Autobahnanschluß (Regensburg – Weiden); Busverbindung nach Schwandorf, Regensburg, München; nächste Bahnstation Maxhütte-Haidorf 4 km.

Unterhaltung und Sport: 2 beheizte Freibäder, Hallenbad, Minigolf, Angeln.

Sammlungen: Oberpfälzer Volkskundemuseum, Wölland Nr. 1.

Wanderungen

1. Durch das Naabtal nach **Kallmünz*,** 2 Std. südwestl.
2. Im Naabtal aufwärts durch den Malerwinkel nach **Premberg** mit romanischer Pfarrkirche, 1 1/2 Std. nördl.
3. Durch den Burglengenfelder Forst nach **Pirkensee** mit Barockschloß, 2 Std. südlich.

CHAM

(Kreis Cham, 450 , 16 500 Einw.), Kreisstadt im Talbecken des Regen unweit der Chamb-Mündung, Verkehrs- und Wirtschaftsmittelpunkt eines weiten Umlandes. Eingemeindet wurden die Orte Altenmarkt-Michelsdorf, Chammünster, Haderstadl, Loibling-Katzbach, Schachendorf, Thierlstein-Untertraubenbach, Vilzing und Windischbergerdorf-Kothmaißling. Die von der Chamb durchflossene Cham-Further-Senke trennt die beiden Berglandschaften des Oberpfälzer Waldes und des Bayerischen Waldes.

Geschichte

Vom 10. bis 12. Jahrh. befand sich auf dem Galgenberg östlich von Cham eine starke Reichsburg, deren Wall- und Grabenring noch zu erkennen ist. Sie war Mittelpunkt des „Chambriche" genannten Königslandes und wurde Sitz der bedeutenden Markgrafen von Cham-Vohburg, die die strategisch wichtige Cham-Further-Senke beherrschten. Mit dem Erlöschen des Geschlechts der Diepoldinger von Cham-Vohburg 1204 ergriffen die Wittelsbacher Besitz. Herzog Ludwig der Kelheimer gründete um 1220 das heutige Cham nördlich des schon 1135 genannten Marktes („Altenmarkt") unterhalb des Burgberges, 1293 erhielt Cham Stadtrecht. 1356 gelangte Cham in den Besitz der Kurpfalz und erst 1625 an Bayern zurück, bedingt durch die Niederlage des kurpfälzischen „Winterkönigs" Friedrich V.

Bis zum 19. Jahrh. entwickelte sich Cham durch rege Holzflößerei zum größten bayerischen Stapelplatz. Flachs- und Leinenhandel förderten den wirtschaftlichen Wohlstand. Heute ist in Cham die Elektro-, Holz-, Textil-, Metall-, Ziegel- und Granitindustrie bestimmend. Bei den großen Stadtbränden 1873 und 1877 wurden viele historische Bauten vernichtet.

Sehenswürdigkeiten

Die **Stadtpfarrkirche St. Jakob** am Marktplatz mit geschweifter Zwiebel stammt teilweise aus dem 13. Jahrh., 1394-1411 wurde der Chor hinzugefügt, 1894 erfolgte eine Erweiterung nach Westen. Die Rokokostukkaturen und Fresken von Joh. Otto Gebhard aus Prüfening entstanden 1950, der feingeschnitzte Tabernakel, jetzt Aloysius-Altar, um 1760.

Daneben das spätgotische **Rathaus** aus dem 15. Jahrh., 1937 umgestaltet, mit Stufengiebel und Tierkreiszeichenuhr. Im **Cordonhaus,** einem restaurierten Renaissance-Bau des 16. Jahrh. (Rest einer Benediktinerpropstei) mit Arkadenhof befindet sich das **Heimatmuseum.**

In der Nähe am Marktplatz, überragt vom Turm der Pfarrkirche, das spätgotische **Haus zur Krone** (Café) mit Zinnenbekrönung, eine alte Fürstenherberge (Gedenktafel: „Kurfürst Friedrich V. wohnte hier und manche Fürsten und Herren stiegen hier ab“). Der ehem. Gasthof ist das architektonisch interessanteste Wohnhaus der Stadt. 1489 gründeten hier Ritter des Nordgaues den „Löwlerbund“ zur Wahrung ihrer Rechte gegenüber Herzog Albrecht IV.

Westlich vom Marktplatz steht das **ehem. Franziskanerkloster** mit Kirche von 1631, 1866 verändert. Nahebei am Regen das Burgtor, im Volksmund **Biertor** genannt, aus dem 14. Jahrh. mit zwei flankierenden Rundtürmen als Rest von einst vier Stadttoren sowie anschließend das mehrfach umgebaute Amtsschloß aus dem 13. Jahrh., heute Brauerei. Daneben der **Spatzenturm,** ein Wehrturm aus dem 15. Jahrh. Von der alten Stadtbefestigung blieb auch noch der viereckige **Straubinger Turm** des 14. Jahrh. erhalten, der einst als Gefängnis diente.

Im Nordwesten, in Nähe des Stadtparks, erhebt sich die doppeltürmige **Redemptoristen-Klosterkirche** von 1908; sie beeindruckt durch ihre Innenausstattung mit goldglitzernden Fresken.

Im Nordosten die spätgotische **Spitalkirche** von 1514 mit Einrichtung des 18. Jahrhunderts.

Am Hause Straubinger Straße 2 erinnert eine Gedenktafel an einen prominenten Sohn der Stadt: **Graf Nikolaus von Luckner,** 1722 geboren, 1784 in den dänischen Grafenstand erhoben, 1791 zum Marschall von Frankreich ernannt, widmete ihm Rouget de Lisle die Marseillaise. Als Opfer der franz. Revolution starb er 1794 unter der Guillotine. Nicht weniger berühmt sein Nachkomme Graf Felix von Luckner (1881-1966), bekannt durch seine Kaperfahrten auf den Weltmeeren im Ersten Weltkrieg.

Auskunft: Tourist-Information 8490 Cham, Propsteistr. 46 (Cordonhaus).

Verkehr: Busverbindung nach Regensburg, Straubing, Passau, Kötzting, Neunburg v. W., Waldmünchen; Bahnstation; Segelflugplatz.

Unterhaltung und Sport: Beheiztes Wellen-Freibad, Hallenbad, Minigolf, Angeln, Reiten, Wildgehege, Segelfliegen; Skilauf, Eislaufbahn.

Sammlungen: Galerie und Heimatmuseum, Propsteistr. 46 (Cordonhaus).

Naherholungsgebiete: Der Pfahl mit geologischem Wanderpfad. - Churpfalzpark in Loifling (Richtung Straubing) mit Bayerns größter Wasserorgel (860 Fontänen).

Sanatorium: Bayerwald-Sanatorium in Windischbergerdorf für Leber-, Galle-, Herz- und Kreislaufkranke.

Veranstaltungen: Chamer Volksfest Ende Juli/Anfang August.

Wanderungen

1. Durch den **Stadtpark** über den **Kalvarienberg** mit neugotischem Kirchlein von 1886 auf die **Luitpoldhöhe** (494 m) mit Aussichtsturm und Gartenrestaurant, 1/2 Std. nördlich. Westlich unterhalb in **Katzberg** die romanische Schloßkapelle mit der Trenck-Orgel, der Überlieferung nach eine Stiftung des berüchtigten Pandurengenerals als Buße für grausame Brandschatzungen.

2. Von der Fleischtorbrücke nach **Chammünster** mit gotischer Stiftskirche und Karner, 3/4 Std. südöstlich. Von dort Aufstieg 3/4 Std. zum **Lamberg** (602 m) mit Wildghege und Wallfahrtskirche und über **Ruine Ödenturm** nach Chammünster zurück. Weiter auf dem Wiesenweg durchs Regental über **Altenstadt** nach Cham zurück.

3. Vom Marktplatz vorbei an der Spitalkirche zur Flußbadeanstalt und zum Wiesenweg nach **Altenstadt.** Aufstieg zum **Galgenberg** mit alten Schwedenschanzen und Wallring der im 12. Jahrh. abgegangenen Reichsburg Cham. Weiter auf einem Feldweg nach **Windischbergerdorf** und Aufstieg zum **Buchberg** (522 m) mit Resten einer großen Burganlage. Über **Zifling** zurück. Insgesamt etwa 3 1/2 Std.

4. Durch die Regenauen über Michelsdorf vorbei am Naturschutzgebiet **Rötelseeweiher** mit artenreicher Vogelwelt zum **Schloß Thierlstein** mit Jagdmuseum, 1 1/2 Std. westlich. Zurück mit dem Bus.

5. Mit dem Wagen nach **Pemfling** (Dorfkirche von 1736 mit bemerkenswerter Frührokokoausstattung), 5 km nordwestlich. Ausgangspunkt für Wanderungen zum **Rabenberg** (617 m) im Norden und zum **Kürnberg** (571 m) bei Stamsried im Westen.

6. Mit dem Wagen nach **Runding*** mit aussichtsreicher Burgruine, 10 km östlich. Ausgangspunkt lohnender Wanderwege zum **Blaubergsee** und zum **Haidstein** (743 m).

Die Kreisstadt Cham ist wirtschaftlicher Mittelpunkt eines weiten Umlandes. Von den vier Stadttoren blieb das mächtige Burgtor aus dem 14. Jahrhundert erhalten. Der Volksmund hat es Biertor genannt.
(Foto: Gernot Messarius)

2,4m
3,5t

DIETFURT

(Kreis Neumarkt, 360 m, 5200 Einw.), anerkannter Erholungsort und historisches Städtchen am Zusammenfluß von Altmühl und Weißer Laber mit Befestigungsanlagen und Treppengiebelhäusern aus dem 15./16. Jahrh. Hier mündet der Ludwig-Donau-Main-Kanal (Ludwigskanal) in die Altmühl, der zum Rhein-Main-Donau-Kanal (große Schleuse) ausgebaut wurde. Bei den Bauarbeiten wurde ein Gräberfeld aus der Keltenzeit freigelegt.

Auf dem breitausladenden Marktplatz das freistehende **Rathaus** aus dem 17. Jahrh; davor der originelle **Chinesenbrunnen** von 1692, an dem nach altem Brauch zur Fastnacht der „Empfang des Kaisers von China" gefeiert wird.

Die barocke **Stadtpfarrkirche St. Aegidius** mit 65 m hohem Spitzturm wurde 1734 auf gotischen Mauern errichtet. Im Innern schöne Stukkaturen und Holzschnitzereien, ein 500 Jahre alter Taufstein sowie wappengeschmückte Grabsteine.

In der **Franziskanerklosterkirche** des 17. Jahrh. finden an den sechs Donnerstagen der Fastenzeit Ölbergvorführungen statt. Diese Passionsspiele gehen auf das Jahr 1680 zurück.

Die gotische **Marienkapelle** aus dem 15. Jahrh., im 17. Jahrh. barockisiert, besitzt an der Außenmauer ein steinernes Renaissancerelief (Schmerzensmann und kniender Mönch) des berühmten Bildhauers Loy Hering.

Auskunft: Städt. Verkehrsbüro 8435 Dietfurt, Rathaus.

Verkehr: Busverbindung nach Beilngries, Regensburg, Parsberg, Riedenburg, Kelheim; Bahnstation Beilngries.

Unterhaltung und Sport: Beheiztes Freibad, Hallenbad in Mühlbach, Angeln, Stadtbibliothek im Leseraum im Rathaus.

Wanderungen

1. Nach **Griesstetten,** 20 Minuten südlich. Am rechten Altmühlufer die barocke Wallfahrtskirche „St. Martin und zu den drei elenden Heiligen" von 1747, entstanden 1154 aus der Einsiedelei drei irischer Pilgermönche, mit gotischem Taufstein und Sakramentsnische der Kirchenvorgängerin. In einem Schrein sichtbar die umkleideten Gebeine der drei Mönche.
2. Auf den aussichtsreichen **Kreuzberg** (495 m), 1/2 Std. nördlich.
3. Zum **Schloßgut Wildenstein** mit Gastwirtschaft, 1 Std. östlich.
4. Über **Hainsberger Schlucht, Ruine Oedenburg** (13. Jh.) und Premerzhofen nach **Breitenbrunn** (Seite 54), 1 1/2 Std. nördlich.

Die Walhalla bei Donaustauf, eine Stiftung des Bayernkönigs Ludwig I., wurde 1830 -1842 von dem Hofarchitekten Leo von Klenze nach dem Vorbild des Parthenon in Athen erbaut.

(Foto: Gernot Messarius)

WALHALLA

DONAUSTAUF

(Kreis Regensburg, 324 m, 3000 Einw.), Ausflugort am linken Ufer der Donau am Rande des Vorwaldes, überragt von der mächtigen **Burgruine Feste Stauf** auf dem parkbestandenen Burgberg (422 m, Fußweg 1/4 Std.). Die ausgedehnte Anlage mit fünf Vorbauten hintereinander und Resten einer Burgkapelle des 11. Jahrh. im Obergeschoß des innersten Torbaus stammt aus dem 10. Jahrh., war einst Burgsitz der Regensburger Bischöfe und wurde 1634 von Schweden zerstört.

Stromabwärts zweigt bei der **Wallfahrtskirche St. Salvator** um 1orf mit gotischer K640 mit spätgotischer Sakristei um 1430 die Auffahrt zur **Walhalla** empor, die aussichtsreich auf dem Breuberg (409 m) thront, wie die Befreiungshalle bei Kelheim eine Stiftung des Bayernkönigs Ludwig I., erbaut 1830-1842 durch seinen Hofarchitekten Leo von Klenze nach dem Vorbild des Panthenon in Athen (Fußweg von Donaustauf 20 Min., zur Freitreppe an der Straße nach Wörth 10 Min.).

Eine breite Freitreppe mit 358 Stufen führt vom Donauufer empor. Die Walhalla ruht auf einem gewaltigen, 37 m hohen Unterbau; sie ist 67 m lang, 32 m breit, 20 m hoch und von 52 dorischen Säulen umgeben. Gegenüber dem Eingang das marmorne Sitzbildnis des Ludwig I.

Der im ionischen Stil gehaltene Innenraum ist aus feinstem Marmor mit Mosaikfußboden und Kassettendecke. 14 Karyatiden tragen das Gebälk; von oben dringt gedämpftes Licht herein.

An den Wänden befinden sich Namen und Büsten berühmter deutscher Männer und Frauen, „die durch ihr Wirken zum Ruhme Deutschlands beigetragen haben". Ludwig I. bestimmte, daß ein „Genosse Walhalls" nur werden kann, „wer teutscher Zunge sey". Die Erstauswahl der Walhalla-Genossen erfolgte durch Ludwig I. persönlich, heute wird über jede Neuaufnahme vom Freistaat Bayern entschieden. Unter den mehr als 100 Büsten und vielen Gedenktafeln ist alles vertreten, was Rang und Namen hat, von Bach bis Mozart, von Schiller bis Maria Theresia, von Bismarck bis zu Katharina der Großen. Nach 1945 kamen u. a. Adalbert Stifter und Max Reger hinzu. Die Aufnahme erfolgt frühestens 50 Jahre nach dem Tod.

An den Giebeln befinden sich in Erz gegossene Reliefdarstellungen aus germanischer Sagenwelt und deutscher Frühgeschichte.

Auskunft: Verkehrsverein 8405 Donaustauf.

Verkehr: Bus- und Schiffsverbindung nach Regensburg.

Unterhaltung und Sport: Freibad, Angeln.

Wanderungen

1. Über den **Hohen Markstein** (510 m) durch den Donaustaufer Forst nach **Wenzenbach,** 1 1/2 Std. nördlich.

2. Über den UKW-Sendeturm „Hohe Linie" nach **Keilberg,** 1 Std. nordwestl. Nahe südwestl. der aussichtsreiche **Keilstein** (447 m).

3. Über die Donaubrücke nach **Sarching** in die Donauau, 1/2 Std. südöstlich.

4. Von der Walhalla-Auffahrt über den Silberweiher nach **Bernhardswald** mit ehem. Schloß (18. Jahrh.), 2 Std. nordöstlich.

5. Von der Walhalla-Auffahrt über Reiflding zum **Gasthof Hammermühle** und zum **Thurn und Taxisschen Wildpark,** 1 Std. nordöstl.

ERBENDORF

(Kreis Tirschenreuth, 509-703 m, 4700 Einw.), anerkannter Erholungsort im Fichtelnaabtal am südlichen Fuß des Hohen Steinwaldes, gilt mit seiner Umgebung als Dorado für Mineralogen: Der schon 1109 urkundlich genannte Ort war von 1419 an „Gefreite Bergstatt“ mit bedeutendem Blei-, Kupfer-, Silber-, Zink- und Steinkohlebergbau; die letzte Grube wurde 1929 stillgelegt.

Heute gibt es in Erbendorf eine rege Industrie für Porzellan, Keramik, Holz, Leder und Feinmechanik. Zur Stadtgemeinde gehören auch die Orte Boxdorf, Grötschenreuth, Hauxdorf, Pfaben, Siegritz, Wäldern und Wetzldorf. Zwischen Erbendorf und Windischeschenbach bohren Geologen zu Forschungszwecken ein 14 000 m tiefes Bohrloch (Seite 74).

Die **Stadtpfarrkirche Mariae Himmelfahrt** wurde 1796 nach einem Brand unter Einbeziehung der Umfassungsmauern des spätgotischen Chores neu errichtet (Turm 1866). Der Rokoko-Hochaltar stammt aus der 1802 profanierten Franziskanerkirche in Kemnath, die beiden Rokoko-Seitenaltäre aus der Barbarakirche bei Speinshart besitzen bemerkenswerte Antependien.

Die **evangelische Pfarrkirche** wurde 1922/23 erbaut.Auf dem Marktplatz steht eine granitene **Mariensäule** von 1710. An der Straße nach Reuth erhebt sich die kleine **Windischkapelle** aus dem 17. Jahrhundert.

Im Vorort **Altenstadt** befindet sich die Kirche **St. Vitus** von 1839/40, deren Ursprung auf das Jahr 1607 zurückgeht. Auf dem Altar mit Akanthusschnitzereien die bemalte Holzfigur des Kirchenpatrons.

Auskunft: Verkehrsamt 8481 Erbendorf.

Verkehr: Busverbindung nach Reuth, Weiden, Kemnath, Friedenfels; Bahnstation Reuth.

Unterhaltung und Sport: Beheiztes Freibad, Minigolf, Angeln, Freizeitzentrum, Ponyreiten; Skischule, Eislaufplatz.

Wanderungen

1. Über Wetzldorf zum **Steinwaldhaus** nach Pfaben, 1 1/2 Std. nördl. Von dort über Waldhaus zur **Platte** mit Oberpfalzturm. Zurück über Grötschenreuth mit Barockschloß und Schadenreuth.
2. Über Siegritz nach **Friedenfels,** 2 Std. nordöstlich.
3. Über Neuenreuth nach **Wildenreuth** (Schloß). 1 1/2 Std. südlich.

4. Zur **Schadenreuther Platte** (615 m), 3/4 Std. westl. Zurück über den **Kornberg** (619 m) und Altenstadt.

5. Über Grötschenreuth, Bingarten, Zwergau, Godas zum Basaltgipfel **Armesberg** (731 m) mit Wallfahrtskirche von 1836, 3 Std. nordwestl. Zurück in 3/4 Std. über Godas nach **Waldeck** (Seite 72) und mit dem Bus nach Erbendorf.

ESCHENBACH

(Kreis Neustadt/Waldnaab, 462 m, 3900 Einw.), kleines Städtchen in schöner Wald- und Weiherlandschaft mit Naturschutzgebiet „Vogelfreistätte" am Großen Rußweiher (140 ha) und Strandmoorbad am Kleinen Rußweiher (26 ha), erhielt 1458 Stadtrecht durch Kaiser Karl IV.

In der Mitte des ansteigenden Straßenmarktes das zweigeschossige **Rathaus** aus dem 16. Jahrhundert.

Unterhalb die **Stadtpfarrkirche St. Laurentius** aus dem 15. Jahrh. mit ihrem markanten Turm: Aus dem gotischen, quadratischen Unterbau mit fünf Geschossen wächst ein runder Renaissance-Oberbau mit vier Ecktürmchen und Spitzhelm aus dem Jahre 1541; an der Westseite in steinernem Rahmen unter dem Gesims des fünften Obergeschosses das pfalz-bayerische Wappen mit dem Stadtwappen von Eschenbach, einem waagerechten Fisch. Im Inneren geschnitztes barockes Chorgestühl, im Chor links ein hervorragendes Steinepitaph für den kaiserlichen Küchenmeisteramtsverwalter Caspar Köferls (1585) aus Eschenbach.

Oberhalb vom Rathaus die **Mariahilfkirche,** erbaut 1771-1774 von dem Amberger Hofmaurermeister Wolfang Diller, mit zarten Stukkaturen und drei vortrefflichen Rokokoaltären.

Auskunft: Stadtverwaltung 8481 Eschenbach.

Verkehr: Busverbindung nach Grafenwöhr, Pressath, Auerbach, Nürnberg; Bahnstation Pressath.

Unterhaltung und Sport: Strandmoorbad, Hallenbad, Bootsverleih.

Wanderungen

1. Zum Strandmoorbad **Kleiner Rußweihe,** 1/4 Std. westl.
2. In das Naturschutgebiet **Großer Rußweiher,** bis zu 2 Std. nordwestl.
3. Zum **Kloster Speinshart** (Seite 70). 1 Std. nördlich.
4. Nach **Kirchenthumbach** mit Rokoko-Wallfahrtskirche, 2 Std. westlich.

Wahrzeichen von Eschenbach ist der markante Turm der Stadtpfarrkirche St. Laurentius. Aus dem quadratischen gotischen Unterbau wächst ein runder Renaissance-Oberbau mit vier Ecktürmen und krönendem Spitzhelm.
(Foto: Gernot Messarius)

ESLARN

(Kreis Neustadt/Waldnaab, 520 m, 3000 Einw.), anerkannter Erholungsort nahe der böhmischen Grenze in einer Senke des Loisbachtals, 1255 als herzogliches Gut erwähnt und 1538 zum Markt erhoben, im 30jährigen Krieg Standquartier von Graf Tilly mit noch heute sichtbaren Schanzenanlagen.

Die schmucke **Pfarrkirche Unsere Liebe Frau** mit ihrem 48 m hohen Zwiebelturm entstand 1685-1687 im Spätrenaissance-Barockstil. Im Inneren schöne Altäre mit Akanthusschnitzereien, kunstvolle Rokokokanzel und -orgel sowie 14 geschnitzte Zunftstangen.

Auskunft: Verkehrsamt 8481 Eslarn.

Verkehr: Busverbindung nach Weiden, Stadlern, Tiefenbach.

Unterhaltung und Sport: Angeln, Freizeitanlage Atzmannsee mit Badesee, Minigolf, Tennis; Freizeitanlage Stückstein mit Wildpark.

Wanderungen

1. Zum **Gasthof Torfhäusl** inmitten eines Urwaldgebietes, 1 Std. nördlich. Von dort 1/2 Std. nordwestl. zum **Mustergut Pfrentsch.**
2. Zur historischen **Tillyschanze,** 1 Std. östl. über Goldberg mit neuerbauter Marienkapelle.
3. Über Kreuth und Friedrichshäng auf den **Eulenberg** (817 m) an der Landesgrenze, 2 Std. südöstlich.
4. Über Heckermühle und Premhof auf den **Stückstein** (808 m) mit Aussichtsturm, 1 1/2 Std. südlich. Zurück über **Lindauer Waldhaus** (Wildgehege).
5. Über Heckermühle und Putzhof auf den **Stangenberg** (750 m), 1 1/2 Std. südwestlich.

FALKENSTEIN

(Kreis Cham, 628 m, 1700 Einw.), anerkannter Luftkurort im Vorwald, überragt von einer Burg des 11. Jahrh., die von einem romantischen Naturfelsenpark umgeben ist.

Die 60 m hoch über dem Ort auf einem Granitkegel thronende Burg ist eine Gründung der Grafen von Bogen. 1332 gelangte sie in den Besitz der Wittelsbacher, behauptete sich im frühen 15. Jahrh. gegen die Hussiten („Weiberwehr"), 1641 gegen die Schweden und befindet sich heute in Gemeindebesitz. Die Halbruine gehört mit ihrem quadratischen, aussichtsreichen Bergfried, der von der einer Barockkugel gekrönten Burgkapelle des 17. Jahrh. und dem malerischen Arkadenhof zu den reizvollsten Burganlagen der Oberpfalz, umgeben von einem 12 ha großen Naturfelsenpark mit urwaldartigem Baumbestand.

Auskunft: Verkehrsamt 8411 Falkenstein, Marktplatz 1.

Verkehr: Busverbindung mit Straubing, Roding, Regensburg, Cham.

Unterhaltung und Sport: Beheiztes Freibad mit Sauna, Angeln, Haus des Gastes in der Burganlage, Skischule, Eisstockschießen. Im Sommer Burghofspiele.

Sammlungen: Jagdmuseum in der Burganlage.

Wanderungen

1. Rundweg nordöstl. hinab in das Mietnachtal zur Schellmühle und nördl. über Ettmannsdorf und Hagenau zur **Burgruine Sengersberg** auf bewaldeter, von Granitblöcken übersäter Bergkuppe (615 m), im 13. Jahrh. Sitz der Herren von Segensperch, im 16. Jahrh. zerstört, 1 3/4 Std. Weiter über das Mietnachtal zum **Bergkirchlein Marienstein** des 18. Jahrh. mit Rokokoausstattung, 1/2 Std. Zurück über den Lauberberg mit vorgeschichtlichen Kulturdenkmälern (Schalensteinen), 1 Std.

2. Über den Lauberberg und Mantelberg nach **Unterzell** und zur **Burgruine Lobenstein** (10. Jahrh.), seit 1634 verlassen, 2 1/4 Std. nordwestl. oder über den Tannenfelsen nach **Hetzenbach** mit barocker Wallfahrtskirche von 1764, 3 Std. nordwestl.

3. Zu der idyllischen **Wallfahrtskapelle Tannerl** (1727/1949), 1/2 Std. südwestl. Von dort westl. 3/4 Std. über Ruderszell und Postfelden zur **Hölle,** einer unter Naturschutz stehenden Felsenwirrnis, durch die tosend der Höllbach stürzt; oder südlich 3/4 Std. nach **Rettenbach** mit Staubecken der Höllbachkraftwerke und weiter südlich 3/4 Std. über die aussichtsreiche **Käsplatte** (672 m) nach **Aumbach.** Von dort über Elend nach **Wörth*,** 1 3/4 Std. südöstlich.

4. Auf die **Arracher Höhe** südlich und westlich zum aussichtsreichen **Hohen Kreuz,** zurück auf der Straße, 1 1/2 Std. In **Arrach** Rokokokirche von 1750 mit got. Chor.

5. Mit dem Wagen 8 km südöstlich nach **Wiesenfelden** (Schloß) in Hochmoorlage mit Heidecharakter und mehreren Weihern. Von dort 1/2 Std. südöstl. zum aussichtsreichen **Büscherl (**(740 m), der höchsten Erhebung des Vorwaldes.

6. Mit dem Wagen 6 km nordöstlich nach **Michelsneukirchen** (Rokokokirche von 1711) und **St. Quer** (gotische Kirche, altes Mauthäusl, Ausblick).

FLOSS

(Kreis Neustadt/Waldnaab, 501 m, 3700 Einw.), Marktgemeinde im Tal der Floß, entstand im 10. Jahrh., erhielt im 13. Jahrh. Marktrecht und war bis 1790 sulzbachischer Pflegamtssitz.

In der **evang. Pfarrkirche** mit Chor und Turm von etwa 1500 und Langhaus von 1783 üppige Stukkaturen und schön geschnitzter Rokokoaltar. Die neubarocke **kath. Pfarrkirche** stammt von 1912. Der historische **Marktbrunnen** des 17. Jahrh. zeigt auf seiner steinernen Säule den brandenburgischen Adler. Auf einer Anhöhe steht das um 1700 erbaute **Pflegamtsschloß.** Auf dem Nikolausberg (529 m) nördlich erhebt sich die barocke **Wallfahrtskirche St. Nikolaus** von 1720. An der Flossenbürger Straße der **jüdische Friedhof** mit alten Grabsteinen sowie die **Synagoge.**

Auskunft: Gemeindeverwaltung 8485 Floß.

Verkehr: Busverbindung mit Weiden, Neustadt/Waldnaab, Flossenbürg, Silberhütte; Bahnstation.

Unterhaltung und Sport: Baden am Gollwitzerweiher und Gaisweiher, Angeln.

Wanderungen

1. Über Ritzlersreuth (3/4 Std.) nach **Wilchenreuth** zur Pfarrkirche St. Ulrich mit romanischen Wandmalereien um 1200. 1 1/4 Std. südwestl.

2. Von Ritzlersreuth nordwestlich in das unter Naturschutz stehende **Felsenlabyrinth Dost** mit riesigen Granitblöcken (Teufels Butterfaß u. a.) und weiterüber das Girnitz- und Floßtal in 1 3/4 Std. nach **Neustadt/Waldnaab*.**Zurück mit Bus.

3. Über Plankenhammer zum **Großen und Kleinen Gaisweiher,** 1 1/4 Std. nordöstl. Weiter über Gasthaus Rumpelbachsäge in 1 1/2 Std. zur **Silberhütte.** Zurück über **Hohenstein** (773 m) und **Haselstein** (765 m).

4. Über Theisseil und den nördl. Fischerberg nach **Weiden*,** 2 Std. südwestlich.

FLOSSENBÜRG

(Kreis Neustadt/Waldnaab, 600-900 m, 2100 Einw.), anerkannter Erholungsort in waldreicher Umgebung mit weithin sichtbarer **Burgruine** auf dem granitenen, kahlen Schloßberg (732 m).

Erbaut um 1100 durch die Grafen von Sulzbach, gelangte „castrum Flozze“ 1188 an Kaiser Friedrich Barbarossa. Nach mehrmaligem Besitzwechsel wurde die Burg 1634 durch Dragoner des Herzogs von Weimar zerstört. Der kühn über dem aufgetürmten Gipfelfelsen emporragende blockige Wohnturm gehört noch zum ältesten Bestand des 12. Jahrh.; 1973 wurde eine 40 qm große Aussichtsplattform geschaffen. Die Reste des Palas und des vorgeschobenen Turmklotzes stammen aus dem 13., die übrigen Bauten aus dem 16. Jahrh. An der Westseite des Schloßberges tritt als geologische Seltenheit bläulich-grobkörniger Zweiglimmergranit in Zwiebelschalenbildung zu Tage.

Oberhalb des Ortes erinnern Gedenkstätten, Friedhof mit Ehrenmal und Gedächtniskapelle an das ehem. Konzentrationslager.

Auskunft: Verkehrsamt 8481 Flossenbürg.

Verkehr: Busverbindung nach Weiden, Floß, Silberhütte.

Unterhaltung und Sport: Freibad am 11 ha großen Gaisweiher, Rudern, Angeln, Minigolf; Skigelände am Wurmstein mit Lift und Flutlichtanlage. - Haus des Gastes.

Wanderungen

1. Rundwanderung nordwestl. vorbei am **Kleinen Gaisweiher** auf den **Haselstein** (705 m), mächtige Felsgruppe mit Schutzhütte), 1 1/2 Std. Weiter östlich über den **Hohenstein** (773 m) nach **Hildweinsreuth.** Dieser kleine Ort gilt neuerdings als Mittelpunkt Europas, da findige Landmesser ermittelt haben, daß er genau in der Mitte zwischen Lübeck und Genua liegt (Stelle ist markiert). Zurück südlich über St. Ötzen und **Rumpelbachsäge,** insgesamt gut 3 Stunden.

2. Über **Rumpelbachsäge** zur **Silberhütte,** 1 1/2 Std. nordöstl.

3. Über den **Kopfstein** (739 m) zur **Burgruine Schellenberg,** 1 1/2 Std. östlich. Zurück über Waldkirch.

4. Vorbei am **Stieberweiher** und am Osthang des Sterzenberges durch Hochwald über Oberbernrieth zum **Fahrenberg** mit Wallfahrtskirche, 2 1/2 Std. südlich.

Die Burgruine Flossenbürg gehörte einst zu den mächtigsten Burgen des Nordgaues. Der kühn über dem aufgetürmten Gipfel des Schloßberges emporstrebende Wohnturm stammt noch aus dem 12. Jahrhundert.
(Foto: Oberpfälzer Waldverein, Weiden)

FREYSTADT

(Kreis Neumarkt, 406 m, 6000 Einw.), altertümliches Städtchen im Schwarzachtal, ist eine Gründung der Herren vom Stein aus dem 13. Jahrh. und beeindruckt durch das schöne Stadtbild mit spitzgiebeligen Bürgerhäusern des 18. Jahrh., Resten der Stadtmauer und zwei mittelalterlichen Stadttoren. Freystadt ist Geburtsort von Prof. Dr. Ernst Schweninger (1850-1924), einst Leibarzt Altkanzlers Fürst Otto von Bismarck.

Das **Rathaus** von 1665 steht in der Mitte des langgezogenen Marktplatzes, der von den beiden Stadttoren abgeschlossen wird.

Die **Pfarrkirche St. Peter und Paul** entstand 1730 unter Einbezug des gotischen Ostturmes der älteren Kirche mit Stukkaturen und Fresken um 1740. Die **Spitalkirche Hl. Dreifaltigkeit** um 1730 ist mit feinen Stukkaturen, Lambrequins und Kartuschen geschmückt; die **Franziskanerklosterkirche** stammt von 1681.

Besonders sehenswert ist die **Wallfahrtskirche Mariahilf** (1700-1708) des Münchener Hofbaumeisters Giov. Ant. Viscardi, ein kuppelgekrönter Zentralbau mit vier Ecktürmchen und hoher Laterne. Die hervorragenden Stukkaturen schuf Francesco Appiani, die Fresken aus dem Marienleben Joh. G. Asam unter Mitarbeit seiner Söhne Cosmas Damian und Egid Quirin. 1983 wurde die Kirche umfassend restauriert.

Auskunft: Stadtverwaltung 8431 Freystadt.

Verkehr: Autobahnanschluß Hilpoltstein und Allersberg (München-Nürnberg); Busverbindung nach allen Richtungen.

Unterhaltung und Sport: Freibad. Bergfest am Möninger Berg im August.

Wanderungen

1. Zum **Möninger Berg** (550 m) mit Wallfahrtskirche von 1884, deren Tradition bis 1455 zurückreicht, 1 Std. nördlich. Im nahen **Möning** romanische Pfarrkirche (Turm 1491); daneben eine Mariensäule als Gefallenendenkmal.
2. Über Frettershofen, Sondersfeld und Reichertshofen auf den **Buchberg** (583 m), Abstieg nach Sengenthal, 3 1/2 Std. nordöstl. Zurück mit dem Bus.
3. Über Rohr, Reckenstetten nach **Seligenporten** mit ehem. Zisterzienserinnen-Klosterkirche, 2 1/2 Std. nordwestl. Zurück über Kesselweiher und Möning.

FRIEDENFELS

(Kreis Tirschenreuth, 537 m, 1600 Einw.), anerkannter Erholungsort in klimatisch günstiger Lage am Südfuß des Hohen Steinwaldes. Über dem Ort in einem gepflegten Park das **Renaissance-Schloß** des Freiherren von Gemmingen-Hornberg mit wappengeschmücktem Erker, erbaut 1586 von Friedrich Sittig von Nothafft, nach einem Brand 1816 erneuert.

Gegenüber der Schloßbrauerei die **Marienkirche** von 1877; an ihrer Außenwand ein eingelassener Grabstein für den ehem. Schloßherrn, Georg Rudolf von Nothafft (1660-1714) und seine Gemahlin. Sehenswert auch der idyllische **Waldfriedhof** der freiherrl. Familie Nothafft von Weißenstein, deren Stammsitz sich auf der nahen Burgruine Weißenstein befand.

Auskunft: Fremdenverkehrsverein 8591 Friedenfels, Schloßbergstraße 23.

Verkehr: Busverbindung nach Wiesau, Reuth, Tirschenreuth, Weiden, Marktredwitz; Bahnstation Reuth und Wiesau.

Unterhaltung und Sport: Beheiztes Freibad, Minigolf, Leseraum; Eisstockschießen.

Wanderungen

1. Über Frauenreuth und den Leiterfelsen zum **Waldhaus,** 1 3/4 Std. nordwestl., weiter 1/2 Std.nördlich zur **Platte.**
2. Über den Eichstein zur aussichtsreichen **Burgruine Weißenstein** (863 m), 1 1/2 Std. nördl. Von dort zur **Platte** knapp 3/4 Std.
3. Durch den Voitenthaner Wald nach **Fuchsmühl*,** 1 1/2 Std. nordöstl.
4. Über Voitenthan, die **Wiesauer Teichpfanne** und Seidlersreuth nach **Falkenberg** mit gut erhaltener Burg, 2 1/2 Std. östlich.
5. Durch das Heinbachtal nach **Reuth** mit Schloßkirche, 1 1/2 Std. südöstlich.

FUCHSMÜHL

(Kreis Tirschenreuth, 550-751 m, 2000 Einw.), schön gelegener Ferienort am Osthang des Hohen Steinwaldes, überragt von einer weithin sichtbaren doppeltürmigen Wallfahrtskirche.

Am 30. Oktober 1894 war Fuchsmühl Schauplatz der erbitterten „Fuchsmühler Holzschlacht“, bei der durch Militäreinsatz drei Bauern den Tod fanden. Anlaß war die Ablösung uralter Holzrechte aus den Fuchsmühler Waldgütern durch den Bayerischen Staat. Durch diese Rebellion sah sich die Regierung gezwungen, die noch heute bestehenden Holzrechte zugunsten der Bauern abzuändern. Alte „Fuchsmühler Trutzgsangl“ erinnern an jene blutigen Ereignisse: „Wo i geh' und wo i bin, kummt mir dös Bloutbad nöt aussn Sinn. . .“

Die barocke **Wallfahrtskirche Mariahilf** wurde 1712-1725 anstelle einer 1688 vom Fuchsmühler Hofmarksinhaber Freiherr von Froschheim gestifteten Kapelle errichtet. Im Inneren ein sechssäuliger Hochaltar um 1700 aus der Regensburger Deutschherrnkirche St. Aegidius; in der Gnadenkapelle blieben Stukkaturen des Erbendorfers Philipp Jakob Schmuzer erhalten.

Das schon 1510 genannte Rittergut dient seit 1959 als gastliches **Schloßhotel** mit Gaststätte und Café, umgeben von gepflegten Parkanlagen.

Auskunft: Marktverwaltung 8591 Fuchsmühl.

Verkehr: Busverbindung nach Wiesau, Tirschenreuth, Marktredwitz; Bahnstation Wiesau 3 km (Strecke Hof-München).

Unterhaltung und Sport: Beheiztes Freibad in Friedenfels.

Wanderungen

1. Über den zerklüfteten **Hackelstein** (723 m) und den Basalkegel **Plößberg** (820 m) zur **Burgruine Weißenstein** (863 m) 1 3/4 Std. westlich oder zum **Marktredwitzer Haus** 1 1/2 Std. westlich.
2. Über Hurtingöd auf den **Großen Teichelberg** (685 m) mit sehenswertem Basaltsteinbruch, 1 1/4 Std. nordöstlich.
3. Durch den Voitenthaner Wald nach **Friedenfels***, 1 1/2 Std. südwestl.

FURTH IM WALD

(Kreis Cham, 410 m, 10 000 Einw.), anerkannter Erholungsort im Chambtal nahe der böhmischen Grenze, offizieller Straßen und Bahnübergang in die ČSFR, weltbekannt durch den „Drachenstich".

Die schon in vorgeschichtlicher Zeit besiedelte Cham-Further-Senke bildet den tiefesten Einschnitt in das ostbayerische Grenzgebirge und trennt geographisch den Oberpfälzer Wald vom Bayerischen Wald. Kaiser Heinrich IV. unterstellte 1086 „Vurte" als strategisch wichtigen Grenzort den Grafen von Bogen, die auf dem Gneiskegel im Süden der Stadt eine Burg als Bollwerk gegen Böhmen errichteten. Nach ihrem Aussterben 1242 gelangte Furth in den Besitz der bayerischen Herzöge und erhielt 1332 das Stadtrecht. Als Sitz einer landesfürstlichen Hauptmannschaft und eines Pflegeamtes wurde die Burg mit Ringmauer, Türmen, Wall und Graben weiter zu einer starken Grenzfestung ausgebaut. In den Hussitenkriegen und bei der vergeblichen Verteidigung 1633 gegen die Schweden wurde die Burg schwer beschädigt und durch den großen Stadtbrand 1863 völlig vernichtet - einziger Rest ist der viereckige „Lärmenturm" im ehem. Schloßhof, der zu Wohnungen umgebaut wurde.

Der heutige **Stadtturm** wurde 1866 anstelle des Schloßturmes errichtet. In der **Stadtpfarrkirche** von 1727, 1765/1892 umgebaut und erweitert, befinden sich die wappenverzierten Grabsteine der landesfürstlichen Burgpfleger. Auf dem Stadtplatz erhebt sich die Statue des Brückenheiligen **St. Nepomuk** von 1767. Eine Attraktion ist das 1980 geschaffene **Glockenspiel** „Tief drin im Böhmerwald" am Erker des Amtsgerichts (23 Glocken).

Vom Stadtplatz führt die Kreuzkirchstraße vorbei an der **evang. Kirche** von 1903 auf die Kreuzhöhe zum Friedhof und zur **Kreuzkirche** von 1610, erweitert 1765; im Inneren ein Granitsteinrelief der Kreuzigung aus dem späten 14. Jahrhundert.

An der Straße nach Eschlkam die **Leonhardikapelle** des 18. Jahrh.; um sie herum bewegt sich alljährlich am Ostermontag der **Further Leonhardiritt,** bei dem die Bauern vom Pferdepatron den Segen für die Rosse erbitten.

Auf dem Stadtplatz wird alljährlich vom 2. bis 3. Augustsonntag der berühmte **Drachenstich** aufgeführt, ein über 500 Jahre altes Grenzlandspiel, das seinen Ursprung in den Notzeiten des Hussitenkrieges fand und 1952 von dem bekannten Schriftsteller Josef Martin Bauer als Festspiel neu inszeniert wurde (Spieldauer 75 Minuten). Hintergrund ist die Schlacht von Taus am zweiten Augustsonntag 1431, als das kaiserliche Heer von den Hussiten besiegt wurde.

Ganz Furth ist auf den Beinen, wenn alljährlich der „Drack g'stocha" wird. Höhepunkt des Spiels ist der spannende Augenblick, in dem der tapfere Ritter hoch zu Roß auf den feuerspeienden Drachen zusprengt und ihm mit kühnem Wurf den tödlichen Lanzenstich versetzt, so daß er röchelnd verblutet. Dann ertönt das tausendfache Triumphgeschrei der Zuschauer, und alle Kirchenglocken läuten: Wieder einmal hat das Gute über das Böse gesiegt! Und nur zu gern begibt man sich auf die Festwiese, um das „Drachenblut" in Form eines kühlen Bieres zu trinken.

Der Drachenstich gehört zu den ältesten deutschen Volksschauspielen. In den Notzeiten des Hussitenkrieges empfanden die Menschen das furchtbare Elend wie einen schrecklichen Drachen. In ihrer Bedrängnis erflehten sie Hilfe vom Nothelfer St. Georg und verwoben dessen Legende zu einem heiligen Spiel. So wurde früher der Drache in der Fronleichnamsprozession mitgeführt. Erst seit 1879 wird der Drachenstich als weltliches Spiel im Freien auf dem Festplatz veranstaltet. An die erste Aufführung am Samstagabend vor der Hauptaufführung am 1. Augustsonntag schließen sich die traditionellen Hofrechte am Rathaus an mit Aufmarsch der Musikzüge, Huldigungen für Ritter und Ritterin, Fackeltanz und Fackelzug; die Stadt ist festlich illuminiert. Vor der Hauptaufführung am Sonntagnachmittag gibt es einen großen historischen Festzug durch die Straßen der Stadt mit rund tausend Mitwirkenden, zweihundert Pferden, zahlreichen Festwagen und verschiedenartigen Musikgruppen - ein lebendiges Bilderbuch aus der Geschichte des Grenzlandes zwischen dem 11. und 18. Jahrhundert.

Parallel zu den Drachenstichaufführungen findet das **Further Volksfest** auf einer reich beschickten Festwiese mit modernen Fahr-, Schau- und Verkaufsgeschäften statt. Die fast dreitausend Menschen umfassende Festhalle bietet während der ganzen Zeit ein buntes Unterhaltungsprogramm.

Auskunft: Verkehrsbüro 8492 Furth im Wald, Lorenz-Zierl-Str. 3.

Verkehr: Busverbindung nach Neukirchen b. Hl. Blut, Bayerisch Eisenstein, Waldmünchen; Bahnstation.

Unterhaltung und Sport: Beheiztes Freibad, Hallenbad, Angeln, Minigolf, Reitschule, Tier- und Wildgehege; Golfplatz in Voithenberg; Skischule, Eisstockschießen, auf der Waldbühne am Stadtrand von Juni bis August reichhaltiges Spielprogramm; Omnibusfahrten nach Prag, Karlsbad und Marienbad.

Sammlungen: Landestormuseum, Schloßplatz 4 - Waldmuseum im Ortsteil Sengenbühl - Hammerschmiede Voithenberghütte 17.

Wanderungen

1. Auf den **Dachsriegel** (826 m), 1 Std. westlich.
2. Auf den **Dieberg** (639 m), 1 Std. nordöstlich.
3. Über Wutzmühle zum **Deschlberg** (450 m), mit Blick auf die Stadt vom „Göttersitz“, 1/2 Std. südlich.
4. Zum **Gasthaus Voithenberghütte** mit Waldbad, 3/4 Std. nordwestl.
5. Über **Voithenberg** mit Schloß des 19. Jahrh. vorbei am **Reiseck** (901 m, lohnender Aufstieg) zum **Gibacht** (938 m), 2 Std. nordwestlich. Vom Gipfelkreuz herrliche Aussicht. Jenseits der Grenze die Schwarzkoppe (Cerkov), 1059 m hoch. Nördlich 1/4 Std. vom Gibacht an der Grenze der **Dreiwappenfelsen** (917 m) mit eingemeißelten Hoheitswappen, 1766 Grenzpunkt zwischen Bayern, Böhmen und Kurpfalz.
6. Zum **Hohen Bogen** 3 Std. südöstlich: Über Oberrappendorf und Oberdörfl steil aufwärts zum **Burgstall** (976 m) und weiter 1/2 Std. zum **Berggasthof Hohen Bogen** (915 m).

GRAFENWIESEN

(Kreis Cham, 509-600 m, 1400 Einw.), Ferienort im Tal des Weißen Regen zwischen den Bergzügen Hoher Bogen und Kaitersberg. Das schlichte vierflügelige **Schloß** (heute Brauerei) entstand 1612-1620 anstelle einer älteren Anlage, im 13. Jahrh. Sitz des Edelgeschlechts de Gravenwiesen. Im 18. Jahrh. wurde das Schloßgut bis zur Säkularisation 1802 durch das Benediktinerkloster Rott am Inn bewirtschaftet. Im Schloßhof eine **Schloßkapelle** von 1612 mit Rokokoausstattung um 1760. - Die im Ort befindliche Zündholzfabrik gehört zu den größten ihrer Art in der Bundesrepublik.

Auskunft: Verkehrsamt 8491 Grafenwiesen.

Verkehr: Busverbindung nach Lam, Neukirchen b. Hl. Blut; Bahnstation.

Unterhaltung und Sport: Beheiztes Freibad, Angeln, Tier- und Wildgehege, Ponyreiten für Kinder, Tagesfahrten in die CSSR; Eislaufplatz, Eisstockschießen.

Wanderungen

1. Über **Rimbach*** zur **Burgruine Lichteneck, 1 1/4 Std. nördl. und weiter in 1 1/2 Std. über Teufelsbauer zum Berggasthof Hohen Bogen** (915 m). Zurück über Watzlsteg.
2. Über **Schönbuchen** mit Wallfahrtskirche von 1692 und Reitenberg auf den felsigen Höhenzug des **Kaitersberges** und zur bewirtschafteten **Kötztinger Hütte** am **Mittagstein** (1034 m), 2 Std. südöstlich.
3. Über Ramsried auf den **Haidstein** (743 m), 2 Std. nordwestl.

Grafenwöhr:
Der ehemalige Zehntkasten aus dem Jahre 1532
beherbergt das Heimatmuseum
(Foto: Gernot Messarius)

GRAFENWÖHR

(Kreis Neustadt/Waldnaab, 410 m, 6000 Einw.), alte Stadt am Zusammenfluß von Creußen und Thumbach in einer Heidelandschaft am Rande des größten Truppenübungsplatzes der Bundesrepublik. Der 1361 durch Kaiser Karl IV. zur Stadt erhobene Ort gehörte im Mittelalter dreihundert Jahre lang zur Herrschaft der Landgrafen von Leuchtenberg und kam dann in den Besitz der wittelsbachischen Pfalzgrafen. Der große Truppenübungsplatz entstand 1908-1910 und wurde 1937 erweitert; viele Orte in seinem Bereich mußten umgesiedelt werden.

Das spätgotische **Rathaus** von 1567, ein dreigeschossiger hochgiebeliger Bau mit noch erhaltenem Pranger an der westlichen Schmalseite, erhebt sich freistehend in der Mitte des langgestreckten, breiten Marktplatzes.

Die **Stadtpfarrkirche Mariae Himmelfahrt** mit gotischem Chor und Unterbau des Turmes wurde nach einem Blitzschlag 1839/40 neu errichtet; sie enthält eine kunstvolle Kanzel mit feinen Reliefschnitzereien, barockes Chorgestühl unter der Empore und einen gotischen Taufstein. In der spätgotischen **Friedhofskirche St. Ursula** steht eine hölzerne Marienfigur mit Kind aus der Zeit um 1640. Auf dem Galgenberg erhebt sich die **Mariahilfkirche** (18./19. Jahrh.); am Ostfuß des Berges die sog. **Pestsäule** (16. Jh.).

Im ehem. Getreide- oder **Zehntkasten** von 1532 ist das sehenswerte **Heimatmuseum** untergebracht.

Auskunft: Stadtverwaltung 8491 Grafenwöhr.

Verkehr: Busverbindung nach Eschenbach, Pressath; Bahnstation.

Unterhaltung und Sport: Beheiztes Freibad mit Freizeitanlagen, Strandmoorbad Rußweiher in Eschenbach (8 km), Angeln, Aufführungen der Naturbühne Schönberg.

Wanderungen

1. Auf schönem Waldweg nach **Josephstal,** 1 Std. östlich.
2. Über **Eschenbach*** zum **Rußweiher,** 2 Std. nordwestl.
3. Nach **Dießfurt** mit Hammerschloß, 1 1/4 Std. östlich.

HEMAU

(Kreis Regensburg, 500 m, 6800 Einw.), altes Städtchen an der Bundesstraße 8 Nürnberg-Regensburg, die sich zum typisch bayerischen Straßenmarkt verbreitert. Der Ortsname entwickelte sich aus „Hempurc" (1138) und „Hembaur" (1329). Die mittelalterliche Ringmauer mit zwölf Türmen und zwei Toren verfiel 1808 dem Abbruch.

Das gotische **Rathaus** wurde 1471 errichtet und nach einem Brand 1779 umgestaltet. Die **Pfarrkirche St. Johann Baptist,** 1719-1721 unter Verwendung gotischer Chormauern erbaut, enthält vier bemerkenswerte gotische Holzreliefs um 1500 mit Szenen aus der Geschichte der beiden Johannes.

Auskunft: Stadtverwaltung 8416 Hemau.

Verkehr: Autobahnanschluß Nittendorf/Hemau (Nürnberg-Regensburg); Busverbindung nach Regensburg, Riedenburg, Beratzhausen; Bahnstation Beratzhausen.

Unterhaltung und Sport: Freibad im Hemauer Stadtwald, Trimmpfad, Leseraum; Eislaufplatz, Eisstockschießen.

Wanderungen

1. Nach **Laufenthal** mit ehem. Edelsitz (Gasthof) 1 Std. nordöstl. In der spätromanischen Kirche St. Ottilia, wappenverzierte Grabsteine.
2. Über Kollersried nach **Beratzhausen*** im Tal der Schwarzen Laber mit zahlreichen alten Hammermühlen, 2 Std. nördlich.
3. Zum **Eichelberg** (582 m) mit Wallfahrtskirche, 2 Std. nordwestl.
4. Nach Hohenschambach mit Barockkirche, 1 Std. südöstl.
5. Nach **Painten** am Paintner Forst mit vorgeschichtlichen Erzschürfstellen und geologisch interessanten Karstlöchern, 2 Std. südlich.

HIRSCHAU

(Kreis Amberg-Sulzbach, 430 m, 6200 Einw.), die „Stadt der weißen Erde" mit den größten Kaolinwerken der Bundesrepublik, liegt an der traditionsreichen Handelsstraße von Nürnberg nach Prag (B 14). In der Umgebung zahlreiche Weiher.

Als „Hierzowe" 1296 erstmals genannt, war der Ort im Laufe der wechselvollen Geschichte abwechselnd bayerisch, kurpfälzisch, böhmisch und wieder wittelsbachisch. König Wenzel, Sohn Kaiser Karls IV., gilt als Urheber der „Hirschauer Stückln", die neben den „Schildbürgerstreichen" zu den berühmtesten deutschen Possengeschichten zählen.

Auf dem langgestreckten Marktplatz das **Rathaus,** ein stattlicher Renaissancebau des 16. Jahrh. mit Treppengiebeln, Prangerplatte und dem springenden Hirschen als Stadtwappen. Dahinter in reizvoller Baugruppe die barock veränderte **Pfarrkirche Mariae Himmelfahrt** aus dem 15. Jahrh. (Turm 1753) mit spätgotischen Holzplastiken um 1520 am Hochaltar. Das ehem. **Pflegamtsschloß** des 15. Jahrh. dient heute als Brauerei. Die **Liebfrauenkapelle** besitz einen hervorragenden Rokokoaltar mit kunstvollem Antependium um 1750.

Eine besondere Attraktion ist nahe südwestlich der über 100 m hohe **Monte Kaolino.** Die aus Nebenprodukten der Kaolinwerke künstlich mit weißem Sand aufgeschüttete Abraumhalde gilt als

„schneeähnlichste Unterlage der Welt“ und garantiert ungetrübte Skifreuden von Mai bis September.

Die als Slalomstrecke ausgebaute Abfahrtspiste ist 160 m lang. Ein Schlepplift sorgt für bequemen Aufstieg. Alljährlich werden „Sommerskimeisterschaften“ ausgetragen. Am Fuß des Berges befindet sich ein beheiztes Freibad bis 25 Grad mit beheizter Liegehalle sowie ein Campingplatz, Minigolfplatz und eine Café-Gaststätte.

Hirschau ist mit der benachbarten Stadt Schnaittenbach Zentrum der deutschen Kaolingewinnung. Kaolin ist ein wichtiger Rohstoff für die Porzellanherstellung. Der Abbau der Roherde erfolgt in ausgedehnten Tagebaubetrieben. Neben Kaolin wird auch Quarzsand und Feldspat gewonnen.

Auskunft: Stadtverwaltung 8452 Hirschau.

Verkehr: Autobahnanschluß Amberg (Nürnberg-Amberg); Busverbindung nach Weiden, Amberg; Bahnstation.

Unterhaltung und Sport: Beheiztes Freibad, Angeln, Minigolf, Sommerskilauf, Skiverleih, Leseraum; Wintersportgelände südöstlich.

Wanderungen

1. Rundweg nördlich bis **Hölzlmühle,** weiter östlich bis zur Fahrstraße, auf dieser südwestl. über **Waldmühle** zurück, 1 3/4 Std.

2. Über **Ehenfeld** (mittelalterliche Kirche mit roman. Malereien im Turm, Friedhofbefestigung) zur **Rödlaser Berghütte** des Oberpfälzer Waldvereins am **Massenrichter Berg** (579 m) mit 32 m hohem **Aussichtsturm,** 1 1/2 Std. nördlich.

3. Über den Hinteren Wenzelberg (581 m) auf den aussichtsreichen **Rotbühl** (669 m) mit Fernseh-Sendeturm, 1 1/4 Std. südöstlich. Von dort a) in 1 1/2 Std. über **Weiher** zurück; b) 1 1/4 Std. nördl. nach **Schnaittenbach** und mit Bus zurück; c) 1/2 Std. östlich auf den **Buchberg** (667 m) mit Burgstall und in 1 1/4 Std. nordwestlich nach **Schnaittenbach;** d) in 3 1/2 Std. südwestlich über Pursruck und Aschach nach **Amberg*,** mit Bus zurück; e) in 4 Std. südwestl. über **Freudenberg** nach **Amberg*.**

HOHENWARTH

(Kreis Cham, 550 m, 2200 Einw.), Ferienort im Tal des Weißen Regen zwischen den Bergzügen Hoher Bogen und Kaitersberg, war im 13. Jahrh. Sitz der Edlen von Hohenwarth. Das vierflügeleige schlichte **Schloß** wurde 1673 anstelle einer abgebrannten älteren Anlage errichtet. Die spitztürmige neugotische **Pfarrkirche St. Johannes** stammt von 1861.

Auskunft: Fremdneverkehrsverein 8491 Hohenwarth.

Verkehr: Busverbindung nach Lam, Furth im Wald, Bayerisch Eisenstein, Passau; Bahnstation.

Unterhaltung und Sport: Hallenbad, Angeln, Minigolf, Reitschule.

Wanderungen

1. Über Hudlach zur **Kötztinger Hütte** am **Mittagstein** (1034 m), 1 1/2 Std. südl.

2. Über **Schönbuchen** mit Wallfahrtskirche von 1692 nach **Grafenwiesen*,** 1 Std. südwestlich.

3. Über Ribenzing zum Berggasthof **Hohenbogen** (915 m), 1 3/4 Std. nordwestlich.

4. Über Kummersdorf hinauf zum Bergkirchlein **Kolmstein,** 1 1/2 Std. nordöstlich. Weiter 1/2 Std. westl. zur **Höllhöhe** mit Gasthof Waldschlößl und südwestl. 1 Std. über Ansdorf zurück.

5. Über **Hintereschlsaigen** (Gasthof mit Schwimmbad, Wildgehege) zum **Ecker Sattel** (Gasthof), 1 3/4 Std. südöstlich.

KALLMÜNZ

(Kreis Regensburg, 360 m, 2000 Einw.), malerischer Markt an der Einmündung der Vils in die Naab, mit engen Straßen, winkeligen Gassen und alten Bürgerhäusern - überragt von der Ruine einer wittelsbachischen Burg auf dem Schloßberg. Neben der neuen Brücke überspannt eine alte Steinbrücke von 1550 mit schweren Pfeilern und Bögen die Naab. Diese alte Brücke war früher noch von zwei Tortürmen flankiert.

Kallmünz wurde im 8. Jahrh. als Reichsmautstelle gegründet und behielt dieses Attribut bis 1230. Herzog Albrecht verlieh 1455 dem Markt das Wappen mit Krone und drei Wecken. Zu Beginn des 17. Jahrh. prägte Münzmeister Paur den „Kallmünzer Hochzeitstaler“, um 1800 gingen Georg Braunspergers Darmsaiten in alle Lande und um 1900 entdeckte Kunstmaler Professor Charles Palmié Kallmünz als romantisches Malerparadies, das er als „Perle des Naabtales“ bezeichnete. Seit 1907 erscheint im Kallmünzer Verlag Michael Laßleben die von J. B. Laßleben begründete Monatszeitschrift „Die Oberpfalz“, eine der ältesten Heimatzeitschriften Bayerns.

Die **Rokokopfarrkirche St. Michael** von 1758 mit laternengekröntem Zwiebelturm überrascht durch feine Stukkaturen und Fresken des Kallmünzer Malers Mathias Zintl. Das **Rathaus** von 1603 mit Dachreiter wurde 1962/63 modernisiert und besitzt im Inneren eine schöne Balkendecke.

Die **Burgruine** erhebt sich auf der steilabfallenden Höhe des Schloßberges, der schon in vorgeschichtlicher Zeit eine Burg trug. Ringsum sind noch die Reste eines keltischen Ringwalles zu erkennen. Bayerische Herzöge, die schon 1224 in Kallmünz eine Vogtei unterhielten, erbauten um 1250 die mächtige Wehranlage, um die alte Erz-und Salzstraße Amberg-Regensburg zu überwachen. Im Landshuter Erbfolgekrieg wurde die Burg 1504 von Böhmen zerstört. Nach Instandsetzung 1607 trotzte sie 1633 den Schweden, konnte aber einem erneuten Schwedenangriff 1641 nicht widerstehen und ist seitdem Ruine.

Erhalten blieben weite Teile der äußeren Ringmauer und inneren Wehrmauer sowie Reste des 20 m hohen runden Bergfrieds, eines spätgotischen Torbaues und des Palas mit vier dreiteiligen frühgotischen Spitzbogenfenstern.

Östlich der Naab auf dem Auberg die **Sebastianskirche** von 1713 zu Ehren des Pestpatrons St. Sebastian.

Auskunft: Marktgemeinde 8411 Kallmünz.

Verkehr: Autobahnanschluß Beratzhausen (Nürnberg-Regensburg); Busverbindung nach Regensburg, Beratzhausen, Burglengenfeld, Amberg; Bahnstation Burglengenfeld.

Unterhaltung und Sport: Freibad, Angeln, Ruderbootverleih.

Wanderungen

1. Auf den **Schloßberg** zur Burgruine, knapp 1/2 Std.
2. Über Krachenhausen und durch den Schwaighauser Forst zur **Burg Wolfsegg** aus dem 14. Jahrh., 1 3/4 Std. südöstlich.
3. Am östlichen Naabufer abwärts über Heitzenhofen nach **Pielenhofen*** mit barocker Klosterkirche, 3 Std. südl., zurück mit Bus.
4. Über Schirndorf nach **Burglengenfeld*,** 2 Std. nordöstlich.
5. Am westlichen Vilsufer aufwärts nach **Rohrbach,** 1 Std. (Seite 60).
6. Auf den **Blümelberg** (382 m) mit Wallfahrtskapelle, 1 Std. östl.
7. Über Dallackenried auf die Albhochfläche nach **Rechberg** (alte Marienwallfahrt) und **Oberpfraundorf** (ursprünglich zweitürmige roman. Dorfkirche) an der Autobahn, 2 1/2 Std. westl.

KASTL

(Kreis Amberg-Sulzbach, 430 m, 1900 Einw.), anerkannter Erholungsort im Tal der Lauterach 20 km südwestlich von Amberg, bekannt durch die mittelalterliche Klosterburg mit kunsthistorisch bedeutsamer Kirche.

Die weitläufige **Klosterburg** erhebt sich auf schmalem Bergrükken über dem Lauterachtal. Graf Berengar I. von Sulzbach, Graf Friedrich von Kastl-Habsberg mit seinem Sohn Otto und die Markgräfin Luitgard, Gemahlin des Markgrafen Diepolt von Vohburg, ließen 1098 ihre Gauerbenburg Kastl in ein Benediktinerkloster umwandeln, das der Sage nach aus drei getrennten Burgen entstanden sein soll. Es wurde zu einem führenden Kulturzentrum im ganzen oberpfälzischen Raum. Ottheinrich von der Pfalz verfügte 1556 die Auflösung. Während der Gegenreformation wurde das Kloster 1636 wichtiger Stützpunkt der Amberger Jesuiten . Von 1782-1808 ließ sich der Malteserorden nieder; anschließend wurden die Gebäude vom Staat übernommen. Seit 1958 befindet sich hier ein ungarisches Gymnasium mit Inernat unter der Leitung von Benediktinern.

Von der mittelalterlichen Anlage sind u. a. noch ein Torturm des 13. Jahrh. und ein Torbau mit Dachpyramide des 16. Jahrh. erhalten.

Die ehem. **Benediktinerklosterkirche St. Peter,** 1129 geweiht und später mehrfach umgestaltet, ein langgestreckter Bau mit gotischer Apsis und romanischen Nebenapsiden, ist eine der berühmtesten Grabstätten des nordgauischen Adels.

An der Nordwand der Paradiesvorhalle die Epitaphien des Diepold von Hohenburg (1266) und des Abtes Joh. Winter (1539). Daneben die wappengeschmückte Platte des kaiserlichen Feldhauptmanns Seyfried Schweppermann (1337), davor die freistehende Ehrentumba mit seinen Gebeinen. Es folgen u. a. die Eapitaphien der Äbte Georg Kemnater (1434) und Leonhard (1490).

In der Nordostecke ein barocker Schrank mit der Mumie der kleinen Tochter des Königs Ludwig der Bayer, Prinzessin Anna (1319); davor das Epitaph mit Kreuz und Spitzbogenblenden. Dem Mumienschrank gegenüber ein barockes Holzgehäuse (1715) mit den Gebeinen der Stifter. Es folgen weitere Epitaphien, bemerkenswert die aus der Werkstatt des Eichstätters Loy Hering für die Äbte Joh. Lang (1524), Ulrich (1495) und Joh. Manger (1554). Das Fragment eines Kreuzigungsreliefs stammt ebenfalls von Loy Hering.

Zu der Einzigartigkeit der Kastler Klosterkirche tragen neben der landschaftlich reizvollen Lage das vordere Tonnengewölbe (eines der ersten in Deutschland überhaupt) und die Anlage von fünf Schiffen (jetzt teilweise unterbrochen) bei.

Als besondere Sehenswürdigkeit befindet sich an den Langhauswänden des Mittelschiffs ein Fries mit 69 farbigen Wappen von Stiftern und Wohltätern des Klosters. Die jeweils auch mit den Familiennamen gekennzeichneten Ritterwappen gehen bis ins 14. Jahrh. zurück und wurden 1909/1967 vorzüglich restauriert.

Auskunft: Verkehrsverein 8455 Kastl.

Verkehr: Autobahnanschluß Kastl (Nürnberg-Amberg); Busverbindung nach Amberg, Neumarkt, München; Bahnstation Amberg und Neumarkt.

Unterhaltung und Sport: Beheiztes Freibad, Trimm-Dich-Pfad beim Gasthaus zur Lauterach, Erholungsanlage Buchert mit Kinderspielplatz, Leseraum.

Wanderungen

1. Auf den aussichtsreichen **Kalvarienberg** (581 m), 1/2 Std. südl.

2. Über Hammer und **Kastlerberg** (529 m) zur **Kneißlruhe,** 1 Std. südöstlich.

3. Zur **Schweppermannsburg,** 1 Std. westlich; zurück über **Pfaffenhofen** und am linken Ufer der Lauterach.

4. Über Reusch zur **Burgruine Zant,** 2 1/2 Std. östlich.

5. Über Reusch ins **Hausener Tal** mit **Schloß Heimhof,** 2 1/2 Std. südöstlich.

6. Über Bärnhof, Brünnthal, Ödhaag und Gronatshof zum **Poppberg** (657 m) mit Burgruine, höchste Erhebung der Oberpfälzer Alb, 2 1/2 Std. nordwestlich.

7. Vom Bahnhof Lauterach über Mühlhausen und Utzenhofen nach **Habsberg** (621 m) mit Wallfahrtskirche und Gnadenkapelle, 2 1/2 Std. südwestl. Zurück über Holzheim und Elsbether Wart.

KELHEIM

(Kreis Kelheim, 354 m, 15 000 Einw.), alte Wittelsbacherstadt und niederbayerische Kreisstadt an der Mündung der Altmühl in die Donau, überragt vom Michelsberg mit der Befreiungshalle, mit bedeutender Industrie (u.a. Chemie und Maschinenbau). Seit 1978 wird der Hafen für den Rhein-Main-Donau-Kanal betrieben. Zwei Brücken überqueren die Donau; östlich die 1977 vollendete Europabrücke (381 m lang).

Die Gegend um Kelheim ist geschichtsträchtiger Boden: In den Höhlen des unteren Altmühltales lebten schon die **Steinzeitmenschen** (Schulerloch, Klausenhöhle, Kastlhänghöhle), und später schürften die **Kelten** nach Eisenerzen: Um 500 v. Chr. stand auf dem Michelsberg das keltische Oppidum Alkinoennis. Die keltischen Wallanlagen sind noch heute zu erkennen. Es folgten die **Römer;** sie ließen sich am linken Altmühlufer nieder und erbauten Anfang des 2. Jahrh. die „Teufelsmauer", die als Limes bei Hienheim ihren Ausgang nahm. Am linken Altmühlufer (Vorstadt Gmünd) siedelten auch die nachrückenden **Baiern,** und um 620 gründeten Mönche in Weltenburg das erste Kloster Bayerns. Das 866 erstmals urkundlich genannte „Cheleheim" kam im 11. Jahrh. in den Besitz der **Scheyern-Wittelsbach.** Eine zweite jüngere Siedlung entstand am Fuß des Michelberges. 1181 erhielt Kelheim Stadtrecht.

Im Jahre 1120 wurde **Otto von Wittelsbach** im ehem. Stammschloß der Wittelsbacher, dem heutigen Landratsamt, geboren. Als Otto I. und erster Wittelsbacher bestieg er den bayerischen Herzogsthron und machte Kelheim zu seiner Residenzstadt.

Sein Sohn **Ludwig I. der Kelheimer,** gleichfalls in Kelheim geboren, vergrößerte zielstrebig sein Hoheitsgebiet um die Grafschaft von Bogen und die Rheinpfalz. Im Laufe seiner 37jährigen Herrschaft sorgte er dafür, daß den Wittelsbachern die erbliche Herzogsfolge in Bayern erhalten blieb. Am 15. September 1231 wurde er von einem Unbekannten unter dem damaligen Donautor heimtückisch erstochen.

Ludwigs Sohn **Otto II. der Erlauchte** ließ das Unglückstor vermauern und in eine Sühnkapelle umgestalten, aus der die heutige Spitalkirche St. Johannes hervorging. Er regierte von 1231-1253, suchte sich jedoch Burg Trausnitz über Landshut als neue Residenz aus, so daß Kelheim die Stellung einer bayerischen Hauptstadt verlor.

Das Kelheim an heutiger Stelle wurde schon im 11. Jahrh. unter Herzog Ludwig dem Strengen angelegt. Der regelmäßige, fast **quadratische Grundriß** wird durch eine Längs- und Querachse in vier gleiche Teile gegliedert, an deren Kreuzung sich bis 1824 das Rathaus befand. Von der mittelalterlichen **Stadtbefestigung** sind neben Mauern und drei Türmen noch alle drei Stadttore erhalten: Das **Donautor** (13. Jahrh.) und **Altmühltor** (13. Jahrh.) als Begrenzung der Längsachse, das **Mittertor** (14. Jahrh.) an der westlichen Querachse fand kein Gegenstück. Die alten Wohnbauten gleichen dem Typ des Altmühlhauses mit flacher Giebelfront.

Der **Stadtplatz** wird von der sich erweiternden östlichen Querachse gebildet. Dort sehen Sie die **Mariensäule** von 1700, eine 7 m hohe Nachbildung des Münchner Originals, und das **Denkmal**

König Ludwigs I. von Bayern aus dem Jahre 1863. Im Nordosten die **Stadtpfarrkirche Mariae Himmelfahrt,** eine spätgotische Pfeilerbasilika des 15. Jahrh., im 19. Jahrh. erweitert. In Nähe des Mitteltores der **Herzogskasten** (15. Jahrh.), früher Getreidekasten, heute Archäologisches Museum.

Die **Spitalkirche St. Johannes** im Süden der Stadt entstand an der Stelle, wo Herzog Ludwig I. der Kelheimer 1231 ermordet wurde; in der Nische des Chores erinnert ein steinernes Sühnekreuz an den Mord. An der Donaubrücke auf einer kleinen Insel zwischen Donau und der sog. kleinen Donau das alte **Herzogsschloß** der Wittelsbacher mit Turmrest von etwa 1150, später umgestaltet, heute Landratsamt.

Im Südwesten der wuchtige, runde **Schleiferturm,** ein ehem. Geschützbatterieturm von 1480, heute Kriegerdenkmal; gegenüber der **Schuldturm.** Daran vorbei kommen Sie ins „Fischerdörfl" und über einen Treppenaufgang zur spätgotischen **Franziskanerkirche** (1461-1471) mit Kloster; dahinter das romanische **Kirchlein St. Michael** aus dem 12. Jahrh. mit Resten romanischer Wandmalereien und einer spätgotischen Schnitzfigur des Kirchenpatrons.

Die **Befreiungshalle** erhebt sich weithin sichtbar auf beherrschender Höhe des Michelsberges (451 m) zwischen Donau und Altmühl (beschilderte Auffahrt 3 km, Fußweg von Oberkelheim 20 Minuten). König Ludwig I. von Bayern ließ den Monumentalbau 1842-1863 zur Erinnerung an die Freiheitskriege gegen Napoleon und an die Völkerschlacht zu Leipzig (1813) errichten. Friedrich Gärtner entwarf einen achtzehneckigen, byzantinischen Rundbau, starb jedoch 1847, als erst Grundmauern und Sockelstufen standen. Leo von Klenze, der zuvor die Walhalla bei Donaustauf erbaut hatte, änderte den Entwurf und vollendete den Rundbau in antikrömischem Geiste.

Die Befreiungshalle ist mit dem dreistufigen Sockel 60 m hoch und hat einen Durchmesser von 30 m. An der Außenfront streben 18 Pfeiler empor, deren Kolossalfiguren germanischer Jungfrauen von Joh. Halbig auf Tafeln die Namen der an den Befreiungskriegen beteiligten deutschen Stämme tragen. Darüber eine Galerie mit 54 Säulen, an der Ostseite eine zweiarmige Freitreppe mit 84 Stufen.

Der kostbar ausgestattete Innenraum besteht aus zwei Geschossen. Unten eine 18fache Nischenkette mit 34 Siegesgöttinnen aus Carrara-Marmor nach Entwürfen Schwanthalers, Sinnbilder der 34 deutschen Länder; vergoldete Eisenschilder - gegossen aus erbeuteten Kanonen - tragen die Namen der Schlachten, Schrifttafeln darüber die der Feldherren und goldene Lettern im Architrav die der eroberten Festungen. Darüber eine Galerie mit 36 Doppelsäulen und die reich kassettierte Kuppel von

29 m Durchmesser mit 8 m weiter Laterne, die als einzige Lichtquelle die Rotunde erhellt. Hinter der Arkade führt eine Wendeltreppe zur inneren und weiter eine schmale Treppe zur äußeren Galerie mit herrlicher Aussicht in das Donau- und Altmühltal.

Auskunft: Fremdenverkehrsamt 8420 Kelheim, Rathaus.

Verkehr: Busverbindung nach Riedenburg, Parsberg, Weltenburg; Bahnstation; Flugplatz; Schiffahrt Kelheim – Weltenburg in der Sommersaison (Fahrtzeit 20 Min.) sowie nach Bad Abbach und Regensburg.

Unterhaltung und Sport: Beheiztes Freibad und Hallenbad am Rennweg (erstes Kombibad Bayerns), Minigolf, Angeln, Kanubootverleih, Rundflüge.

Sammlungen: Archäologisches Museum, Lederergasse 11. Funde aus der Vor- und Frühgeschichte, insbesondere Hallstattzeit, sowie volkskundliche Schaustücke.

Veranstaltungen: Flammende Donau am 1. Julisamstag (Bengalische Beleuchtung des Donaudurchbruchs am Abend); Kelheimer Volksfest Mitte August. - Große Schleusenfahrt auf der Donau und dem Rhein-Main-Donau-Kanal (Schiff wird in einer Schleuse in 15 Minuten 5 m gesenkt).

Wanderungen

1. Über die **Befreiungshalle** zum **Kloster Weltenburg** (siehe Seite 48), 1 1/2 Std. südwestl. Zurück am südlichen Donauufer auf dem Naturfreundesteig 1 1/2 Std.
2. Am nördlichen Doanuufer aufwärts zur Ausflugsgaststätte **Klösterl,** 1450 Klause des Einsiedlers Antonius von Siegenburg, 1/2 Std.
3. Durch schönen Hochwald zum bewirtschafteten ehem. Forsthaus **Frauenhäusl,** 1 Std. nordöstl., auch mit dem Wagen erreichbar.
4. Donauabwärts auf dem Hochwasser-Dammweg zur **Altmühlmündung,** 1/2 Std.
5. Über die Altmühlbrücke und westlich 1/2 Std. nach **Gronsdorf;** in der St.-Georgskirche an der Altmühl frühgotische Fresken um 1420. Von dort westlich 1/2 Std. zur eiszeitlichen Wohnhöhle **Schulerloch** oder nordwestlich 1 1/4 Std. vorbei an der **Kuhtränke** (kleiner Waldsee mit Seerosenblüten Juni/Juli) zum **Naturfreundehaus Hammertal** (400 m), von dem Sie in 1/2 Std. zur Bus-Haltestelle Altessing gelangen.

KEMNATH

(Kreis Tirschenreuth, 460 m, 5100 Einw.), kleine Stadt zwischen Fichtel- und Heidenaab in der nördlichen Oberpfalz. Eingemeindet wurden die Orte Atzmannsberg, Guttenberg, Schönreuth, Waldeck und Zwergau.

Die erste urkundliche Erwähnung erfolgte 1008, als Kaiser Heinrich II. „loca keminata in pago Nortgowe (im Nordgau)“ seinem neu gegründeten Bistum Bamberg schenkte. Bayernherzog Otto II. der Erlauchte stattete den aufstrebenden Ort mit Markt-, Kaiser Karl IV. um 1360 mit Stadtrechten aus. Die 1547 eingeführte Reformation wurde Anfang des 17. Jahrh. durch die Gegenreformation wieder abgelöst. 1657 erfolgte die Gründung eines Franziskanerklosters, das 1802 säkularisiert wurde. Ein Kupferstich des Topographen Merian von 1644 zeigt „Kemnat“ noch mit Türmen, Gräben und doppelter Ringmauer. Von der Stadtbefestigung des 14. Jahrh. sind noch Teile erhalten.

Kemnath: Das Untergeschoß des 1854 errichteten Turmes der Stadtpfarrkirche Mariae Himmelfahrt dient zugleich als Stadttor.
(Foto: Gernot Messarius)

Auf dem langgestreckten, von schönen alten Giebelhäusern umsäumten **Marktplatz,** dessen Mitte bis 1855 das durch Brand zerstörte Rathaus einnahm, die steinerne **Sebastiansäule** von 1714. Den östlichen Abschluß des Platzes bildet die **Stadtpfarrkirche Mariae Himmelfahrt;** das Untergeschoß ihres 1854 erbauten schlanken Spitzturmes dient zugleich als Stadttor. Der dreischiffige Hallenbau mit hohen Säulen und Kreuzrippengewölbe entstand 1448-1506. Bemerkenswert der barocke Hochaltar von 1739, die barocken Seitenaltäre des 17. Jahrh. und die kunstvolle Maßwerkbrüstung an der Westempore von 1506. Am westlichen Ortseingang erhebt sich die **St.-Primian-Säule** von 1695.

Auskunft: Stadtverwaltung 8584 Kemnath.

Verkehr: Busverbindung nach Neustadt am Kulm, Immenreuth, Marktredwitz, Bayreuth; Bahnstation Kemnath-Neustadt 4 km.

Unterhaltung und Sport: Hallenbad, Angeln; Eisstockschießen.

Naherholungsgebiet: Stadtweiher mit schönen Anlagen.

Wanderungen

1. Auf den Basaltkegel **Anzenberg** (600 m), 1/2 Std. östlich.
2. Über Eisersdorf und Altensteinreuth auf den von einer Wallfahrtskirche gekrönten aussichtsreichen Basaltkegel **Armesberg** (731 m), 1 1/2 Std. nordöstl. Zurück über Neusteinreuth oder südlich über Godas und **Waldeck** (Seite 72) zum **Waldecker Schloßberg,** 1 Std. Von Waldeck mit dem Bus zurück.
3. Durch das Flötzbachtal über Berndorf vorbei am **Seengebiet Gabellohe** nach **Immenreuth,** 1 Std. nordwestlich.
4. Über Höflas und Bahnhof Kemnath-Neustadt zum **Rauhen Kulm** (682 m) mit Aussichtsturm und Burgstall, 2 Std. südwestlich.

KÖNIGSTEIN

(Kreis Amberg-Sulzbach, 500 m, 1700 Einw.), Markt und anerkannter Erholungsort im Randgebiet der Oberpfälzer und Fränkischen Alb in ausgeprägter Juralandschaft mit bizarren Felsbildungen, eindrucksvollen Karsthöhlen und besonders reichhaltiger Pflanzenwelt (Akelei, Seidelbast, Küchenschelle, Berganemone, Frauenschuh und verschiedene Enzianarten).

Die **evangelische Pfarrkirche St. Georg** mit Zwiebelhaube wurde 1783-1786 im Barockstil errichtet; das gotische Untergeschoß des Turmes diente einst als Chor. Die **katholische Pfarrkirche St. Michael** ist ein Neubau von 1965 mit spätgotischer Marienfigur und interessanten alten Grabplatten der ehem. Burgherren. Überreste der **Burg,** um 1130 Sitz der Herren von Chungestein, finden sich westlich der Georgskirche; der Zugang zum Burghof führt durch zwei 12 m hohe Felsen hindurch.

Auskunft: Fremdenverkehrsverein 8459 Königstein.

Verkehr: Autobahnanschluß Plech (Nürnberg-Berlin); Busverbindung nach Auerbach, Sulzbach-Rosenberg, Amberg, Neukirchen bei Sulzbach-Rosenberg; Bahnstation Neukirchen bei Sulzbach-Rosenberg.

Unterhaltung und Sport: Beheiztes Freibad, Leseraum, Höhlenführungen, botanische und geologische Exkursionen, Tier- und Wildgehege.

Wanderungen

1. Auf den **Ossinger** (651 m) mit Aussichtsturm und bew. Berghütte, 1 Std. südwestl.
2. In das Felsgebiet des **Steinbergs** (606 m) mit eigenartigen Felsbildungen, 1 Std. östlich. Interessant das Kühloch, eine als vorgeschichtliche Wohnstätte gedeutete Höhle.
3. Zum **Breitenstein** (612 m) mit Burgstall und doppelgeschossiger, romanischer-Marienkapelle des 12. Jahrh. (1974 restauriert), 1 Std. südöstlich.
4. Zur **Maximiliansgrotte** (Tropfsteinhöhle mit Führung 40 Min.), 1 1/2 Std. nordwestlich.
5. Auf dem **Albrandweg** zur Waldgaststätte **Forsthaus Sackdilling** inmitten romantischer Wald- und Felslandschaft, 2 Std. nordwestl.
6. Über Wildenhof und Riglashof zum **Zantberg** (622 m) mit Aussichtsturm, 1 1/2 Std. südlich.
7. Nach **Kürmreuth** (alte Kirche mit Befestigung), **Schmalnahe** (frühmittelalterliche Kirche) und **Niederärndt** (ehem. Burgkapelle), 1 1/2 Std. östl.

KÖTZTING

(Kreis Cham, 410 m, 6800 Einw.), anerkannter Luftkurort im Talwinkel des Weißen und Schwarzen Regen am Fuße vom Kaitersberg, war als „Koesdingen" im Besitz des um 1081 gegründeten Klosters Rott am Inn. Durch die schon 1326 eingerichtete Zollstraße nach Böhmen entwickelte sich der Ort zu einem regen Handelsplatz, dem Kaiser Ludwig der Bayer 1344 Marktrecht verlieh. Durch Kriegszerstörungen und Brandkatastrophen wurden viele mittelalterliche Gebäude vernichtet. Im 19. Jahrh. waren Holzflößerei und Eisengießerei eine lohnende Erwerbsquelle. Seit 1953 ist Kötzting Stadt und seit 1986 anerkannter Luftkurort.

In der Unterstadt die barocke **Pfarrkirche Mariae Himmelfahrt** von 1738-1769 mit kunstvollem Rokoko-Hochaltar um 1771, bemerkenswerter Kanzel des Kötztinger Bildhauers Johann Paulus Hager, Granit-Taufstein um 1200 sowie zahlreichen Epitaphien und Grabsteinen. Neben der Pfarrkirche am Festungsbering des früheren Friedhofs die **St.-Anna-Kapelle** (um 1640) als ehem. Friedhofskapelle; sie enthält einen Hochaltar von 1664 mit spätgotischer Anna-Selbdritt-Gruppe und Rokokoantependium. Das ehem. **Pflegamtsschloß** des 15. Jahrh. mit Resten der mittelalterlichen Befestigung dient heute als kath. Pfarramt. Das mittelalterliche **Rathaus** mit barockem Zwiebelturm bewahrt ein Fahnenblatt von 1782 mit einer Darstellung des Kötztinger Pfingstrittes; eine Kopie dieser Fahne wird beim Pfingstritt mitgeführt.

In der Oberstadt erhebt sich die **St. Veitskirche,** erbaut im 17. Jahrh. anstelle einer älteren, beim Schwedeneinfall 1633 zerstörten Kirche. Von der am Chor außen angebrachten Altaranlage (1696) mit gemauerter Mensa bewegt sich nach einer feierlichen Feldmesse der Pfingstritt ins Zellertal: „Aufs Roß, trabt an, Pfingstgaul, hühott! Es zieht mit uns der liebe Gott!"

Der **Kötztinger Pfingstritt** am Pfingstmontag ist eine Bauernwallfahrt mit über 500jähriger Tradition. Der Überlieferung nach wurde im Jahre 1412 der Kötztinger Pfarrer mitten in der Nacht zu einem Todkranken in das 6 km entfernte Dörfchen Steinbühl gerufen - zu jener Zeit ein gefährlicher Weg, der von allerlei Gesindel unsicher gemacht wurde. Aus Dankbarkeit über den guten Ausgang gelobten Pfarrer und Begleiter, den Ritt nocheinmal als Wallfahrt zu wiederholen.

Seitdem bewegt sich alljährlich am Pfingstmontag ein Zug von vielen Reitern in farbenfrohen Trachten in das Zellertal zur St.-Nikolaus-Kirche von Steinbühl. Nach Rückkehr der Reiter wird dem „Pfingstbräutigam", einem auserwählten Bürgersohn, in Kötzting ein Ehrenkränzchen überreicht; anschließend die „Pfingsthochzeit" mit der „Pfingstbraut". - Schon am Pfingstsamstag beginnt ein mehrtägiges Volksfest mit Festzeltbetrieb, Pferdemarkt und Aufführung des von Eugen Hubrich verfaßten Festspiels „Pfingstrittehr".

Auskunft: Verkehrsamt 8493 Kötzting, Herrenstr. 10.

Verkehr: Busverbindung nach Bodenmais, Viechtach, Cham, Neukirchen bei Hl. Blut, Lam; Bahnstation.

Unterhaltung und Sport: Hallen- und Wellenfreibad, Minigolf, Angeln, Flußlehrpfad, Ruderbootverleih, Sommer-Eisstockschießen. - Haus des Gastes.

Wanderungen

1. Zum Naturpark **Ludwigsberg** (505 m) mit Aussichtsturm und Schwedenstein, 20 Min. südlich.
2. Zur **Wallfahrtskirche Weißenregen** (s. Route 7), 1/2 Std. südwestl.
3. Über **Ried** mit Wolframslinde auf den aussichtsreichen **Haidstein** (743 m) mit Wallfahrtskirche, 1 3/4 Std. nordwestlich.
4. Zum **Hohen Bogen:** Mit der Bahn über Grafenwiesen bis zur Station Watzlsteg (7 km) und von dort nördlich in 1 1/2 Std. zum Berggasthof Hohenbogen (915 m).
5. Über den **Kaitersberg** zum **Ecker Sattel** (4 Std.): Von der Weißen-Regen-Brükke östlich über Reitenstein und Reitenberg (1 1/4 Std.) vorbei an der **Heiglhöhle,** um 1865 Behausung des Räuberhauptmanns Michael Heigl, zur kahlen Höhe des **Kreuzfelsens** (999 m) mit 14 m hohem Gipfelkruez (2 Std.). Auf dem Kammweg ohne merkliche Steigung zum **Mittagstein** (1034 m) mit Friedensmahnmal und der bewirtschafteten **Kötztinger Hütte** (2 1/2 Std.; Abstieg nach Arrach und Hohenwarth jeweils 1 1/2 Std.). Weiter durch das Felsenmeer der **Steinbühler Senke** zu den beiden mächtigen Felstürmen der **Rauchröhren.** Zwischen ihnen hindurch auf Steinstufen abwärts vorbei an der **Kalten Quelle,** deren Temperatur nie mehr als 6° C aufweist, und wieder aufwärts zum **Riedelstein** (1133 m) mit Waldschmidtdenkmal und prächtiger Aussicht. Nun Abstieg 1/2 Std. zum **Ecker Sattel** (844 m) mit Berggasthof. Zurück mit dem Bus nach **Arnbruck** (verkehrt nur in der Haupturlaubszeit) oder Abstieg nach Arnbruck 3/4 Std. und von dort mit dem Bus nach Kötzting.

Vom Berggasthof Eck können Sie in 5 Std. weiter auf dem Kammweg zum **Großen Arber** (1456 m) wandern, dem höchsten Berg des Bayerischen Waldes. Von dort mit dem Sessellift zur Talstation und mit dem Bus zurück über Bodenmais nach Kötzting.

LAABER

(Kreis Regensburg, 410 m, 4200 Einw.), ehemals befestigter Markt und Ausflugsort im Tal der Schwarzen Laber, überragt von der **Ruine** einer 1118 urkundlich genannten **Burg der Herren von Laaber,** von denen Hadamar III. (1300-1360) als Minnesänger bekannt wurde. Von der seit dem 18. Jahrh. verfallenen Anlage sind noch Teile romanischen Quaderwerks mit Bering, Torbau, Bergfried, Palas und Kapelle erhalten. In der gotischen, um 1760 barockisierten **Pfarrkirche** befinden sich bemerkenswerte Epitaphe, darunter links vom Hochaltar die rotmarmorne Grabplatte des Hadamar IV. (1420), die den Ritter in voller Rüstung zeigt.

Auskunft: Marktverwaltung 8411 Laaber.
Verkehr: Autobahnanschluß Laaber (Nürnberg-Regensburg); Bahnstation.
Unterhaltung und Sport: Freibad an der Laaber, Angeln, Paddeln.

Wanderungen

1. Im Labertal aufwärts nach **Beratzhausen*,** vorbei an der Schafbruckmühle (Wallanlage Eselsburg), Gleisl-, Hammer- und Friesenmühle, 2 1/2 Std.
2. Über Türklmühle und Schrammelhof zur **Ruine der Höhlenburg Loch** aus dem 12. Jahrh. über dem östlichen Talhang von Eichhofen mit rundem Bergfried und Resten der ausgebauten Wohnhöhle, 2 Std. südöstlich. Weiter östlich auf dem **Alpinen Steig** am linken Talrand der Schwarzen Laber über mächtig ansteigende Dolomit-Felspartien in 1 1/2 Std. nach **Eilsbrunn** oder über Nittendorf nördlich nach **Etterzhausen** und mit der Bahn zurück.
3. Über Frauenberg (Wallfahrtskirche) nach **Pielenhofen*** mit barocker Klosterkirche, 2 Std. östlich.

LAM

(Kreis Cham, 520-700 m, 2500 Einw.), anerkannter Luftkurort im Tal des Weißen Regen am Fuße des Osser inmitten des „Lamer Winkels".

Lam wurde 1279 als Rodungssiedlung des Benediktinerklosters Rott am Inn gegründet, dem Bischof Heinrich II. von Regensburg das umliegende Land geschenkt hatte. Im 14. Jahrh. war Lam Sitz einer klösterlichen Hofmark. Vom 15. bis 18. Jahrh. erfolgte der Abbau von Eisen, Kupfer, Blei, Silber und Schwefelkies, 1522 erhielt Lam das Privileg einer „Gefreiten Bergstatt". Glashüttenbetrieb und Perlenfischerei bildeten vom 17. bis 19. Jahrh. eine wichtige Erwerbsgrundlage. Heute ist Lam ein führender Fremdenverkehrsort.

Die barocke **Pfarrkirche St. Ulrich** wurde um 1700 anstelle einer älteren Kirche errichtet und 1905 erweitert. Schön ist die gepflegte **Parkanlage Kirchenbuckel.** In der Umgebung finden sich noch zahlreiche **Totenbretter.**

Auskunft: Verkehrsamt 8496 Lam.
Verkehr: Busverbindung nach Bayerisch Eisenstein, Furth im Wald; Bahnstation.
Unterhaltung und Sport: Beheiztes Freibad, Hallenbad, Minigolf, Leseraum, Reitschule, Tier- und Wildgehege; gutes Skigelände, Sprungschanze, Skischule, Eislaufplatz, Eisstockschießen.
Sammlungen: Mineralien-Museum, Osserstr. Ecke Daxenhöhe.

Wanderungen

1. Zur **Wallfahrtskirche Mariahilf** (807 m) von 1752 mit Gnadenbild in Hinterglasmalerei, 1/2 Std. nordöstlich ziemlich steil aufwärts (Gasthaus und herrliche Aussicht). Von dort a) Abstieg 1/4 Std. nordöstl. nach **Lambach** (686 m), idyllisch gelegene kleine Sommerfrische, b) östlich 1 3/4 Std. mit geringer Steigung zum Waldplatz „Auf'm Sattel" (929 m) und aufwärts über den Ossersattel zwischen den beiden Gipfeln zum **Kleinen Osser** (1266 m) mit Gipfelkreuz oder zum **Großen Osser** (1293 m) mit dem Osserschutzhaus (vom Ossersattel jeweils 10 Min.), von Lam insgesamt 2 1/4 Std. Abstieg nach Lam über **Himmelreich** 2 Std.
2. Mit dem Wagen zum Parkplatz „Auf'm Sattel", 5 km nordöstlich. Von dort kürzester Aufstieg zum **Osser** in 1 Std.
3. Über Frahelsbruck zum **Berggasthof Eck,** 1 3/4 Std. südwestlich.
4. Über Hinterwaldeck empor zur Kammhöhe am **Waldwiesmarterl,** 1 1/2 Std. südlich. Weiter entweder 3/4 Std. zur **Berghütte Schareben** oder in 4 Std. auf dem Kammweg südöstlich über **Enzian** (1285 m) und **Kleinen Arber** (1389 m) zum Gipfel des **Großen Arber** (1456 m); mit dem Sessellift zur Talstation und dem Bus zurück.

LEUCHTENBERG

(Kreis Neustadt/Waldnaab, 583 m, 1300 Einw.), Marktflecken auf einem Granitkegel über den Tälern der Luhe und Lerau mit beherrschender Burgruine, die zu den bedeutendsten Burganlagen der Oberpfalz zählt.

Burg Leuchtenberg war Stammsitz der vom frühen 12. Jahrh. an urkundlich genannten Herren von Leuchtenberg. Seit 1158 Grafen und 1196 Landgrafen, im 15. Jahrh. Reichsfürsten, entwickelten sie sich zu einem mächtigen Herrschergeschlecht. 1132 verlegten die Leuchtenberger ihren Wohn- und Regierungssitz nach Pfreimd; die Burg blieb Sitz leuchtenbergischer Pfleger. Nach dem Erlöschen des Stammes 1646 gelangte die gefürstete Grafschaft an Bayern. In der Folgezeit wurde die Burg mehrfach geplündert und beschädigt und nach dem Brand von 1842 endgültig zur Ruine. Um die Jahrhundertwende wurde der Bergfried wieder hergestellt und das Bestehende gesichert.

Die **Burgruine** erhebt sich weithin sichtbar 170 m hoch über dem Tal und bietet besonders von dem 24 m hohen Bergfried umfassende Rundsicht. Die 1134 erstmalig erwähnte Burg wurde um 1300 neu errichtet. Aus dieser Zeit stammen Bergfried, Palas,

Dürnitz und der innere Mauerring. Reste des 12. Jahrh. befinden sich im vorspringenden Unterbau des Bergfrieds. Die Burgkapelle wurde im 15. Jahrh. verändert. Eine Vorburg und eine Abfolge von vier Toranlagen schützten die innere Burg. Heute befindet sich die Burgruine im bayerischen Staatsbesitz.

Auskunft: Fremdenverkehrsamt 8481 Leuchtenberg.

Verkehr: Busverbindung nach Weiden, Vohenstrauß, Oberviechtach, Tännesberg; Bahnstation Weiden.

Veranstaltungen: Burgfestspiele im Juni und Juli.

Wanderungen

1. Rundweg nordwestl. zur **Burgmühle** am Zusammenfluß von Luhe und Lerau (1/4 Std.), weiter östlich durch das unter Naturschutz stehende, von Granitfelsen durchsetzte Lerautal (Felsgruppen Wolfslohe und Schafsteg, oberhalb der Ostmarkstraße das Teufelsbutterfaß) zur **Sargmühle** und südwestl. zurück insgesamt 1 1/4 Std.

2. Über **Sargmühle** durch das **Waldgebiet Elm** über die Wegspinne „Dreikreuze" (mittelalterliche Grenzzeichen) nach **Waldau** mit Burg des 12. Jahrh. 1 3/4 Std. nordöstlich.

3. Über die **Felsgruppen Hellerstein** bei **Steinach** zum sagenumwobenen **Kalten Baum** an der B 14, einer jahrhundertealten Linde mit Bank im Stamminnerren, 1 Std. östl. Weiter südlich 1/2 Std. über Obernankau zum „Riesensessel" und zur **Kainzmühlsperre.** Zurück über Kleßberg, Wieselrieth und Ringelbrunnen 1 1/2 Std.

MITTERTEICH

(Kreis Tirschenreuth, 513 m, 7600 Einw.), Stadt in einem Talkessel des Stiftlandes, bekannt durch Glas- und Porzellanerzeugnisse, wurde um 1100 durch Markgraf Diepold von Vohburg gegründet, kam 1277 unter die Herrschaft des Klosters Waldsassen und erhielt 1568 Markt- und 1932 Stadtrecht.

Am großen, langgestreckten **Marktplatz** mit St.-Nepomuk-Standbild und Mariensäule steht das **Rathaus** von 1699 mit offenem Türmchen und die **Stadtpfarrkiche St. Jakobus** von 1890/91 mit gedrungenem Turm des 17. Jahrh. Sehenswert die Friedhofkapelle **Mariä Hilf** von 1780 mit Totentanzszenen.

Auskunft: Stadtverwaltung 8596 Mitterteich.

Verkehr: Busverbindung nach Weiden, Waldsassen, Marktredwitz; Bahnstation.

Unterhaltung und Sport: Beheiztes Freibad, Hallenbad, Angeln.

Wanderungen

1. Über Oberteich auf den aussichtsreichen **Großen Teichelberg** (685 m) mit Basaltbruch, 2 Std. westlich. Abstieg zum Bahnhof **Pechbrunn** nördl. 3/4 Std. Zurück mit Bahn oder über Rote Marter, Kleinbüchelberg 1 1/2 Std.

2. Über Großensterz und Gumpen vorbei an vielen Weihern nach **Falkenberg** mit gut erhaltener Burg, 3 Std. südlich.

3. Über (1 Std.) **Leonberg** (Barockkirche mit Akanthusaltar) nach **Wonreb** (Friedhofkapelle mit Totentanzmalereien), 3 Std. östlich. Von dort südöstl. 1 1/2 Std. nach **Tirschenreuth***; mit Bus zurück.

NABBURG

(Kreis Schwandorf, 367-627 m, 6500 Einw.), mittelalterliche Stadt auf schmalem Bergrücken über dem rechten Ufer der Naab; am linken Naabufer liegt die Vorstadt Venedig.

Nabburg verdankt als eine der ältesten Nordgausiedlungen seinen Ursprung einer karolingischen Burg, die sich im Bereich des Oberen Marktes befand. 929 in einer Urkunde des Königs Heinrich I. erstmals erwähnt, wurde Nabburg als Münzstätte und Sitz eines Vicedomamtes beherrschender Mittelpunkt der gleichnamigen Mark. 1226 erfolgte die Erhebung zur Stadt durch Herzog Rudolf I. Nach starken Zerstörungen durch Hussiten 1420 entstand die Stadtbefestigung mit doppeltem Mauerring; im 16. Jahrh. wurden die Befestigungsanlagen weiter verstärkt. Neue Brandschatzungen brachte der 30jährige Krieg, doch ist das mittelalterliche Stadtbild, das der berühmte Topograph M. Merian 1644 auf einem prächtigen Kupferstich darstellte, noch gut erhalten. Auf diesem originalgetreuen Kupferstich sind selbst die beiden Storchennester auf dem Turm der Friedhofkirche und dem Dach des Pulverturmes zu sehen; die Stadtpfarrkirche trägt noch einen Kuppelturm, die St.-Nikolaus-Kirche in der Vorstadt Venedig zwei Spitztürme.

In der Unterstadt die barocke **Friedhofkirche St. Georg** aus dem 18. Jahrh. mit romanischem Turm und einem Storchennest. Das mächtige **Mähntor** von 1532 mit rechteckigem Turm und wehrhaftem Vorbau vermittelt den Zugang in die Oberstadt. Am langgezogenen, von alten Bürgerhäusern mit hohen Giebeln umsäumten Stadtplatz das **Renaissance-Rathaus** von 1550 mit Altan und Giebelerker. Das ehem **Schloß** im Norden diente früher als Pflegamtssitz, das altertümliche **Bürgerspital** stammt noch aus gotischer Zeit.

Die **Pfarrkirche St.-Johann-Baptist** aus dem 14. Jahrh. zählt zu den bedeutendsten gotischen Bauten der Oberpfalz. Sie besitzt einen ungewöhnlichen Doppelchor, der auf Regensburger Kunsteinflüsse zurückgeht. Das Innere der dreischiffigen Basilika beeindruckt durch wohltuende Weiträumigkeit; vielfach profilierte Pfeiler und hochstrebende Dienste tragen das Kreuzrippengewölbe. Bemerkenswert die drei Glasgemälde in den Fenstern des nördl. Seitenschiffes aus dem 14. Jahrh. und die geschnitzte „Nabburger Madonna“ um 1470 über dem linken Seitenaltar.

Nabburg: Das mächtige Obere Tor mit gotischem fünfstöckigem Achteckturm und Anbauten von 1565 ist ein Teil der alten Stadtbefestigung.
(Foto: Bankaß, Weiden)

Oberhalb der Pfarrkirche das stattliche **Obere Tor** mit gotischem, fünfstöckigen Achteckturm und Anbauten von 1565. Zu den ehem. Wehrtürmen gehören auch der **Pulverturm** im Nordosten und der schlanke **Dechanthofturm** im Südosten.

In der Vorstadt **Venedig** die profanierte, zu einer Gedächtnisstätte umgestaltete romanische **St.-Nikolaus-Kirche** aus dem 12. Jahrh., eine ehem. dreischiffige Hallenkirche, deren Türme abgetragen wurden.

Auskunft: Stadtverwaltung 847 Nabburg.

Verkehr: Autobahnanschluß (Regensburg – Weiden), Busverbindung nach Amberg, Schwandorf, Weiden, Traunsnitz; Bahnstation; Flugplatz in Schmidgaden.

Unterhaltung und Sport: Hallenbad am Gymnasium, Angeln, Rudersportanlage, Waldlehrpfad, Ortsführungen, naturkundliche Exkursionen; Skilift mit Flutlichtanlage, Rodelbahn, Eislaufplatz, Eisstockschießen; Freizeitzentrum mit beheiztem Freibad und Minigolfplatz in Perschen 2 km; Rundflüge vom Flugplatz Schmidgaden 7 km. - Empfehlenswert: Ein Besuch der traditionsreichen Zinngießerei Schreiner mit angeschlossener keramischer Werkstätte.

Sammlungen: Jagdmuseum, Altes Rathaus. - Oberpfälzer Freilichtmuseum in Neusath-Perschen. - Besucherbergwerk Reichart-Schacht (Flußspatgrube) in Freiung, 6 km westlich.

Wanderungen

1. Zur **Wallfahrtskirche Maria Brünnl** (18. Jahrh.), 1/2 Std. südlich.
2. Nach **Perschen** mit roman. Pfarrkirche und Freizeitzentrum, 1/2 Std. nördlich.
3. Über den **Keilhauerberg** (524 m) zum **Kulm** (626 m) mit Aussichtsturm, 1 3/4 Std. nordwestl. Von dort 1 1/2 Std. nordwestl. über **Götzendorf** und den **Kalvarienberg** (559 m) mit Wallfahrtskapelle nach **Kemnath am Buchberg,** Sitz der Haflinger Pferdegenossenschaft Oberpfalz, mit Rokokopfarrkirche von 1780 (1957 erweitert) und Freibad. Zurück östlich auf der „Hohen Straße" über **Stieglitzenhöhe, Tradlmühle, Maierhof, Oberndorf** nach **Döllnitz,** durch das Döllnitzbachtal über den **Eixlberg** (516 m) mit Wallfahrtskirche St. Barbara (1702) und Lorettokapelle (1671) nach **Pfreimd*,** 3 Std. und mit dem Bus nach Nabburg.
4. Über Etzelhof nach **Brudersdorf** mit alter Wehrkirche, 1 1/2 Std. westlich.
5. Über Unterhaid nach **Guteneck** im Katzbachtal mit mittelalterlichem Schloß, 2 Std. östlich auf der Fahrstraße.

NEUALBENREUTH

(Kreis Tirschenreuth, 560 m, 1400 Einw.), waldreicher Markt und Ferienort über dem Murglbachtal nahe der böhmischen Grenze am Fuße des sagenumwobenen Tillenberges (939 m), dessen Gipfel jenseits der Grenze als geographischer Mittelpunkt Europas gilt. Der im 12. Jahrh. gegründete Ort hatte als Mittelpunkt des Fraisgebietes jahrhundertelang enge Beziehungen zum benachbarten Egerland und besitzt noch schöne alte **Fachwerkhäuser im Egerländer Stil.** Die **Barockpfarrkirche St. Laurentius** entstand 1733.

Auskunft: Fremdenverkehrsverein 8591 Neualbenreuth.

Verkehr: Busverbindung nach Waldsassen und Tirschenreuth; Bahnstation Waldsassen und Tirschenreuth.

Unterhaltung und Sport: Siehe Waldsassen und Tirschenreuth. Golfplatz (9 Löcher) beim Schloßhotel Ernestgrün.

Sammlungen: Grenzlandheimatstuben des Heimatkreises Marienbad sowie der Patenschaftsgemeinden Neualbenreuth, Maiersgrün und Grafengrün, Altes Schulhaus, Waldsassener Str. 7 (Egerländer Fachwerkbau). Volkskunde, Literatur, Fotos, Trachten in mehreren Räumen mit „Guter Stube" zum Ausruhen und Lesen.

Wanderungen

1. Zum **Grenzlandturm** auf dem Lerchenbühl (682 m) mit Blick ins Egerland, 3/4 Std. östlich.
2. Über den Mugl-Rangen am Südwesthang des Tillenberges nach **Altmugl,** 1 1/2 Std. südöstlich. Zurück auf direktem Weg.
3. Über Ernestgrün (Schloß 19.Jh.) zur **Altherrgottskapelle** (1676), 1 1/2 Std. südlich. Weiter westlich 3/4 Std. **Egerer Waldhaus.** von dort zurück entweder 1 3/4 Std. über den **Ringelfelsen** nach Ottengrün oder direkt 1 1/2 Std. nach **Ottergrün** mit **Wallfahrtskapelle Kleine Kappl** (1727) und nach Neualbenreuth.
4. Zum **Schloß Hardeck** (1708), ehem. Sommersitz der Waldsassener Äbte mit Fraisgericht, 3/4 Std. auf der Straße nach Waldsassen.
5. Über Motzersreuth durch den **Jesuitenforst** nach **Waldsassen***, 3 Std. westlich.

NEUKIRCHEN BEIM HEILIGEN BLUT

(Kreis Cham, 500 m, 4300 Einw.), Sommerfrische und Wintersportplatz sowie traditionsreicher Wallfahrtsort im Freibachtal am Nordhang des Hohen Bogen, zu dem eine Doppelsesselbahn emporführt.

Der durch die Vereinigung von drei Ansiedlungen entstandene Ort hieß bis zum 16. Jahrh. „Neukirchen vor dem Böhmerwald". Die heutige Bezeichnung geht auf eine Legende zurück: Um 1450 soll ein Hussit aus Übermut das Haupt einer böhmischen, holzgeschnitzten Marienfigur mit seinem Säbel gespalten haben, worauf aus der Wunde Blut floß.

Die **Pfarr- und Wallfahrtskirche** mit zwiebel- und laternengekrönten Turm wurde im 15. Jahrh. aufgrund der anwachsenden Wallfahrt anstelle einer älteren kleinen Kapelle errichtet und 1693/1720 barock umgebaut und erweitert. 1658 ließen sich die Franziskaner in Neukirchen nieder. Ihre **Klosterkirche** von 1660/1751 wurde unmittelbar an die Wallfahrtskirche angebaut, so daß beide Kirchen einen gemeinsamen Raum bilden, der von einem durchbrochenen doppelten Hochaltar, einer vorzüglichen Augsburger Goldschmiedearbeit von 1754, abgetrennt ist. Die Wallfahrtskirche ist nach Osten, die Klosterkirche nach Westen ausgerichtet. Am Hochaltar der Wallfahrtskirche das Gnadenbild, eine holzgeschnitzte Maria mit Kind. Bemerkenswert die kunstvoll geschnitzte Kanzel aus der Zeit um 1720.

Die barocke **St. Annakapelle** entstand um 1700 als achteckiger Zentralbau über einer legendär heilkräftigen Quelle.

Das mehrfach umgebaute mittelalterliche **Schloß** war einst Sitz des herzoglichen Pflegers. Im Bereich des ehem. Schloßhofes befindet sich die schon 1379 genannte, im 18. Jahrh. erneuerte **St. Nikolauskapelle.** Der **Marktturm** erhebt sich anstelle des Turmes der alten Pfarrkirche, deren Grundmauern 1884 aufgedeckt wurden.

Auskunft: Verkehrsamt 8491 Neukirchen b. Hl. Blut.

Verkehr: Busverbindung nach Furth im Wald, Bayerisch Eisenstein, Lam, Kötzting; Bahnstation Furth im Wald.

Unterhaltung und Sport: Minigolf, Angeln, Sommerrodelbahn bei der Hohen-Bogen-Bahn. Skischule, Rodeln, Eisstockschießen.

Wanderungen

1. Zur Talstation der Doppelsesselbahn, 1/2 Std. südwestlich. Die Sesselbahn führt in einer Länge von 1358 m auf den Ahornriegel und überwindet dabei einen Höhenunterschied von 393 m. Ab Bergstation vielfältige Wandermöglichkeiten.
2. Über Schneidender Stein, Pürzerriegel und Schmidtriegel zur **Diensthütte Hohenbogen** (915 m), gut 1 1/2 Std. südwestlich. Zurück über Eckstein, Schwarzriegel, Ahornriegel und Lange Höhe, 2 Std.
3. Über Mais und Karger nach **Höllhöhe** mit **Gasthof Waldschlößl** (630 m), 1 1/4 Std. südl. Von dort entweder auf dem Kammweg westlich in 1 1/4 Std. zur **Diensthütte Hohenbogen** oder zurück über die Felspartie **Kagerstein** (793 m), 1 Std.
4. Über Vorderbuchenberg vorbei an Schanzen des Spanischen Erbfolgekrieges nach **Jägershof** mit Ausblick nach Böhmen, 2 Std. nordöstlich.
5. Rundweg um den **Kühberg** (773 m) südöstlich über Lamberg, Oberkaltenhof und Schicherhof, 2 1/2 Std.

NEUMARKT

(Kreis Neumarkt, 425 m, 32 000 Einw.), Kreisstadt in einem weiten Talkessel der westlichen Oberpfalz und Eingangstor in die Oberpfälzer Alb zu den Tälern der Weißen Laber, Schwarzen Laber, Sulz, Altmühl, Lauterach und Schwarzach. Nach der Zerstörung gegen Ende des Zweiten Weltkriegs (fast unversehrt blieben nur die Kirchen) wurde das mittelalterliche Stadtbild mit Teilen den Befestigungsanlagen wieder hergestellt.

Neumarkt wurde 1160 erstmals urkundlich genannt, war bis 1331 Freie Reichsstadt und von 1410 bis 1543 Pfalzgrafenresidenz: Pfalzgraf Johann, Sohn des Kaisers Ruprecht von der Pfalz, hatte 1410 Teile der Oberen Pfalz erhalten und in Neumarkt seine Residenz errichtet; sein 1416 geborener Sohn Christoph trug von 1439 bis 1448 die dänische Königskrone. Nach dem Tode von Pfalzgraf Otto II. 1499, des letzten der Moosbacher Linie des Hauses Wittelsbach, residierte Pfalzgraf Friedrich II. der Weise als Statthalter, bis er seine Residenz 1543 nach Amberg verlegte.

Neumarkt ist eine wirtschaftlich rege Kreisstadt der westlichen Oberpfalz.
(Foto: Gernot Messarius)

Noch in den letzten Kriegstagen 1945 wurde Neumarkt mehr als zur Hälfte zerstört. Nach erfolgtem Wiederaufbau konnte die Stadt 1960 ihre 800-Jahr-Feier begehen. Heute ist Neumarkt eine wirtschaftlich rege Kreisstadt mit Holz-, Eisen-, Elektro-, Textil- und Bleistiftindustrie. Für größere Veranstaltungen steht die 4000 Plätze umfassende **Jurahalle** zur Verfügung. Von der mittelalterlichen **Stadtbefestigung** blieben Mauerteile und einige Türme erhalten.

Das freistehende **Rathaus** mit hohem Zinnengiebel und schlanken Spitztürmchen teilt den langgestreckten Straßenmarkt in die Obere und Untere Marktstraße. Es stammt ursprünglich aus dem 15. Jahrh. und wurde nach Kriegszerstörungen 1956/57 in Anlehnung an den gotischen Baustil wieder errichtet.

Die **Stadtpfarrkirche St. Johannes** westlich neben dem Rathaus zeigt sich als dreischiffige gotische Hallenkirche des 15. Jahrh. mit 75 m hohem Turm. Von den drei reich gegliederten Portalen besticht besonders das prachtvolle Südportal. Der Chor ist mit üppigem Figurenkranz unter den Wanddiensten geschmückt. Aufgedeckt wurden spätgotische Wandmalereien; bemerkenswert auch der romanische Taufstein um 1200.

Die **Hofkirche „Zu unserer Lieben Frau“** am Residenzplatz erreichen Sie durch die gegenüber dem Rathaus abzweigende Klostergasse. Pfalzgraf Johann ließ sie nach 1418 neben seinem Schloß errichten. Chor und Westteile stammen noch von der alten Anlage. Der 54 m hohe Turm wurde 1535 ausgebaut, der Nordturm blieb als Stumpf unvollendet.

Beachtung verdient der kunstvolle **gotische Flügelaltar** und die **Steinerne Madonna** von 1480 auf einem der Seitenaltäre. Ein hervorragendes Werk der Spätgotik ist im südlichen Seitenschiff die **Rotmarmortumba des Pfalzgrafen Otto II.** (1499), deren Deckplatte seine Gestalt in voller Rüstung mit pfalz-bayerischem Banner auf einem Löwen stehend wiedergibt; in den Seitenwänden tragen Engel die Wappen des pfalzgräflichen Stammbaumes. Bei einer Öffnung des Zinksarges 1953 war das Skelett des Toten noch gut erhalten. Sehenswert auch das gemalte **Epitaph für Jac. de Febuer** (1649) als Triptychon mit Gnadenstuhl zwischen Maria und Elisabeth.

Das ehem. **Schloß,** heute Amtsgericht, ursprünglich als Residenz für Pfalzgraf Johann 1410 erbaut, wurde 1510-1539 auf Veranlassung von Pfalzgraf Friedrich II. nach einem Brand durch den Eichstätter Baumeister Erhart Reich im Renaissancestil völlig neu errichtet. Von dieser Anlage sind noch die beiden hohen Giebelflügel erhalten, zu denen ein Treppenturm mit prächtigem, von zwei Löwen flankiertem Portal emporführt.

Der historische **Reitstadel** (ehem. Zeughaus), erbaut 1521-39, zerstört 1945, wiederaufgebaut 1978-81, ist ebenfalls vom Residenzplatz zugänglich und dient heute als Ausstellungshalle und Konzertsaal.

Die sogenannte **Krümperstallung,** einst Nordwestflügel der Schloßanlage, wurde 1984 renoviert und beherbergt Exponate des Bayerischen Nationalmuseums. Im unteren Gewölbe befindet sich ein Restaurant.

Die **St.-Anna-Kirche** im Norden der Stadt wurde 1708 neu erbaut und 1746 erweitert.

Die **Wallfahrtskirche Maria-Hilf** von 1718 erhebt sich östlich auf dem aussichtsreichen **Mariahilfberg** (586 m). Sie enthält üppige Stukkaturen und vier Tafelgemälde (1478) fränkischer Schule mit Szenen aus dem Marienleben. Daneben ein **Karmeliterkloster,** unterhalb die **Hl.-Grab-Kapelle** von 1684. Am Berghang wurde eine **Volkssternwarte** errichtet.

Die **Burgruine Wolfstein** thront aussichtsreich mit ihrem 40 m hohen runden Bergfried nordöstlich auf dem nach drei Seiten steil abfallenden **Wolfstein** (580 m). Die Burg war im 13. Jahrh. im Besitz der mächtigen Reichsministerialen von Sulzbürg-Wolfstein, gelangte 1460 als Lehen an Böhmen und 1465/66 durch Kauf an Pfalzgraf Otto II. Seit dem 17. Jahrh. in Verfall, wurde die Ruine 1952 gesichert. Außer dem Bergfried sind noch Reste der Burgkapelle, des Berings mit Torturm und des Wohnbaues erhalten.

Auskunft: Stadtverwaltung 843 Neumarkt/Oberpfalz, Rathaus.

Verkehr: Autobahnanschluß Neumarkt (Nürnberg-Regensburg); Busverbindung nach Altdorf, Velburg, Amberg, München; Bahnstation; Flugplatz.

Unterhaltung und Sport: Beheiztes Freibad, Hallenbad, Minigolf, Stadtbibliothek mit Leseraum, Rundflüge; Eislaufplatz, Skigelände mit Lift bei Voggenthal 6 km.

Veranstaltungen: Elftägiges Juravolksfest Mitte August mit historischem Festzug und Pferdemarkt.

Sammlungen: Heimatmuseum im Kolpinghaus, Kolpingstraße, Nähe Stadtpfarrkirche. - Zweigstelle des Bayerischen Nationalmuseums in der Krümperstallung, Residenzplatz.

Wanderungen und Ausflüge

1. Zum **Mariahilfberg** (585 m) mit Wallfahrtskirche, 1/2 Std. östlich.
2. Über Schafhof zur **Burgruine Wolfstein,** 3/4 Std. nordöstl. Von dort 1 Std. nördl. über Labersricht u. unter der Autobahn hindurch nach **Pilsach** (Wasserschloß 16. Jh. mit vermutlichem Kaspar-Hauser-Verließ).
3. Zu den vielen Inselbergen, die die Oberpfälzer Voralb überdecken, jeweils 1-2 Std.: **Heinzberg** (549 m), **Dillberg** (595 m), **Grünberg** (534 m), **Tyrolsberg** (574 m), **Hohe Acht** (526 m), **Stauferberg** (504 m), **Buchberg** (584 m); und zu den Bergen des Albrandes **Ottenberg** (591 m), **Steinberg** (580 m), **Wolfstein** (589 m), **Mariahilfberg** (585 m), **Winnberg** (584m)
4. Über den **Burgstall Heinzberg** (550 m) auf die Hochfläche des **Dillberges** (595 m) mit Fernsehsender und Hotel-Café Berghof, 2 Std. nordwestlich.

5. Entlang dem ehem. Ludwig-Donau-Main-Kanal zum **Buchberg** (584 m), Wanderparkplatz, Rundwege, prähist. Wälle), 1 1/2 Std. südwestlich. Von dort über Reichertshofen nach **Sulzbürg** (Seite 55), 1 1/2 Std. südlich.

6. Ins **Quellgebiet der Weißen Laber** bei Voggenthal 1 Std. östlich. Von dort durch das **Lengenbachtal** mit Wallfahrtskirche Lengenbach in 1 1/2 Std. nach **Deining** mit Schloß des 17. Jahrh.; in der Pfarrkirche von 1749 wappenverzierte Grabsteine der ehem. Schloßherren. - Lohnend ist der weitere Weg durch das Tal der Weißen Laber vorbei an alten Mühlen über **Waltersberg** mit Barockkirche St. Leonhard (1717-1799) **Simbach,** (Rokokokirche) und **Holnstein** mit verändertem Schloß von 1769 der Grafen von Holnstein anstelle einer Burg des 12. Jahrh., heute Pflegeanstalt, in 5 Std. nach **Dietfurt*,** zurück mit derBahn.

7. Zur **Ruine der Birgittenklosterkirche in Gnadenberg,** 12 km nordwestlich Richtung Altdorf, auch Busverbindung. Das Birgittenkloster wurde 1426 von Pfalzgraf Johann I. von Neumarkt gestiftet und 1635 durch Schweden zerstört. Die 70 m lange und 37 m breite Ruine gilt als eine der schönsten klösterlichen Ruinen Deutschlands. An der Südostwand befindet sich ein eingelassenes lebensgroßes Epitaph des 1466 verstorbenen Ritters Martin von Wildenstein aus Burg Wildenstein bei Dietfurt. - Im verbliebenen Refektoriumsflügel wurde 1654 die heutige **Pfarrkirche St. Birgitta** eingerichtet. - Südöstlich liegt die **Burgruine Haimburg,** unter Herzog Johann von Neumarkt Jagdschloß, im 30jährigen Krieg zerstört.

8. **Radwanderweg Tour de Baroque** Neumarkt - Altmühltal - Regensburg - Passau (300 km).

NEUNBURG VORM WALD

(Kreis Schwandorf, 398 m, 7500 Einw.), historisches Städtchen im Tal der Schwarzach, war schon im 10. Jahrh. eine Münzstätte. Als Niwnburg 1017 erstmals erwähnt, kam es 1261 unter die Herrschaft der Wittelsbacher, erhielt 1307 Stadtrecht und war von 1354 unter Pfalzgraf Ruprecht II. bis 1580 unter Pfalzgraf Johann Casimir wittelsbachisch-pfälzische Residenz.

Von der früheren **Burg** blieb nur der Dürnitztrakt aus dem 15. Jahrh. erhalten; Pfalzgraf Friedrich II. baute im 16. Jahrh. rechtwinklig einen Flügel an, das **Neue Schloß,** heute Behördensitz und Heimatmuseum. An der Westecke ragt der mächtige viereckige spätgotische Wartturm empor.

Die **Stadtpfarrkirche St. Georg** von 1433/78, erweitert 1967, ging aus der alten Schloßkapelle hervor. Im Inneren ein lebensgroßes Holzkruzifix von Veit Stoß, eine romanische Madonna um 1220 und im Boden des Chores das Grab des Pfalzgrafen Johann (1443), der 1433 von Neunburg aus mit einem oberpfälzischen Aufgebot in der Schlacht bei Hiltersried die Hussiten besiegte. An der Burgmauer beim Schloßturm erinnert ein 1959 errichtetes überlebensgroßes Standbild an den Pfalzgrafen.

Das spätgotische **Rathaus** wurde 1410 über dem Burggraben errichtet und überspannt mit einem großen Bogen die Straße.

Die **Hl.-Geist-Spitalkirche** in der Nähe wurde 1398 von Kurfürst Ruprecht III. gestiftet; das Spital ist heute ein Altersheim.

Von den mittelalterlichen **Befestigungsanlagen** sind das Untere Tor und der Schiltenhilm oder Bleihofturm mit niederem Satteldach an der Nordostecke der Stadt erhalten. In diesem Turmverlies dichtete im 15. Jahrh. ein Gefangener das durch Ludwig Uhland bekannt gewordene „Todeslied vom Peter Unverdorben".

Bei dem Gefangenen handelte es sich um einen Pagen des Pfalzgrafen, der in Ungnade gefallen war und im Turmverlies auf seine Hinrichtung wartete. In sieben Doppelstrophen schilderte er diese Ereignisse in mittelhochdeutscher Mundart. Das in einer Papierhandschrift des Klosters St. Georgen in Villingen enthaltene Gedicht wurde 1844 durch Ludwig Uhland neu verfaßt. Das Epos berichtet, „daß Peter Unverdorben gefangen lag zue Neunburg in dem turme. . . Der turm der haisset Schütt den helm, er wil mich bringen unb min leben, es möcht wol got erbarmen. Lieber sant Lienhart hilf mir uss! Ich wil dir bauen ain isne hus, das kost recht was es welle. . . Der unss diss liede neu ersang, Peter Unverdorben ist er genannt, er sangs uss friem mute; er singt uns das und keines mer und sölt er leben, er sung es mer, also schied er von hinnen".

Die **St.-Jakobs-Kirche,** auch „Alte Kirche" genannt, in der Vorstadt Aign ist die älteste Kirche der Stadt, ein kleiner romanischer Bau aus der Zeit um 1100 mit alten Grabsteinen und einem seltenen sog. Kümmernisbild.

Auskunft: Stadtverwaltung 8462 Neunburg vorm Wald.

Verkehr: Busverbindung nach allen Richtungen; Bahnstation Bodenwöhr.

Unterhaltung und Sport: Beheiztes Freibad, Hallenbad, Minigolf, Angeln, Erholungszentrum an der Schwarzach, Wassersport auf dem 7 km langen Eixendorfer Stausee, Trimm-Dich-Pfad, Waldlehrpfad; Golfplatz in Fuhrn.

Sammlungen: Heimatmuseum im Neuen Schloß.

Veranstaltungen: Hussenkrieg - Freilichtspiel im historischen Schloßhof im Juli.

Wanderungen

1. Auf den nahen **Kalvarienberg** mit Dreifaltigkeitskapelle (1699) und lebensgroßen spätgotischen Ölbergfiguren.
2. Über **Warberg** mit Burgstall zur **Rastkapelle,** 1 1/4 Std. nördlich. Zurück über Hammerhof.
3. Über Hammerkröblitz, Hammerhof und **Wallfahrtskapelle Schönbuche** nach **Dautersdorf** mit romanisch-gotischer Kirche, 1 3/4 Std. nordöstlich. Weiter nordöstlich in 1/2 Std. vorbei am Osthang des aussichtsreichen **Alten Thansteins** (635 m) mit Burgstall nach **Thanstein** mit Burgruine. Zurück über Frankenschleife und Nefling.
4. Über die Felsgruppe Druidenstein (keltische Kultstätte mit Runeneinkerbungen) und **Kröblitz** mit Barockschloß (jetzt Brauerei) nach **Murnthal** im Schwarzachtal mit Glasschleiferei, 1 Std. nordöstl. Von dort südwestl. in 1 3/4 Std. über Frankenschleife zur **Burgruine Schwarzenburg.** Abstieg nach **Rötz*.**
5. Nach **Seebarn,** 1 1/4 Std. südöstlich; in der von einem befestigten Friedhof umgebenen Pfarrkirche befinden sich gotische Deckenmalereien. An der Straße nach Hillstett die spätgotische **Leonhardskirche.** Nördlich der **Eixendorfer Stausee.**

NEUSTADT AM KULM

(Kreis Neustadt/Waldnaab, 570 m, 1000 Einw.), kleines Landstädtchen auf einem Rücken zwischen dem Rauhen und Kleinen Kulm, verdankt seine Entstehung den Burgen der Landgrafen von Leuchtenberg, die einst beide Berge krönten und 1554 im Krieg gegen den Markgrafen Albrecht von den Nürnbergern zerstört wurden. Kaiser Karl IV. verlieh 1370 das Stadtrecht.

Von der mittalalterlichen **Stadtbefestigung** sind nur noch wenige Reste erhalten. In der Mitte der breiten Hauptstraße erhebt sich das freistehende **Rathaus** von 1611. Die ehem. **Karmeliterkirche,** seit 1527 evangelische Pfarrkirche, gilt als eine der schönsten evangelischen Barockkirchen Bayerns; Chor, Sakristei und Turmuntergeschosse stammen noch aus der Entstehungszeit 1413.

Burggraf Johann II. stiftete 1413 ein Karmeliterkloster, das 1527 der Reformation weichen mußte. Die Kirche wurde evangelische Pfarrkirche, der Klosterbau 1633 im 30jährigen Krieg zerstört. Die Bayreuther Markgrafen, deren Wappen sich über dem Chorbogen befinden, veranlaßten im frühen 18. Jahrh. eine umfassende Erneuerung der Kirche im Barockstil unter Einzug neuer Gewölbe; Domenico Quadro schuf die prächtigen Stukkaturen mit Akanthuslaub und Kartuschenwerk, die Deckengemälde entstanden erst 1786. Unter den Grabdenkmälern befindet sich der Grabstein des tapferen Verteidigers der Burg Parkstein, Georg Peter von Sazenhofen (1634), und ein rührendes Epitaph, das Pfarrer Adam Rösler 1683 seinen verstorbenen Kindern widmete.

Der **Rauhe Kulm** (683 m) oder Große Kulm ragt steil als bewaldeter Basaltkegel empor. Seine Gipfelhänge sind mit wirr durcheinandergewürfelten Basaltbrocken bedeckt, die einstmals als feuerflüssige Basaltmassen die Keuperschicht durchbrachen. Außerordentlich reichhaltig ist die Flora: Vom Bergfuß bis zum Gipfel wurden 140 Pflanzenarten ermittelt. Reste eines weiten Ringwalles zeugen von einer Kultstätte in frühgeschichtlicher Zeit; die Burg der Landgrafen von Leuchtenberg wurde 1554 zerstört. Der 27 m hohe Aussichtsturm bietet umfassende Rundsicht.

Der **Aufstieg** führt von Neustadt in 1/2 Std. über Sandberg (Gasthaus, Sandsteinformation) durch das Basaltgeröllfeld steil zum Gipfel. Östlich vom Rauhen Kulm liegt der unter Naturschutz stehende Basaltsteinbruch des **Kühhübels.**

Der **Kleine Kulm** (586 m) oder Schlechte Kulm erhebt sich westlich vom Rauhen Kulm; seine einstige Burg wurde ebenfalls 1554 zerstört.

Auskunft: Stadtverwaltung 8581 Neustadt am Kulm.
Verkehr: Bahnstation Neustadt-Kemnath.
Unterhaltung und Sport: Freibad, Trimm-Dich-Pfad.

NEUSTADT/WALDNAAB

(Kreis Neustadt/Waldnaab, 420 m, 6100 Einw.), Kreisstadt in schöner Lage auf einem Gneisrücken an der Einmündung der Floß in die Waldnaab mit bedeutender Bleikristallindustrie.

1232 erstmals genannt, erhielt Neustadt 1339 Stadtrecht und gelangte nach Besitzwechseln zwischen Bayern und Leuchtenberg 1353 an Böhmen. Unter den Lobkowitzern war Neustadt ab 1562 Residenzstadt der reichsunmittelbaren gefürsteten Grafschaft Störnstein. 1806 kam die Grafschaft zum Königreich Bayern.

Der langgestreckte **Marktplatz** wird von malerischen alten Bürgerhäusern mit hohen Giebeldächern umsäumt. Oberhalb die beiden Schlösser der Fürsten von Lobkowitz: Das **Alte Schloß** von 1543 mit spitzem Giebel und schöner Arkadenfreitreppe und das dreigeschossige **Neue Schloß** von 1698-1720.

Das Neue Schloß wurde als Teil einer ursprünglich auf drei Flügel geplanten Anlage von Antonio Porta im italienischen Barockstil erbaut und nach seinem Tod 1702 von Anton Ritz weitergeführt (heute Landratsamt und Amtsgericht). In den ehem. Wohn- und Repräsentationsräumen der Fürsten im 2. Obergeschoß wurden 1964 Stukkaturen und Deckengemälde aus der Erbauungszeit freigelegt.

Unterhalb des Marktplatzes das **Rathaus** von 1824 und die kuppelgekrönte **Pfarrkirche St. Georg** von 1607/66 mit Rokokoausstattung. Die **Friedhofskapelle Hl. Dreifaltigkeit** von 1662 enthält einige Grabsteine fürstlich-lobkowitzscher Beamter. Vor dem Friedhof **Dreifaltigkeitssäule** (sog. „Gnadenstuhl") aus dem 17. Jahrhundert.

Auskunft: Verkehrsamt 8452 Neustadt/Waldnaab, Rathaus.

Verkehr: Autobahnanschluß (Regensburg - Windischeschenbach). Busverbindung nach allen Richtungen; Bahnstation.

Unterhaltung und Sport: Freibad, Hallenbad, Süßenloher Weiher 3 km (Segeln).

Sammlungen: im Alten Schloß Stadt- und Glasmuseum.

Besichtigungen: 5 Glashütten mit Vorführungen und Verkauf.

Wanderungen

1. Zur **Wallfahrtskirche St. Felix.** 20 Min. südöstl., eine Stiftung der Fürsten von Lobkowitz, 1735 erbaut, 1765 erweitert, mit kleeblattförmiger Choranlage; Deckengemälde zeigen Szenen aus der Felixlegende. Daneben ein Minoritenkloster (1925).

2. Nach **Störnstein,** 1/2 Std. östlich. Auf einem mit Granitblöcken übersäten Hang die Kirche Christi Himmelfahrt mit ehem. Burgkapelle (Langhaus); die um 1600 verfallene Burg der Störe war Ausgangspunkt der gefürsteten Grafschaft von Störnstein.

3. Über Rastenhof zur barocken **Wallfahrtskirche St. Quirin,** 1 Std. nordöstlich. Fürst Ferdinand von Lobkowitz ließ sie um 1680 auf dem Botzerberg errichten; im Inneren Altäre mit Akanthusrahmen und Votivbilder sowie eine der ältesten Orgeln der Oberpfalz. Westlich 500 m über dem Schlatteintal der **Burgstall Kronsburg.** Zurück über **Ilsenbach** (rom. Kirche) und **Püchersreuth** (neubar. kath. Kirche, mittelalt. evang. Kirche, ehem. Schloß von 1721).

4. Nach Mühlberg zur **Wallfahrtskirche St. Anna** mit spätgotischen Holzfiguren, 1/2 Std. nördlich. Von dort über Denkenreuth und Kotzenbach zur **Burg Neuhaus** und nach **Windischeschenbach***, 2 Std.

5. Über Wöllershof durch das idyllische **Schlatteintal** nach **Wildenau** mit Resten einer Burg des 12. Jahrh., deren Bergfried jetzt als Glockenturm der Kirche dient, 2 1/4 Std. nordöstlich.

6. Durch das Floß- und Girnitztal zum **Felsenlabyrinth Dost** (unter Naturschutz), 1 1/2 Std. östlich. Von dort nach **Floß*** 3/4 Std.

7. Über Altenstadt zum **Süßenloher Weiher** mit Freibad, 3/4 Std. südwestl. Weiter durch den **Neustädter Bürgerwald** über Meerbodenreuth nach **Parkstein*** mit aussichtsreichem Basaltkegel, 1 1/2 Std.

NITTENAU

(Kreis Schwandorf, 350 m, 7900 Einw.), schön gelegenes Städtchen im Naturpark Oberer Bayerischer Wald in einer breiten Talmulde des Regen, der besonders hier als Dorado für Angler gilt. Nittenau wurde 1007 erstmals urkundlich genannt, erhielt 1468 Marktrecht und ist seit 1953 Stadt. Im Laufe seiner Geschichte wurde Nittenau mehrmals von durchziehenden Hussiten und Schweden zerstört. Eingemeindet wurden die Ortschaften Bleich, Bodenstein, Fischbach, Kaspeltshub, Stefling und Untermainsbach.

Am **Storchenturm,** einem Rest der mittelalterlichen Marktbefestigung, erinnern vier eingemauerte Kanonenkugeln und eine Gedenktafel an den Sieg des napoleonischen Marschalls Davoust über die Österreicher unter Erzherzog Karl am 25. April 1809 während einer fünfstündigen Schlacht. 1812 übernachtete Napoleon bei seinem Rückzug aus Rußland in Nittenau. Die **Pfarrkirche Unsere Liebe Frau** mit gotischem Chor wurde 1779 nach einem Brand neu errichtet und jetzt modern erweitert.

Auskunft: Verkehrsverein 8415 Nittenau.

Verkehr: Busverbindung nach Regensburg, Cham, Schwandorf, Waldmünchen; Bahnstation Regensburg oder Bodenwöhr, - Flugplatz.

Unterhaltung und Sport: Beheiztes Freibad, Minigolf, Angeln, Reitschule, Pferdekutschfahrten, Bootsverleih; Haus des Gastes.

Sammlungen: Stadtmuseum im Rückgebäude des Rathauses.

Wanderungen

1. Über Kaaghof und das Doblbachtal auf den **Jugenberg** (613 m), auf dem einst die Burg Zangenfels thronte. Abstieg nördlich nach **Hof** am Regen mit Resten einer Burg, 3/4 Std., oder westlich über den **Hohen Stein** zur **Weißen Marter** und nördlich über den **Gailenberg** nach **Marienthal,** 2 1/2 Std.

2. Über Trumling nach **Bodenstein** mit mittelalterlichem Schloß, 1 Std. südöstlich.

3. Nach **St. Hubertus** (Gasthaus) in schöner Weiherlandschaft 1 Std. nördlich.

4. Über Muckenbach durch den **Einsiedler Forst** zum **Waldgasthaus Einsiedel** mit Wildgehege und Waldlehrpfad, 2 Std. nordöstlich.

5. Am südlichen Ufer des Regen aufwärts nach **Reichenbach** mit sehenswerter Klosterkirche, 1 1/2 Std. östl. Weiter östl. 3/4 Std. **Walderbach** mit ehem. Klosterkirche.

OBERVIECHTACH

(Kreis Schwandorf, 506 m, 5500 Einw.), anerkannter Erholungsort in waldreicher Mittelgebirgslandschaft im Steinbachtal an der Ostmarkstraße, Geburtsort des berühmten Arztes Doktor Johann Andreas Eisenbarth (1663-1727) und geistiges Zentrum der Eisenbarthforschung.

Oberviechtach wurde im 9. Jahrh. gegründet, kam 1272 an Bayern und gehörte bis 1803 zum Pflegamt Murach. Wiederholte Brände haben das historische Ortsbild vernichtet. Auf einen Kupferstich von Matthäus Merian aus dem Jahr 1644 mit Schloß Murach im Hintergrund ist Oberviechtach von einer hohen Ringmauer mit sieben Türmen und drei Toren umgeben. Heute ist von der mittelalterlichen Marktbefestigung kaum noch etwas zu erkennen. Seit 1952 ist Oberviechtach Stadt.

Die **Pfarrkirche St. Johannes Baptist** mit zwiebelgekröntem Turm wurde nach einem Brand unter Beibehaltung der gotischen Umfassungsmauern des Chores und Turmes 1775/76 neu errichtet und 1963 durch einen Anbau nach Westen erweitert. Sie verfügt über eine gute Rokokoausstattung mit kunstvollen Altären, marmorierter vergoldeter Kanzel und einem seltenen geschnitzten sog. Kümmernisbild aus dem 18. Jahrh.

Der **Doktor-Eisenbarth-Brunnen** ist mit seiner Gedenktafel ein beliebtes Fotomotiv. Eine Bronzeplastik zeigt den Meister mit Stab und einer symbolischen Schale des Heils, aus der Wasser in ein granitenes Becken fließt. In der Anlage beim Krankenhaus findet sich ein **Eisenbarth-Gedenkstein.**

Der kirchturmhohe **Maibaum,** der von Mai bis Oktober auf dem Marktplatz steht, findet immer wieder Bewunderung; buntbemalte Figuren stellen die heimischen Handwerksberufe dar.

Die **Bleichangerkapelle zu Unserer Lieben Frau** besitzt ein reizendes Rokokoaltärchen und mehrere Votivbilder in Hinterglasmalerei.

Auskunft: Fremdenverkehrsamt 8474 Oberviechtach.

Verkehr: Busverbindung nach Weiden, Waldmünchen, Vohenstrauß, Eslarn; Bahnstation.

Unterhaltung und Sport: Beheiztes Freibad, Hallenbad, Minigolf, Rollschuhbahn, Reitschule, Angeln, Heimatabende.

Sammlungen: Heimatmuseum am Marktplatz mit handwerklichen Arbeitsgeräten und Möbeln sowie Erinnerungen an J. A. Eisenbarth; bemerkenswert das Glockenspiel aus alten Pflugscharen mit dem Eisenbarthlied. Stadtarchiv und Sammlungen mit der Bibliothek des Doktor-Eisenbarth-Arbeitskreises International im neuen Rathaus, Rathausplatz 1.

Wanderungen

1. Auf dem Johannisweg zum **Johannisberg** mit Wallfahrtskirche des 18. Jahrh., 1/2 Std. südöstl. Weiter südöst. 1 Std. über den **Wollbügl** (554 m) nach Unter- und Oberreppenried am Ostende vom **Ascha-Stausee** (Bushaltestelle an der Ostmarktstraße), Markierte Wanderwege an beiden waldreichen Ufern.

2. Zur **Burgruine Obermurach** mit aussichtsreichem Bergfried, 3/4 Std. südwestl. Abstieg 1/4 Std. nach **Niedermurach** und in 1 Std. über die **Walburgakapelle** zurück.

3. Über **Hof** mit romanischer Kapelle des 12. Jahrh. nach **Teunz** im Murachtal mit Pfarrkirche St. Lambert (schöner Rokokoaltar), 1 Std. nordwestl. Von dort nach **Fuchsberg** mit Schloßbrauerei 1/2 Std.; zurück über Hebermühle 1 1/4 Std.

4. Über Nunzenried, Schneeberg und Pondorf auf den **Signalberg** (890 m) mit Ruine Frauenstein, 2 1/2 Std. östlich. Abstieg 1 1/2 Std. nach **Schönsee*.**

5. Über Kühried nach **Wildstein** und auf den aussichtsreichen, zerklüfteten **Wildstein** (744 m) mit Burgstall, 2 1/4 Std. nördl. Von dort über die **Waldkapelle Rotes Kreuz** durch den Tännesberger Wald vorbei an der **Wallfahrtskirche St. Jodok** nach **Tännesberg*,** 2 Std., zurück mit dem Bus.

PARKSTEIN

(Kreis Neustadt/Waldnaab, 548-596 m, 750 Einw.), Markt 13 km nordwestlich von Weiden am Fuße des gleichnamigen, unter Naturschutz stehenden Basaltkegels; Geburtsort des Hofmusikers Franz Josef Strauß (1822-1909), Vater des Komponisten Richard Strauß (1864-1949, „Rosenkavalier"): Eine Gedenktafel befindet sich am Haus Nr. 82. Die **Pfarrkirche St. Pankratius** mit kunstvoller Rokokokanzel wurde 1788/89 anstelle einer im 30jährigen Krieg zerstörten Vorgängerin errichtet.

Der **Parkstein** (596 m) überragt seine flache Umgebung um fast 150 m und bietet großartige Rundsicht. Alexander von Humboldt hat ihn als schönsten Basaltkegel Europas bezeichnet.

Der an seiner Südostflanke aufgebrochene Basaltschlot in Form von gleichmäßigfünfeckigen Steinsäulen bis zu 1 m Länge ist eine ganz besondere geologische Sehenswürdigkeit: Wie in feuerflüssigem Zustand plötzlich erstarrt erscheinen diese Basaltspeere, die gleich einer gewaltigen Garbe aus dem Berginnern hervorbrechen und bis zu 30 m Tiefe in den Erdboden hinabreichen. Auf dem Gipfel thront eine spitztürmige Wallfahrtskapelle, die 1851 in byzantinischem Baustil entstand.

Um das Jahr 1600 erhob sich auf dem Parkstein noch eine mächtige Burg mit Bergfried, Palas und Ringmauer; Matthias Merian hat sie in einem Kupferstich von 1644 eindrucksvoll überliefert. Schon 1052 urkundlich genannt, war sie im frühen 12. Jahrh. im Besitz der Grafen von Sulzbach unter Verwaltung ihrer Ministerialen von Parkstein, kam als Hohenstaufenburg 1251 an Herzog Otto von Bayern, wurde später als Reichsgut Bestandteil der Reichsvogtei Nürnberg und schließlich Sitz des

---

Der Oberviechtacher Spielmannszug in den historischen Kostümen aus der Zeit Eisenbarths setzt die Tradition des Barocks fort. Im Hintergrund die Burgruine Murach.
(Foto: Kraus, Oberviechtach)

Kolpings-
Spielmannszug
Oberviechtach

Gemeinschaftsamtes Parkstein-Weiden und ab 1747 des Landesrichteramtes. Nach ihrem Verfall wurden die Überreste 1835 abgetragen und für den Wiederaufbau des durch einen Brand geschädigten Ortes Parkstein verwendet.

Während des 30jährigen Krieges wurde Burg Parkstein 1634 drei Monate lang vergeblich von den Schweden belagert. Dabei soll der tapfere Burghauptmann Freiherr von Sazenhofen dem schwedischen General einen Bierkrug vom Munde geschossen und das letzte Schwein auf der äußeren Ringmauer hin- und hergeführt haben, um vor dem Feind den Eindruck zu erwecken, daß man noch über ausreichende Vorräte verfüge; sein Grabmal befindet sich in der evang. Pfarrkirche von Neustadt/Kulm.

Auskunft: Gemeindeverwaltung 8481 Parkstein über Weiden.

Verkehr: Busverbindung nach Weiden, Pressath; Bahnstation Weiden.

PARSBERG

(Kreis Neumarkt, 550 m, 5400 Einw.), tausendjähriger Ort mit stattlicher Schloßanlage nahe dem oberen Tal der Schwarzen Laber zwischen Regensburg und Neumarkt, seit 1952 Stadt, umgeben von zahlreichen Dolomitkegeln mit bizarren Felspartien, schönen Mischwäldern und florareichen Trockentälern.

Parsberg war von 933 bis 1730 Stammsitz der Herren von Parsberg, einem der bedeutendsten Ministerialengeschlechter der Herzöge von Bayern. Nach dem Erlöschen ihres Geschlechts in der deutschen Linie 1730 kam Parsberg an die Bischöfe von Würzburg und Bamberg und 1792 an die Wittelsbacher.

Die **Burgruine** erhebt sich auf dem höchsten Punkt des Schloßbergs. Von der im 30jährigen Krieg zerstörten mittelalterlichen Anlage sind nur noch wenige Reste mit Mauer, Keller und Buckelquader-Turmstumpf erhalten.

Das **Obere Schloß** mit den beiden fotogenen Kuppeltürmen unterhalb der Ruine entstand in der 1. Hälfte des 16. Jahrh.

Das **Untere Schloß** liegt noch etwas tiefer und stammt aus der Zeit um 1600. Sein in den Vorhof führender Torbogen trägt eine Steintafel mit dem Wappen der Ritter von Parsberg. Das Gebäude dient heute als Amtsgericht. Der Hof zwischen beiden Schlössern ist frei zugänglich.

In der **Pfarrkirche St. Andreas** von 1459 (Turm 1738) befindet sich links vom Hochaltar die rotmarmorne Grabplatte des Kirchenstifters Hans von Parsberg (1469).

Auskunft: Fremdenverkehrsverein 8433 Parsberg.

Verkehr: Autobahnanschluß Parsberg (Nürnberg-Regensburg); Busverbindung nach Dietfurt, Hohenfels, Velburg, Kelheim; Bahnstation.

Unterhaltung und Sport: Beheiztes Wellen-Freibad im Freizeitzentrum „Jura-Mare“, Hallenbad, Drachenfliegen, Rudern und Paddeln auf der Schwarzen Laber; Eislaufplatz, Eisstockschießen. - Heimatmuseum.

Veranstaltungen: Burgfest im Juni, Burgfestspiele im Juli, Volksfest im August.

Wanderungen

1. Auf den aussichtsreichen **Kalvarienberg** (589 m), 1/4 Std. südwestl.

2. Zur **Burgruine Lupburg,** mit Resten des Berings, 3/4 Std. östl. Weiter im Schwarzen Labertal abwärts vorbei an alten Hammermühlen nach **Beratzhausen,** 2 3/4 Std. südöstlich.

3. In Schwarzen Labertal aufwärts über **Oberweiling** (rom. Kirche, Friedhofsbefestigung) nach **Lengenfeld** (befestigte Kirche mit romanischem Turm, Asamgemälde am Hochaltar), 3 Std. nordwestl. Von dort in 3/4 Std. über die **Schloßruine Helfenberg** und den **Kreuzberg** mit Wallfahrtskirche nach **Velburg*.**

4. Über **Darshofen** (Kirche von 1724) zur **Burgruine Adelburg** (611 m, 1180 genannt, weitläufige ehem. Burganlage), 1 1/2 Std. nordwestl. Abstieg südwestl. 1 Std. über **Eichenhofen** (Kirche von 1716) nach **Batzhausen** (Pfarrkirche 17. Jh., Wallfahrtskirche Maria Hilf 18. Jh. unter Verwendung der Steine der Adelburg). Mit dem Bus zurück.

5. Zum **Buchenberg** (607 m), 1 Std. nördlich; rund um den Berg führt der aussichtsreiche Hausmeister-Lehmeier-Steig.

PFREIMD

(Kreis Schwandorf, 571 m, 5000 Einw.), ehem. Residenzstadt der Landgrafschaft Leuchtenberg am Einfluß der Pfreimd in die Naab. Eingemeindet wurden u. a. Döllnitz, Stein und Weihern.

Pfreimd wurde schon im 9. Jahrh. gegründet, war im 12./13. Jahrh. im Besitz der Herren von Pfreimd, die großen Anteil an der Kolonisation der Oberpfalz hatten, und gelangte über die Grafen von Rotteneck und die Herzöge von Niederbayern 1322 an die Landgrafen von Leuchtenberg, die hier von 1332-1646 residierten. Durch Kaiser Karl IV. erhielten die Landgrafen Münzrecht; Pfennige, Schillinge, Batzen und Taler wurden im Pfreimder Hüttenwerk geprägt. 1497 erhielt der Markt Stadtrecht. Nach dem Erlöschen der Leuchtenberger 1646 kam Pfreimd an Bayern.

Von dem ehem. **Schloß** der Leuchtenberger, 1332 errichtet und 1583 erneuert, ist nur noch ein Teil mit zwei schönen Renaissanceportalen erhalten (heute Stadtverwaltung).

Die **Pfarrkirche Mariae Himmelfahrt** wurde 1681-1688 anstelle einer im 11. Jahrh. bestätigten Filialkirche von Perschen von Joh. Schmuzer erbaut, eine emporenbesetzte Wandpfeilerkirche mit üppiger Stuckdekoration. Der auf vier gedehnten Säulen stehende Baldachin-Hochaltar umrahmt das Altarblatt „Mariae Himmelfahrt". Von den beiden Rotmarmorepitaphien zeigt das eine die Relieffigur des Landgrafen Leopold von Leuchtenberg (1463) in voller Turnierausrüstung ein reifes Werk spätgotischer Bildhauerei. Bemerkenswert auch die spätgotische Anna-Selbdritt-Gruppe in der ersten südlichen Seitenkapelle.

Die **Franziskanerkirche St. Johann Baptist** wurde 1593 mit einem Franziskanerkloster von Landgraf Georg Ludwig von Leuchtenberg gestiftet. Die **Kalvarienkapelle** südlich der Stadt stammt von 1740, die **Friedhofkapelle** aus dem 17. und die **Nepomukkapelle** aus dem 18. Jahrhundert.

Auskunft: Stadtverwaltung 8473 Pfreimd.

Verkehr: Autobahnanschluß (Regensburg - Weiden), Busverbindung nach Weiden, Schwandorf, Trausnitz; Bahnstation.

Unterhaltung und Sport: Flußbad an der Naab, Minigolf, Angeln; Freizeitzentrum mit beheiztem Freibad und Oberpfälzer Freilichtmuseum in Perschen-Neusath 3 km.

Veranstaltungen: Eixlbergfest im Juni.

Wanderungen

1. Auf den bewaldeten **Eixlberg** (517 m) mit **Wallfahrtskirche St. Barbara** (1702) und **Lorettokapelle** (1671), 2 Std. westlich. Weiter über Döllnitz zum **Kulm** (626 m) mit Aussichtsturm, 1 1/2 Std. Zurück über Ober- und Untersteinbach.

2. Rundweg am südlichen Ufer der Pfreimd entlang und weiter aufwärts durch das idyllische **Stelzlmühlbachtal** und auf dem südlichen Parallelweg zurück, 2 Std.

3. Über Oberpfreimd nach **Stein** mit Burgruine, 1 Std. nordöstlich, nach **Tausnitz,** mit Burg und Stausee.

4. Über **Iffelsdorf** nach **Saltendorf** mit veränderter gotischer Kirche und Naturdenkmal „Hali Baam" (300jährige Eiche), 1 1/2 Std. nordwestl.

PIELENHOFEN

(Kreis Regensburg, 400 m, 1100 Eins.), hübsch gelegener Ferienort an der unteren Naab.

1240 übergab Bischof Siegfried von Regensburg dem Zisterzienserinnenorden die Kirche zu Pielenhofen. 1559 löste sich der Konvent wieder auf. 1655 wurde das Kloster ein Superiorat des Reichsstifts Kaisheim. Nach der Säkularisation ließen sich 1806 Karmeliterinnen, 1838 Salesianerinnen nieder; die Kirche wurde der Pfarrei übereignet. Im Kloster befindet sich ein Mädcheninstitut mit Lyceum; die Klosterbauten entstanden um 1702.

Die zweitürmige ehem. **Klosterkirche Unsere Liebe Frau** wurde 1719/20 durch den Barockbaumeister Franz von Beer aus Vorarlberg erbaut. Das Innere der Hallenkirche beeindruckt durch üppige Stukkaturen, barockes Chorgestühl und kunstvolle Altäre; die Fresken der drei Flachkuppeln schuf 1720 Karl Stauder aus Konstanz.

Auskunft: Gemeindeverwaltung 8411 Pielenhofen.

Verkehr: Autobahnanschluß Nittendorf (Nürnberg-Regensburg); Busverbindung nach Regensburg und Amberg; Bahnstation Etterzhausen.

Wanderungen

1. Durch das Penker Trockental über Burgstall Löweneck und die Räuberhöhle nach **Etterzhausen** (Seite 58), 1 1/2 Std. südöstlich.

4. Am östlichen Naabufer aufwärts nach **Duggendorf** mit Barockpfarrkirche von 1736, 1 1/4 Std. nordwestlich.

3. Zur **Burg Wolfsegg,** 1 1/4 Std. nordöstlich.

4. Über Eglsee nach **Laaber** mit Burgruine, 2 Std. westlich.

PLEYSTEIN

(Kreis Neustadt/Waldnaab, 576 m, 2800 Einw.), anerkannter Erholungsort auf einem Höhenrücken über dem Zottbachtal, ist seit 1330 Stadt und wurde nach einem Totalbrand 1901 unter Berücksichtigung des mittelalterlichen Stadtgrundrisses wieder völlig neu aufgebaut.

Inmitten des Ortes der unter Naturschutz stehende **Kreuzberg,** ein 38 m hoher nach allen Seiten steil abfallender Rosenquarzfelsen: Er gilt als eine ganz besondere geologische Attraktion. Auf seinem Gipfel erhebt sich anstelle einer 1760 abgetragenen Burg der Grafen von Leuchtenberg die neubarocke **Kreuzbergkirche** (1902) und ein **Salesianerkloster.** In der schönen **Park- und Teichanlage** am Fuße des Berges fand ein tonnenschwerer **Quarzkristall** aus dem Hagendorfer Feldspatwerk Aufstellung.

Das gotische **Rathaus** beherbergt eine umfangreiche Stein- und Mineraliensammlung. Am Marktplatz steht die barocke **Nepomuksäule** von 1731. Die **Pfarrkirche St. Sigismund** enthält wappengeschmückte Grabsteine und eine spätgotische Marienfigur. In der **Friedhofskirche** von 1750 befinden sich bemerkenswerte Rokokozunftstangen.

Auskunft: Verkehrsamt 8481 Pleystein.

Verkehr: Busverbindung nach Vohenstauß, Weiden; Bahnstation.

Unterhaltung und Sport: Beheiztes Freibad im modernen Erholungszentrum, Minigolf, Angeln, Fahrradverleih; Skischule, Eislaufplatz, Eisstockschießen, Skigelände am Fahrenberg. - Hallenbäder in Moosbach und Vohenstrauß.

Wanderungen

1. Links am Schulheim vorüber auf den **Fahrenberg** (801 m), 1 1/2 Std. nordwestl. Zurück über Bibershof und Zottbachhaus.

2. Über den Galgenberg auf die **Platte** (672 m), 3/4 Std. südwestl.; von dort westl. nach **Vohenstrauß*,** 1 Std.

3. Über Peugenhammer aufwärts durch das tiefeingeschnittene **Zottbachtal** mit Felspartien, vorbei an alten Hammermühlen nach **Neuenhammer,** 1 3/4 Std. nördlich. Zurück auf der Ostseite des Zottbachtales über den **Rehberg** (753 m) und Rammelsleuten 2 1/2 Std.

4. Über den **Mitterberg** (783 m) und Leßlohe nach **Neukirchen-St. Christoph,** Pfarrdorf an der Landesgrenze, 3 Std. nordöstlich.

5. Über Miesbrunn zum **Feldspatwerk Hagendorf,** 1 Std. östlich. Zurück über Spielhof und den Nordhang des **Fuchsenbergs** (628 m).

6. Im Zottbachtal abwärts über Bartlmühle nach **Lohma** unweit des Zusammenflusses von Zottbach und Pfreimd, 1 Std. Von dort über Hammermühle an der Pfreimd abwärts nach **Moosbach** mit barocker Wallfahrtskirche Wies, 1 Std. Zurück mit dem Bus.

7. Auf dem **Kaplansteig** über Finstermühle nach **Burkhardsrieth** in aussichtsreicher Höhenlage, 1 1/2 Std. südöstl. Weiter östlich 1/4 Std. auf den **Ulrichsberg** (591 m) mit Wallfahrtskirche und von dort in 1 Std. nach **Waidhaus*.** Mit Bus zurück.

PLÖSSBERG

(Kreis Tirschenreuth, 620 m, 3000 Einw.), anerkannter Erholungsort in schöner Waldlandschaft mit 14 ha großen Naturstrandbad im östlichen Oberpfälzer Wald.

Plößberg bestand schon im 11. Jahrh.,wurde 1121 als Plezberg erstmals erwähnt und später Mittelpunkt einer Hofmark. Das ehem. Schloß von 1751 dient heute als Gasthaus. Seit 1840 ist in Plößberg das Glasofenbaugewerbe heimisch; Plößberger Glasofenmaurer, die den Ausbau von Schmelzöfen in Glashütten betreiben, sind auch heute noch vielgesuchte Facharbeiter.

Auskunft: Verkehrsamt 8591 Plößberg.

Verkehr: Busverbindung nach Weiden, Tirschenreuth, Bärnau, Neustadt/Waldnaab; Bahnstation Weiden.

Unterhaltung und Sport: Waldstrandbad Großer Weiher mit Bootsverleih, Angeln, Leseraum; beheiztes Freibad in Altglashütte.

Sammlungen: Krippen- und Heimatstube, Jahnstraße 1.

Wanderungen

1. **Rundweg** östlich über Fuchsmühle, Bärenweiher, **Großer Weiher,** Gasthaus Dreihöf, **Todtenbachtal,** Lohmühle, etwa 3 1/2 Std.
2. Über den **Großen Weiher** durch den Plößberger Wald zur **Silberhütte,** 2 1/4 Std. östlich. Zurück über Altglashütte und den Teufelstein.
3. Über Dreihöf auf den **Haselstein** (705 m), mächtige Felsgruppe mit Schutzhütte, 1 1/2 Std. südöstlich. Von dort südwestlich 2 1/4 Std. nach **Floß*** oder über Rumpelbachsäge zur **Silberhütte,** 2 1/2 Std.
4. Nach **Wildenau** mit ehem. Burg, 1 1/4 Std. westlich.
5. Zum 80 ha großen **Speichersee Liebenstein,** 3/4 Std. nordöstlich.
6. Über den Kirchbühl nach **Schönkirch** (Zweigeschossige romanisch-gotische Schloßkapelle, ehem. Schloß) und weiter nach **Beidl,** 1 1/4 Std. nordwestl. In Beidl Barockkirche von 1732, erbaut durch Frater Muttone aus Waldsassen; Kapelle St. Leonhard; Reste der ehem. Wallfahrtskirche zum Hl. Blut; im Dorfweiher bemerkenswerte Kreuzigungsgruppe (3 Holzkreuze auf Granitfelsen); in der Umgebung vier barocke steinerne Fluraltäre. Rückweg über Beidlmühle und Alberndorf.

REGENSBURG

(Kreisfreie Stadt, 333 m, 130 000 Einw.), Hauptstadt der Oberpfalz, „ist alt und neu zugleich“, notierte der Chronist Otloh schon im Jahre 1050, und treffender kann man diese 2000Jährige Stadt am nördlichsten Punkt der Donau auch heute nicht charakterisieren: Als Zentralstelle vieler Behörden, Sitz moderner Industriewerke und bedeutende Station der Donau-Fracht-Schiffahrt bis zum Schwarzen Meer ist Regensburg wirtschaftlicher Mittelpunkt Ostbayerns.

Aus dem 2. Weltkrieg fast unversehrt hervorgegangen, verfügt Regensburg über Bau- und Kunstdenkmäler aller Stilepochen vom 2. bis 20. Jahrhundert und ist damit die einzig erhaltene mittelalterliche Großstadt Deutschlands. Die Gegenwart ist bemüht, alt und neu harmonisch miteinander zu verbinden, nicht zuletzt durch die umfangreiche Altstadtsanierung.

Das **geistig-kulturelle Leben** wird durch den jahrhundertealten Bischofssitz, die Philosophisch-Theologische Hochschule, die Pädagogische Hochschule, das Polytechnikum, das 150jährige Stadttheater und seit 1965 durch die Gründung der 4. Bayerischen Landesuniversität geprägt. Weltbekannt sind die Regensburger Domspatzen, deren Tradition bis in die karolingische Zeit zurückreicht: Sie werden in einem eigenen Musikgymnasium ausgebildet und pflegen besonders die altklassische Vokalpolyphonie.

Die **Gastronomie** der Stadt wird allgemein gelobt. Der Überlieferung nach soll die erste historisch beglaubigte Menükarte von einem Regensburger Reichstag im Jahr 1489 stammen. Zu den Spezialitäten auf kulinarischem Gebiet zählen die Regensburger Knackwürstchen ebenso wie die Bratwürstchen, die Sie am besten in der 800jährigen „Historischen Wurstküche“ an der Steinernen Brücke probieren, wo es sich schon Kaiser und Könige haben wohlschmecken lassen. Nebenbei: Auch die majorangewürzte Kartoffelsuppe ist nicht zu verachten! Nicht weniger schmackhaft die würzigen „Weichser Radi“ - Rettiche aus dem Stadtteil Weichs, die an kleinen Ständen vor dem Dom von den originellen Rettichfrauen angeboten werden. Man ißt sie dünn geschnitten und mit Salz bestreut. Freitags gibt es auf dem Fischmarkt lebende Donaufische, und je nach Jahreszeit auch den Donauwaller, den Sie vom Rost als Spezialität auch im Ratskeller genießen können. Frische Pilze aus dem Bayerischen Wald finden Sie beim Schwammerlmarkt auf dem Neupfarrplatz. Und wenn Sie an heißen Sommertagen ein kühles Regensburger Bier trinken möchten, empfiehlt sich der Spitalgarten jenseits der Steinernen Brücke oder der schattige Kneitinger Garten am Oberen Wöhrd, einer kleinen Donauinsel. Berühmt ist auch der Regensburger „Karmelitergeist“.

Ein besonderes Erlebnis: Die Fahrt mit dem Schiff auf der Donau. Entweder die große Reise auf der 155 km langen Strecke in acht Stunden nach Passau, ein Abstecher zur Walhalla oder eine kleine Donaustrudel-Rundfahrt.

Geschichte

Regensburg gehört zu den ältesten Städten Deutschlands: Ausgrabungen lassen eine Besiedelung bis in die Steinzeit erkennen. Von Bedeutung war schon um 500 v. Chr. die Keltenstadt **Radasbona** im Donaubogen südlich der Mündungen von Naab und Regen. Um 75 n. Chr. befestigten die Römer im Stadtteil Kumpfmühl den Königsberg durch ein Kohortenlager, das im Markomannenkrieg unterging. Unter Kaiser Marc Aurel entstand dann im heutigen Altstadtkern die römische Festung **Castra Regina** - Lager am Regen - das 179 vollendet wurde; als Nordtor diente die noch heute erhaltene Porta Praetoria.

Mit dem Zerfall ihres Reiches zogen sich die Römer um 400 aus dem Donaugebiet zurück. Nach Germanen, Alemannen und Thüringern folgten um 535 die Bajuwaren: Unter dem Herzogsgeschlecht der Agilolfinger machten sie **Reganespurc** zu ihrer Residenz und ersten bayerischen Hauptstadt. Nach Gründung des Bischofsstitzes 739 durch Bonifatius wurde sie wichtiger Ausgangspunkt für die Kolonisation Ostbayerns und Böhmens.

Der letzte Agilolfingerherzog Tassilo III. unterlag 788 der Gewalt Karls des Großen: Regensburg wurde **karolingische Königspfalz** und von Ludwig dem Deutschen bis zu Ludwig dem Kind im Jahre 911 **Mittelpunkt des ostfränkischen Reiches** der Karolinger. In den folgenden drei Jahrhunderten bestimmten die Herzöge der Sachsen, Salier, Welfen und Wittelsbacher die Geschicke der Stadt.

Vom 11. bis zum 14. Jahrh. entwickelte sich Regensburg zur bedeutendsten **Metropole des deutschen Südostens.** Vor allem der Handel mit Italien, Frankreich und den Niederlanden brachte Reichtum in die Stadt; oberpfälzisches Eisen wurde bis in den Orient verschifft. Die erlangte Wohlhabenheit präsentierte sich im Bau von Kirchen, Klöstern und turmbewehrten Patrizier-Hausburgen nach italienischem Vorbild. Man bemühte sich um die **Reichsfreiheit,** die der Stadt 1245 zufiel. Als Ausdruck erstarkenden Selbstbewußtseins entstand das Alte Rathaus.

Gegen Ende des 14. Jahrh. setzte der wirtschaftliche Verfall ein, bedingt durch die Handelspolitik der Wittelsbacher und das Aufstreben der Städte Nürnberg, Augsburg und Wien. 1486 mußte sich die verarmte Reichsstadt sogar dem Bayernherzog Albrecht IV. unterwerfen, wurde jedoch nach dem Eingreifen Kaiser Friedrichs III. 1492 wieder reichsunmittelbar.

Es kam zu Streitigkeiten zwischen Bürgerschaft und Bischof sowie zu Bürgeraufständen gegen den Kaiser, in deren Verlauf der Dombaumeister Wolfgang Roritzer 1514 zusammen mit anderen Rebellen hingerichtet wurde. 1519 wurden die Juden von den Bürgern vertrieben, und anstelle der zerstörten Synagoge auf dem Neupfarrplatz entstand die Wallfahrtskirche „Zur schönen Maria“, die noch vor ihrer Vollendung lutherische Pfarrkirche wurde. Im Zuge der Reformation wurden 1542 Reichsstadt, Rat und Bürger evangelisch, da jedoch der Bischof sowie die großen Klöster und Stifte in Regensburg verblieben, hielt der überwiegende Teil der Bevölkerung am alten Glauben fest.

Regensburg:
Das Brücktor vermittelt den Zugang
zur berühmten Steinernen Brücke,
die achthundert Jahre lang
der einzige Verkehrsweg der Stadt über die Donau war.
(Foto: Gernot Messarius)

1 Ladeplatz
EUGEN WIEDAMANN
TIR-HP 17

Nach dem 30jährigen Krieg erfolgte durch die Konstitution des **Immerwährenden Reichstags** 1663 wieder eine wirtschaftliche Belebung. Schon von altersher fanden in Regensburg zahlreiche Reichstage statt, besonders seit dem frühen 16. Jahrh., da die Reichsstadt der kaiserlichen Residenz zu Wien am nächsten lag. Nun aber ließen sich zum ständigen **Parlament der Reichsstände** die Gesandten fast aller Länder Europas in Regensburg nieder. Als Reichstagspräsident und Stellvertreter des Kaisers fungierte der Prinzipalkommisär; ab 1748 übernahmen die gefürsteten Reichspostmeister Thurn und Taxis dieses Amt bis zum Ende des Reichstags 1806. Durch den Reichsdeputationshauptschluß von 1803 wurde die Freie Reichsstadt mediatisiert. Regensburg fiel als selbständiges Fürstenturm an den Fürstprimas Carls Theodor von Dalberg, gelangte 1810 an das Königreich Bayern und wurde 1837 Regierungssitz der Oberpfalz. 1860 wurden die Stadtmauern größtenteils abgetragen und die Gräben zu Grünanlagen umgestaltet: Das moderne Regensburg konnte nun über die Grenzen der Altstadt hinauswachsen. Heute haben die Hochhausbauten besonders im Universitätsviertel der alten Reichsstadt neue Akzente gesetzt.

Sehenswürdigkeiten

Ihren Wagen parken Sie am besten an der Donau: Entweder auf dem Donaumarkt bei der Eisernen Brücke oder auf dem Unteren Wöhrd in der Nähe der Passauer Personenschiffahrts-Anlegestelle. Wer sich in den engen Regensburger Straßen nicht auskennt, wird sonst einige Schwierigkeiten bei der Parkplatzsuche haben.

Zu den Besonderheiten der Stadt zählen die in Deutschland einmaligen **Patrizierhäuser italienischen Stils** mit ihren Türmen aus dem 13./14. Jahrh. Von den einst 60 Habsburgen sind noch 20 erhalten oder zu erkennen. Am eindrucksvollsten das **Haus an der Heuport** gegenüber der Westfassade des Domes, der neunstöckige **Goldene Turm** in der Wahlenstraße, der **Baumburger Turm** am Watmarkt, das **Goliathhaus** an der Goliathstraße mit dem von Melchior Bocksberger geschaffenen Riesengemälde „David und Goliath" an der Fassade und das Haus zur **Neuen Waag** am Haidplatz. Diese Patrizierhäuser sehen Sie beim folgenden Stadtrundgang.

Stadtrundgang

Ausgangspunkt ist die berühmte **Steinerne Brücke.** Von ihrer Mitte, noch besser vom jenseitigen Ufer, haben Sie den schönsten Blick auf die Altstadt. Als die Brücke 1146 nach elfjähriger Bauzeit vollendet war, galt sie als größte Steinbrücke der damaligen Welt und wurde als 8. Weltwunder bestaunt. Achthundert Jahre lang war sie der einzige Verkehrsweg der Stadt über die Donau.

Auf 310 m Länge und 7 m Breite überspannen 16 Brückenbogen die hier dreiarmige Donau. Auf ihrem höchsten Punkt postiert sich seit dem Mittelalter das sagenumwobene Brückenmännchen (1854 erneuert). „Die Brücke hat einen Buckel", meinen die Regensburger, und der Sage nach wollte sie der Teufel an dieser Stelle wieder auseinanderreißen, weil ihn der Brückenbaumeister um die versprochenen drei Seelen geprellt hatte. Das besorgten dann allerdings andere für ihn. An den beiden sichtbaren Stellen wurde die Brücke im April 1945 gesprengt. Früher besaß die Brücke drei wehrhafte Türme. Erhalten blieb der Südturm aus dem 13. Jahrh.; 1648 wurde er erneuert und 1903 zum Brücktor umgestaltet. An seiner Nordseite ein Standbild des Hl. Oswald (um 1280), darunter sitzend König Philipp von Schwaben und seine Gemahlin Irene von Griechenland (1207). Beiderseits des Brücktores erhebt sich je ein großer, ehem. **Salzstadel.** Darin wurde früher das im Salzburger Land gewonnene und in Passau verschiffte Salz eingelagert, bevor es mit Pferdefuhrwerken über die Steinerne Brücke nach Norden gebracht wurde.

Neben dem hochgiebeligen ehem. **Salzstadel** von 1650 mit seinem mächtigen Satteldach steht - Sie riechen es schon - die 800jährige **Historische Wurstküche,** angelehnt an einen Stadtmauerrest von 1320. An schönen Sommertagen können Sie auch davor im Freien sitzen mit schönem Blick auf die Steinerne Brükke, den Stadtteil Stadtamhof jenseits der Donau und die Donauinsel Unterer Wöhrd. Gegenüber ein Eckhaus mit frühklassizistischer Stuckfassade: Der ehem. **Gasthof zum Weißen Lamm,** in dem Goethe (1786) Mozart (1790) und Haydn (1794) wohnten.

Durch die Weiße Hahnengasse und die Straße Unter den Schwibbögen kommen Sie zur 1885 aufgedeckten **Porta Praetoria,** dem Nordtor des Römerlagers Castra Regina (179 n. Chr.); erhalten sind der westliche von ursprünglich zwei Torbögen und der östliche Flankenturm. Über eine Steintreppe können Sie gleich zum Turnierhof des **Bischofshofs** emporsteigen, bis 1803 Sitz der Regensburger Bischöfe, heute Hotel und Gaststätte. Durch die Toreinfahrt betreten Sie den Krauterermarkt und kommen links zur **Stiftskirche St. Johann,** früher Taufkirche des Domes. Sie stammt aus dem 14. Jahrh. und wurde 1766 barockisiert; das früher hier bewahrte Gemälde „Schöne Maria" von Albrecht Altdorfer befindet sich jetzt im Diözesanmuseum.

Gegenüber das **Haus an der Heuport** (1330-1350), ein vierflügeliger gotischer Patrizierhof mit überwölbtem offenen Treppenhaus und schönem Festsaal im Obergeschoß. Davor der barocke **Adlerbrunnen** (1680). Den südl. Platzabschluß bildet die sog. **Residenz** des Kurerzkanzlers C. Th. von Dallmer von 1803 bis 1810; hier schlug Napoleon 1809 nach der Eroberung der Stadt sein Hauptquartier auf.

Der **Dom St. Peter** ist ein Hauptwerk der Gotik in Bayern. Viele Generationen haben an ihm gebaut: Schon 1275 begonnen, wirkte über 100 Jahre die Baumeisterfamilie Roritzer mit, aber erst 1869 vollendete Fr. Jos. Denzinger die beiden 105 m hohen Türme. Die dreischiffige Pfeilerbasilika ruht auf einem 2 m hohen Sockel. An den Außenfronten, besonders am Westportal, reicher Figurenschmuck und hervorragende Reliefdarstellungen. Witterungs- und Emissionsschäden an dem empfindlichen Kalk- und Grünsandstein erfordern laufend Konservierungsarbeiten durch die Dombauhütte.

Das **Dominnere** besticht durch seine schlichte, harmonische Bauweise, die wohltuende Weiträumigkeit und den Reichtum stimmungsvoller Durchblicke auf die größtenteils noch erhaltenen farbigen **Glasfenster** des 14. Jahrh. Zu den Kostbarkeiten zählen der aus versilbertem Kupfer gearbeitete frühklassizistische **Hochaltar** (1785), das 15 m hohe spätgotische **Sakramentshaus** von Wolfgang Roritzer (1493) links vom Hochaltar und der 17 m tiefe **Dombrunnen** (1501) vom gleichen Meister neben dem Südportal sowie die fünf steinernen **Baldachin-Seitenaltäre** (1330-1450) mit ihrem plastischen Schmuck. Von hohem künstlerischen Rang sind die Steinplastiken von **Maria** und dem **Verkündigungsengel** (1280) in den westlichen Vierungspfeilern des Prüfeninger Erminoldmeisters und die Reiterfiguren **St. Georg** und **St. Martin** an der Westwand (um 1330). Unter den vielen **Grabmälern** im nördlichen Nebenchor das des Bischofs Heinrich von Absberg (1492), an der Westwand das Bronzeepitaph der Margarete Tucher (1521) von Peter Vischer aus Nürnberg, im Mittelschiff das Hochgrab des Kardinals Philipp Wilhem von Bayern (1598) und im Portalvorraum das Grabmal des Fürstprimas Carl Theodor von Dalberg (1817).

Bei den 1986 abgeschlossenen umfangreichen Ausgrabungen entdeckte man weitere Grabmäler sowie die südliche Arkadenreihe eines Atriums, das zwischen ottonischem Westquerhaus und Taufkirche St. Johann gelegen war und drei Bauphasen vom 11.-13. Jahrh. umfaßte. Ein freigelegter Arkadenpfeiler von etwa 1200/10 befindet sich in der 1986 fertiggestellten Bischofsgruft im Mittelschiff.

Der **Domgarten** mit Lichtsäule von 1341 und Ölberggruppe des 15. Jahrh. diente bis 1811 als Domfriedhof. Östlich die ehem. Stiftskirche Niedermünster, westlich der Domchor. Vor der Nordwand der sog. Eselsturm, Rest des romanischen Domes aus dem 11. Jahrh. Das Kapitelhaus an der Nordseite des Domgartens erschließt den **Domkreuzgang,** eine breite, spätgotisch gewölbte Mittelhalle mit zahlreichen wappengeschmückten gotischen Grabplatten (Führung durch den Mesner, Domgarten 2). Östlich die **Allerheiligenkapelle,** ein kleiner hochromanischer Zentralbau mit drei Apsiden, Wandmalereien aus der Erbauungszeit und einem Altar in Tischform, errichtet als Begräbnisstätte für Bischof Hartwich II. (1164). Am Nordende des Kreuzgangs die **Stephanskapelle** (994 erstmals erwähnt), ein Rechteckbau aus karolingischer Zeit mit halbrunden Mauernischen und einem mächtigen ausgehöhlten Blockaltar aus Kalkstein, wahrscheinlich 10. Jahrh.

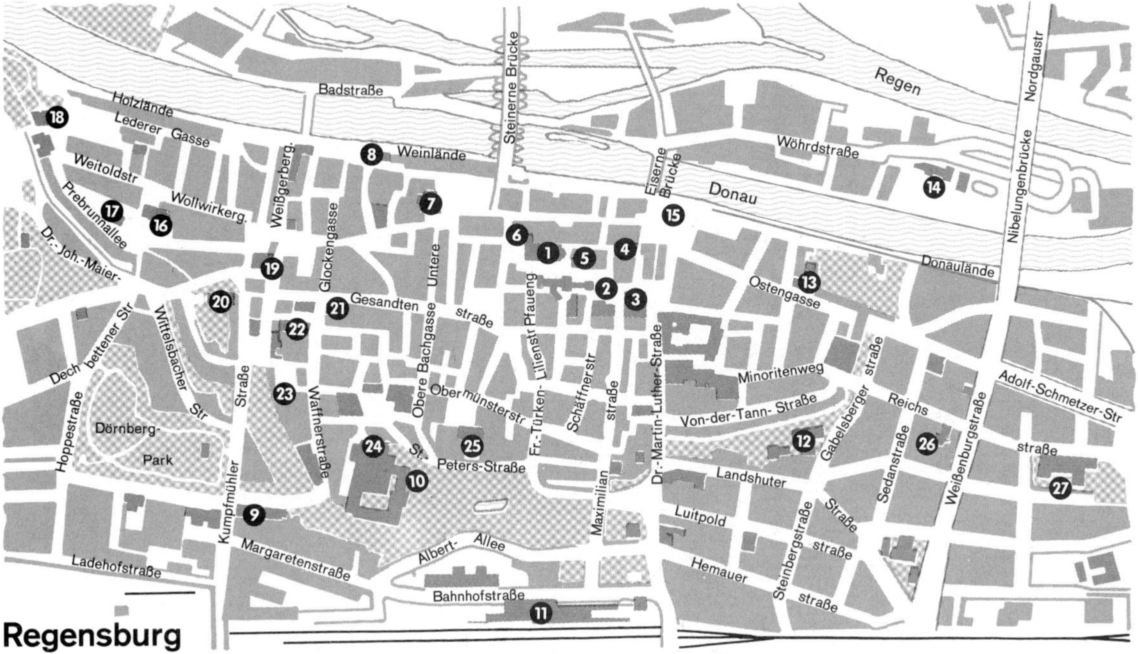

1 Dom
2 Alter Kornmarkt
3 Karmeliter-Kirche
4 Niedermünster
5 St. Ulrich
6 St. Johann
7 Altes Rathaus
8 Keplerhaus
9 Helenenstift
10 Fürstl. Schloß Thurn u. Taxis
11 Hauptbahnhof
12 Hallenbad
13 St. Matthias-Kirche
14 Jugendherberge
15 Donaumarkt
16 Herz-Jesu-Kirche
17 Heilig-Kreuz-Kirche
18 Naturkunde-Museum
19 Stadttheater
20 St. Jakob
21 Dreieinigkeits-Kirche
22 Dominikaner-Kirche
23 Ägiden-Kirche
24 St. Emmeran
25 Obermünster
26 Cäcilienkirche
27 Dom-Gymnasium

Die **Ulrichskirche** vor dem Domgarten, als Dompfarrkirche um 1230 erbaut, bildet mit dem östlich angelehnten Römerturm eine reizvolle Baugruppe. Der von starken Strebemauern gestützte romanisch-gotische Basilikabau überrascht durch die seltsame Mischung unterschiedlicher Baustile. An der Westfassade eine Fensterrose nach dem Vorbild der Kathedrale von Laon. Im Inneren ein flachgedeckter, chorloser Mittelraum, der von einer gewölbten Empore umzogen ist. Heute hat hier das **Diözesanmuseum** mit reichen Kunstsammlungen seinen Platz.

Der mächtige **Römerturm** (auch Heidenturm genannt) erhebt sich an der Nordwestecke des **Alten Kornmarkts,** der einst Mittelpunkt des römischen Kastells war. Der aus 4 m dicken Granitgrundmauern bestehende Unterbau des ehem. Wehrturmes stammt noch aus karolingischer Zeit; die Obergeschosse gehören dem 13./14. Jahrh. an. Über die Straße hinweg ist er durch einen Schwibbogen mit dem **Herzogshof** verbunden, an dessen Stelle sich einst die Residenz der Agilolfinger-Herzöge und die Kaiserpfalz der Karolinger und Ottonen erhob. Der heutige Bau entstand um 1200 als Amtssitz der Wittelsbacher. Im Obergeschoß der romanische Pfalzsaal mit bemalter Holzdecke des 13. Jahrh. (gehört heute zur Postdirektion).

Vor dem Herzogshof ein **moderner Brunnen** von Fritz Koenig zur Erinnerung an **Albrecht Altdorfer** (um 1480 – 1538), Hauptmaler der Donauschule und Regensburger Stadtbaumeister, errichtet 1982.

Die **Stiftskirche Unsere Liebe Frau zur Alten Kapelle** an der Südseite des alten Kornmarktes gilt als „anvanck aller Gotshäuser in Bayern“. Bereits 967 genannt, war sie schon die Hofkapelle der agilolfingischen Herzöge und später karolingischen Pfalzkapelle und Kollegiatsstift. Nach einem Brand wurde sie unter Kaiser Heinrich II. 1002/04 wieder errichtet: Eine dreischiffige romanische Pfeilerbasilika mit Querschiff im Osten. Der spätgotische Langchor trat 1452 hinzu. Der freistehende romanisch-gotische Glockenturm besteht in seinem Untergeschoß (875) aus römischen Quadern. Die beiden Steinfiguren (um 1200) am Rokokoportal sollen die Beichte eines Agilolfingers darstellen.

Das Innere wurde 1747-1765 in überreichem Rokoko ausgestattet. Stukkaturen von Jakob Landes aus Wessobrunn, Wandgemälde von den Augsburger Künstlern G. B. Götz (Chor) und Thomas Schäffler (Langhaus). Der prunkvolle Hochaltar stammt von Simon Sorg (1733) nach einem Entwurf von G. B. Götz. Südlich angebaut die 1481 gewölbte zweigeschossige Gnadenkapelle; auf dem Altar zwischen den Figuren des Kaiserpaares Heinrich und Kunigunde in einem Rokokorahmen ein italienisches Madonnenbild aus dem 13. Jahrhundert.

Die barocke **Karmelitenkirche** (1641-1673) mit schön gegliederter Giebelfront und zierlichem Turm von 1681 steht an der Ostseite des Alten Kornmarktes, ein einschiffiger Bau mit Querhaus und Seitenkapelle. Hochaltar und Nebenaltäre wurden 1837 aus dem Dom überführt. Das **Karmeliterkloster** besteht seit 1635; hier wird der berühmte Regensburger „Karmelitergeist" hergestellt und and der Pforte verkauft.

Nördlich die doppeltürmige **Niedermünsterkirche,** eine hochromanische dreischiffige Basilika um 1150, im 18. Jahrh. barockisiert, heute Dompfarrkirche. Bei Ausgrabungen wurden Mauern früherer Gründungen bis in die Römerzeit freigelegt.Im nördlichen Seitenschiff der Baldachinaltar um 1330 des Hl. Erhard. Daneben ein Altar mit der „Schwarzen Madonna" um 1210. An der Nordwand des Hauptchores die Bronzegruppe „Magdalena trauert um den Gekreuzigten" von 1634, eine der bedeutendsten Plastiken deutschen Frühbarocks. Einst Sitz eines adeligen Damenstifts, dienen die ehem. Stiftsgebäude seit 1821 als Bischöfliches Palais.

Östlich der Niedermünsterkirche die **Erhardi-Krypta,** eine dreischiffige zweigeschossige Hallenkapelle aus dem 9. Jahrh., davor der Erhardibrunnen. Auf einer Treppe abwärts kommen Sie zum Georgenplatz und zur 1905 freigelegten **Römermauer,** einst Nordostecke von Castra Regina. Östlich die Ostengasse, an deren Ende sich das mächtige **Ostentor** mit fünfgeschossigem Turm (um 1300) erhebt; im Park am Donau-Ufer die 1853 für König Ludwig I. erbaute **Königliche Villa.**

Am Dachauplatz das **ehem. Minoritenkloster** (1226-1803), einst Wirkungsstätte des Volkspredigers Berthold von Regensburg (1272), und die turmlose **ehem. Minoritenkirche,** eine frühgotische Säulenbasilika um 1260 mit hochgotischem Chor um 1330, mit 81 m Länge eine der größten deutschen Bettelordenskirchen. Der ganze Komplex wurde mit neueren Anbauten als **Stadtmuseum** eingerichtet. Über einhundert Räume zeigen eine umfassende kulturgeschichtliche Sammlung: Römische Steindenkmäler mit der Monumentaltafel für Castra Regina, Gräberfunde, Münzen sowie Plastik, Malerei und Kunsthandwerk aus dem ostbayerischen Raum; angegliedert ist eine Gemäldegalerie sowie eine volkskundliche Abteilung Egerland.

Schräg gegenüber im Parkhaus ein 56 m langes, 1972 freigelegtes Teilstück der **Römermauer:** Läßt sich alt und neu besser miteinander verbinden?

Durch die Dr.-Martin-Luther-Straße vorbei am **Neuen Rathaus** (1936-1938) oder besser durch die parallel verlaufende Maximilianstraße mit ihren vielen Geschäften stoßen Sie am Ernst-

Reuter-Platz wieder auf ein Stück **Römermauer:** 1955 wurde hier die Südostecke von Castra Regina freigelegt. In den Grünanlagen vor dem Hauptbahnhof das **Keplerdenkmal** (1808) in Form eines Rundtempels und der **Fürst-Anselm-Obelisk** (1806).

Am Emmeramsplatz die **St.-Emmerams-Kirche** des ehemaligen Benediktinerklosters. Der Märtyrertod des fränkischen Wanderbischofs Emmeram war der Anlaß zur Gründung des Klosters im 7. Jahrh., das von 1295 bis zur Säkularisation 1803 das Privileg eines Reichsstifts besaß und im Mittelalter eine bedeutende Kulturstätte und wichtiger Ausgangspunkt für die Kolonisation Ostbayerns und Böhmens war. Die Klostergebäude gelangten 1812 an die Fürsten von Thurn und Taxis und dienen heute als fürstliches Schloß.

Agilolfingerherzog Theodo soll den fränkischen Wanderbischof Emmeram um 650 bei sich aufgenommen haben. Als Emmeram nach dreijährigem Wirken weiterzog, geriet er in den Verdacht, Theodos Tochter verführt zu haben. Ihr Bruder Landpert ritt ihm nach, ermordete ihn bei Kleinhelfendorf (Oberbayern) und ließ ihn im nahen Aschheim begraben. Nach seiner Heimkehr erwies sich die Unschuld Emmerams. Herzog Theodo ließ den Leichnam nach Regensburg zurückholen und in der spätrömischen Friedhofskirche St. Georg beisetzten; Reste dieser Georgskapelle sind im südlichen Seitenschiff erhalten. Der am Agilolfingerhof tätige fränkische Missionar St. Rupert soll Herzog Theodo zur Stiftung des Benediktinerklosters angeregt haben.

Abt Gaubold erbaute um 740 eine größere Kirche zu Ehren Emmerams und ließ den römischen Steinsarg des Märtyrers in der Emmeramskrypta beisetzen. Der überwölbte Rundgang enthält eine Maueröffnung, durch die Sie in die Grabkammer hineinschauen können.

Durch ein frühgotisches Außenportal (um 1250) gelangen Sie zuerst in den **Vorhof.** Links der wuchtige, etwa 40 m von der Kirche entfernte freistehende Glockenturm (1579) mit spätbarockem Laternenhelm (1732); hier befindet sich auch der Pfarrhof. Rechts eine Kreuzigungsgruppe von 1513. An den Wänden mehrere Grabsteine des 15./16. Jahrh.; in der Nordwestecke das Kalksteinepitaph des berühmten bayerischen Geschichtsschreibers Joh. Thurmair, genannt Aventinus, der hier 1534 beigesetzt wurde. In der romanischen **Vorhalle** (um 1170) ein Doppelnischenportal mit Relieffiguren (um 1050) des thronenden Christus (Mitte) sowie der Heiligen Emmeram (links) und Dionysius (rechts), die zu den ältesten romanischen Steinplastiken gehören. Links die zweischiffige spätgotische **St. Rupertuskirche** mit romanischen Teilen, ehemals Pfarrkirche des Klosters; Sakramentshäuschen und Taufstein stammen aus dem 15. Jahrhundert.

Von der Vorhalle führt der linke Zugang in das Langhaus der Emmeramskirche, der rechte in das **westliche Querschiff** (1052) mit dem **Dionysius-Chor.** Der weite Raum beeindruckt durch eine gemalte Kassettendecke (1642), einen Kreuzaltar mit lebensgroßer Kreuzigungsgruppe (um 1650), Reste romanischer Wandmalereien im Chor und ein von Simon Sorg 1774 geschaffenes pompöses Thurn-und-Taxis-Monument an der Westwand. Beiderseits führen Treppen hinunter zur romanischen **Wolfgangskrypta** (1052), einem fast quadratischen, fünfschiffigen Raum, der von 16 achtkantigen Säulen und Mauernischen getragen wird. Auf dem mittleren der drei Altäre der vergoldete Wolfgangsschrein (1877) mit den Gebeinen des Heiligen; gegenüber in einer Nische ein steinerner Thronsessel aus dem 11. Jahrh., genannt Heinrichsstuhl.

Aus dem westlichen Querschiff führen Tore eines kunstvollen schmiedeeisernen Gitters (1600/1730) in das **Langhaus.** Die im Kern karolingische und in Fundamenten sogar bis in das 4. Jahrh. zurückreichende romanische Pfeilerbasilika von 1166-1205 wurde nach einem Brand von den Brüdern Asam 1731-1733 in reichem Barock umgestaltet: Egid Quirin Asam schuf die Stukkaturen, sein Bruder Cosmas Damian die Fresken. Am mächtigen Hochaltar (1642) ein Gemälde von Joachim von Sandrart, das den Tod des Hl. Emmeram darstellt (1679).

Zahlreiche **Grabmäler** unterstreichen die große Bedeutung des ehem. Klosters. Rechts vom Hochaltar und davor kennzeichnen Inschriftplatten die Gräber der letzten deutschen Karolinger, des Kaisers **Arnulf von Kärnten** (899) und seines Sohnes, **Ludwig das Kind** (911). Im nördlichen Seitenschiff neben dem Dreifaltigkeitsaltar das berühmte **Grabmal der Königin Hemma** (876), der Gemahlin Ludwig des Deutschen, ein Bildwerk von erhabener Schönheit. Bemerkenswert u. a. auch das **Hochgrab der seligen Aurelia** an der Nordwand des Nordchores, von der die Legende erzählt, sie sei vom Hofe ihres gräflichen Vaters in Paris entflohen, um einer Heirat zu entgehen, und als fromme Klausnerin 1027 zu St. Emmeram gestorben.

Eine Treppe führt hinab zur **Emmeramskrypta** (740) mit der Grabkammer des Hl. Emmeram, in die Sie durch eine Maueröffnung hineinschauen können. Östlich kommen Sie durch einen Gang zur **Ramwoldkrypta** (977-980), einer dreischiffigen kleinen Halle, um 1775 barock verändert, mit dem steinernen Sarkophag des Abtes Ramwold (1001).

Im Chor des südlichen Seitenschiffes, über der ersten Grabstätte Emmerams in der Friedhofskirche St. Georg, eine monumentale Tumba (um 1350) des Heiligen: Die übergroße Figur ruht unter einer von vier Säulen getragenen marmornen Deckplatte.

An die Südwand der Emmeramskirche schließt sich der in Deutschland einzigartige **Kreuzgang** aus dem 13./14. Jahrh. mit seinem berühmten frühgotischen Portal. An den Westflügel angebaut die fürstliche Gruftkapelle (1841) mit Christusfigur von J. B. Dannecker. Die Besichtigung des Kreuzgangs ist nur im Rahmen der Schloßführung möglich.

Das **Schloß der Fürsten von Thurn und Taxis** wird von den umgestaltenen ehem. Klostergebäuden gebildet, die 1812 in den Besitz der Fürsten gelangten.

Das alte Adelsgeschlecht mit Turm und Dachs im Hauswappen stammt ursprünglich aus Italien. Geheime Kuriere der Taxis aus Cornello waren schon im 15. Jahrh. unterwegs. Franz von Taxis begründete den Aufstieg des Hauses, als er 1516 für seinen Kaiser Maximilian im habsburgischen Reich eine Post organisierte. Mit Erfolg: 1595 erhielt die Familie Taxis das erbliche Generalpostmeisteramt im Deutschen Reich und in den südlichen Niederlanden. 1624 in den Grafenstand erhoben und 1650 unter dem Namen Thurn und Taxis erstmalig bekundet, folgte 1695 der Reichsfürstenstand und 1748 das Prinzipalkommissariat beim „Immerwährenden Reichstag" in Regensburg: Das Amt, den Kaiser auf dem Reichstag zu vertreten. Als Ausgleich für die Verstaatlichung der Post im 19. Jahrh. erhielten die Fürsten 1867 beträchtliche Entschädigungen. Der Erwerb umfangreicher Ländereien ließ sie zum größten Grundbesitzer der Bundesrepublik werden, und das Vermögen industrieller Investitionen wird über eine eigene Bank kontrolliert. Die hauseigene Regensburger Brauerei gehört zu den fünf größten in Bayern; ihr süffiges Bier wird in 120 eigenen Gaststätten ausgeschenkt.

Der **Eingang zum Schloß** befindet sich am Emmeramsplatz 5. Sehenswert ist das **Marstallmuseum** mit einer Sammlung alter Kutschen, Schlitten und Prunkkarossen aus dem 18./19. Jahrh. Im Kuppelsaal der **Hofbibliothek** mit rund 165 000 Bänden sowie zahlreichen Handschriften und Inkunabeln wurden Fresken von C. D. Asam freigelgt. Das **Zentralarchiv** bewahrt Urkunden der Taxisschen Post seit 1500 und alte Briefmarken-Druckstöcke. Im **Refektorium** die Notstandsküche der fürstlichen Hofverwaltung mit täglich rund 400 kostenlosen Mahlzeiten an bedürftige Personen - auch Studenten machen von diesem Angebot regen Gebrauch.

Östlich vom Emmeramsplatz der **Obermünsterturm** aus dem 12. Jahrh. mit karolingischem Unterbau, früher Glockenturm der 1944 bombenzerstörten Stiftskirche Obermünster, einer frühromanischen Pfeilerbasilika von 1010, die zu einem reichsunmittelbaren Frauenstift gehörte.

Der Dom St. Peter in Regensburg ist ein Hauptwerk der Gotik in Bayern. Die doppeltürmige Westfassade ist mit figürlichem und ornamentalem Schmuck reich verziert.
(Foto: Städt. Fremdenverkehrsamt, Regensburg)

Westlich führt Sie die Marschallstraße zur ehem. Deutschordenkirche **St. Ägidien** (oder St. Gilgen), einer kleinen gotischen Hallenkirche aus dem 13./14. Jahrh.; die Gebäude der ehem. Deutschordenskomturei dienen heute als Altersheim. An der Nordseite des Ägidienplatzes das 1803 säkularisierte Dominikanerkloster mit der **Phil-Theol. Hochschule.** Die anschließende **ehem. Dominkanerkirche St. Blasius,** erbaut um 1245-1310, gehört zu den größten Bauten der Frühgotik in Süddeutschland; die hochragende dreischiffige Pfeilerbasilika symbolisiert in ihrer betont schlichten Ausstattung in überzeugender Weise die Ideale des Bettelordens der Dominikaner. An der Südseite die Albertus-Magnus-Kapelle, einst Hörsaal des großen Gelehrten Albertus Magnus, der 1236-1240 im Dominikanerkloster wirkte und 1260-1262 Bischof von Regensburg war.

Am Bismarckplatz zwei bemerkenswerte klassizistische Gebäude von E. J. d'Herigoyen: Das in venezianischem Stil eines Rang- und Logentheaters gehaltenen **Stadttheater** von 1804 (nach einem Brand 1849 verändert) und gegenüber das **Präsidentenpalais** von 1805, unter Fürstprimas Carl von Dalberg französische Gesandtschaft, heute Direktion der Landpolizei.

Nahe westlich die zweitürmige **Schottenkirche St. Jakob,** eine romanische Säulenbasilika aus dem späten 12. Jahrh. Ihr berühmtes Nordportal zeigt seltsame Steinbildnisse in eigenartiger Mischung keltischer und normannischer Schmuckelemente; über die Bedeutung der Figuren - halb Mensch, halb Tier - ist schon viel gerätselt worden. Das ehem. Schottenkloster (1075-1862) wurde von einem iroschottischen Konvent gegründet und war später Emigrantenstation schottischer Katholiken.

Am Ende der Jakobstraße das **Jakobstor** um 1300 der ehem. Stadtbefestigung mit 2 Flankentürmen. Im Süden (Haupteingang Kumpfmühler Straße) der **Dörnbergpark** mit klassizistischem Palais (um 1830). Gegen Westen der **Stadtpark** mit der Städt. Kunsthalle. Nordwestlich in Donaunähe der **Herzogspark** mit Prebrunntor von 1293 (heute Aussichtsturm) und Herzoglichem Palais von 1804, heute Naturkundemuseum. Östlich vom Herzogspark die romanische **Leonhardskirche** des 12. Jahrh. mit spätgotischem Flügelaltar. In der Nähe das schon 1233 gegründete **Dominikanerinnenkloster** mit der 1751 im Rokokostil umgestalteten **Hl.-Kreuz-Kirche.**

Vom Bismarckplatz gehen Sie östlich durch die Gesandtenstraße. Rechts folgt die **Dreieinigkeitskirche,** ein Spätrenaissance-Hallenbau von 1627-1631, mit hölzernen Emporen im Inneren - die erste evangelisch geplante Kirche Bayerns. Dazu gehört der **Gesandtenfriedhof** mit prächtigen barocken Grabdenkmälern aus der Reichstagszeit.

Am Neupfarrplatz die doppeltürmige **Neupfarrkirche.** Als „Wallfahrtskirche zur schönen Maria“ wurde sie 1519-1540 anstelle einer zerstörten Synagoge erbaut und 154 in eine evangelische Kirche umgewandelt. An der Südseite des Platzes das schönste Rokokohaus der Stadt, das **Palais Löschenkohl** von 1733.

Am nahen Kassiansplatz die **Kassianskirche,** eine romanische Pfeilerbasilika mit spätgotischem Chor, die 1749-1760 ihre reiche Rokokoausstattung erhielt: Anton Landes schuf die feinen Stukkaturen, G. B. Götz die Wandgemälde. Am spätgotischen Flügelaltar (1492) Reliefs mit Szenen aus derKassianslegende und Figur des sitzenden Kirchenpatrons; auf dem rechten Seitenaltar die geschnitzte „Schöne Maria“ (um 1520) von Hans Leinberger aus Landshut.

Von der östlichen Ausbuchtung des Neupfarrplatzes führt die Wahlenstraße nördlich vorbei am neunstöckigen, 42 m hohen **Goldenen Turm,** dem höchsten der Stadt (13. Jahrh.), zum Kohlenmarkt. Gleich in der Nähe noch einige Patrizierburgen: Am Watmarkt 4 der siebenstöckige **Baumburger Turm,** am Watmarkt 6 das **Historische Eck „Zur Stritzelbäckerin“** (Weinrestaurant) mit **dem Bräunelturm** und an der Goliathstraße das **Goliathhaus** mit Turm und Riesenfresko „David und Goliath“ an der Fassade von Melchior Bocksberger (1573), heute ein Kaufhaus.

Am Kohlenmarkt das **Alte Rathaus:** In der Mitte der mächtige, frühgotische Rathausturm, westlich das Reichssaalgebäude von 1360 (Portal und Erker nach einem Brand von 1408), östlich die Bauten des 17./18. Jahrh. mit dem Ratskeller. Im Obergeschoß der große **Reichssaal,** in dem von 1663-1806 der „Immerwährende Reichstag“ abgehalten wurde, mit geschnitzter Holzdecke (1408), Wandmalereien von Melchior Bocksberger (1564) und kaiserlichem Thronbaldachin. Der Podiumsaufbau nach der Reichstagssitzordnung wurde original nachgebildet. Sehenswert auch das **Kurfürstliche Nebenzimmer** mit spätgotischer Holzdekke, das **Fürstenkollegium** mit Kassettendecke (1653) und Barockofen (um 1680) und das 1563 ausgestaltete **Reichsstädtische Kollegium.** Im Erdgeschoß die ehem. Gefängnisse mit original erhaltener Fragstatt.

Auf der Ostseite des Rathauses der kleine Zieroldsplatz mit einer 1978 errichteten Bronzesatue des **Don Juan d' Austria.** Von hier Zugang zum **Dollingersaal** mit Kreuzrippengewölbe, 1963 originalgetreu wieder aufgebaut.

Westlich der **Haidplatz,** einst Turnier-, dann Marktplatz.

In der Mitte der **Justitiabrunnen** von 1656. Im Osten das gotische Turmhaus **Neue Waag**, zeitweilig Stadtwaage und Herrentrinkstube, mit Arkadenhof von 1575 (1541 Ort des Religionsgesprächs zwischen Melanchton und Dr. Eck). An der Nordseite das Patrizier-Turmhaus **Goldenes Kreuz,** vom 16.-19. Jahrh. berühmte Fürstenherberge: Kaiser Karl V. stieg hier dreimal ab und begegnete 1546 der Bürgertochter Barbara Blomberg; ein Relief am Turm erinnert an den aus dieser Verbindung stammenden Sohn Don Juan d'Austria (1547-1578), den Sieger der Seeschlacht von Lepanto gegen die Türken. Daneben das **Thon-Dittmer-Palais,** dessen klassizistische Fassade mehrere gotische Häuser vereinigt, mit Renaissancearkaden im Hof, heute Bildungs- und Begegnungszentrum mit Stadtbücherei und Volkshochschule.

Die Weingasse führt nördlich hinunter zur Donau. Sie sehen die Rückseite der Wohntürme entlang der Keplerstraße, die im Rahmen der Stadtsanierung restauriert und modernisiert wurden.

In der Keplerstraße 5 die **Kepler-Gedächtnisstätte,** das Sterbehaus des berühmten Astronomen und Mathematikers Johannes Kepler, der 1630 verarmt in Regensburg starb: Es war ihm nicht gelungen, vor dem Reichstag als Gläubiger von drei Kaisern den Lohn seiner Lebensarbeit von 12 000 Gulden einzutreiben. 1626/28 bewohnte er Haus Nr.2. - In der Keplerstraße 1 das **Runtingerhaus,** benannt nach der um 1400 hier ansässigen Kaufmannsfamilie. Die gotische Fassade mit Zinnen und Treppengiebel wurde sorgfältig wiederhergestellt; im 1. Obergeschoß befinden sich zwei gotische Festsäle. Der ehemalige Patrizierpalast beherbergt heute das Bayerische Landesamt für Denkmalpflege sowie in den neu erbauten Rückgebäuden das Stadtarchiv.

An der Ecke Keplerstraße/Weißgerbergraben nahe der Eisernen Stegbrücke die **St. Oswald-Kirche,** erbaut Anfang des 14. Jahrh. für den Karmeliterorden, seit 1553 evang. Kirche. Im Inneren reiche Stukkaturen Wessobrunner Schule, kunstvolle Barockorgel und Holzemporen.

Über die Weinlände können Sie nun an der Donau entlang zur Steinernen Brücke zurückschlendern.

Donauabwärts an der Nibelungenbrücke der **Alte Hafen,** weiter abwärts die **modernen Hafenanlagen** (9 km Uferlänge) mit Getreidesilos, Mineralöltanks, Kühlhaus und 2 Werften. Hauptumschlaggüter sind Kohle, Eisenerz, Öl, Getreide und Düngemittel. Am Hafen erhebt sich die romanische Kapelle **Kreuzhof.**

Auskunft: Tourist-Information, 8400 Regensburg, Altes Rathaus.

Straßenverbindungen: Kreuzungspunkt der Autobahnen Nürnberg - Passau und (München-) Holledau - Preimd - Weiden sowie der Bundesstraßen 8, 15, 16.

Busverbindungen: Nach allen Richtungen.

Bahnlinien: Frankfurt - Nürnberg - Regensburg - Passau -Wien; München - Landshut - Regensburg - Weiden - Hof (-Berlin); Augsburg - Ulm -Ingolstadt - Regensburg; Nebenstrecken nach Alling und Kelheim.

Flugplatz: In Regenstauf (14 km, Zubringerdienst).

Donau-Personenschiffahrt: Fahrplan durch Tourist-Information. Regensburg - Straubing - Bogen - Deggendorf - Niederalteich - Vilshofen -Passau, Fahrstrecke 155 km in 8 1/2 Std., kombinierte Bahn- und Schiffahrkarten möglich, Abfahrt Eiserne Brücke, Unterer Wöhrd. Walhalla-Schiffahrt Regensburg - Fuß des Walhallahügels, Fahrtstrecke 12 km in 25 Minuten; Abfahrt Eiserne Brücke. Kleine Strudelrundfahrt sowie Große Stadtrundfahrt auf dem Rhein-Main-Donau-Kanal durch die Schleuse bis Mariaort; - Abfahrt an der Steinernen Brücke. Neuerdings auch Schifffahrt Regensburg-Kelheim (-Weltenburg).

Parkhäuser: Arnulfsplatz, Bismarckplatz, Petersweg, Dachauplatz.

Parkplätze: Hauptbahnhof, Donaumarkt, Unterer Wöhrd, Dultplatz.

Sport: Allwetterbad (Westbad) mit wandelbarem Dach, Messerschmittstr. 4 (Buslinie 6); Freibad Schopperplatz (Oberer Wöhrd); Hallenbad Gabelsbergerstr. 14; Jahnstadion (30 000 Zuschauerplätze) Prüfeninger Str. 54; Eisstadion auf dem Unteren Wöhrd bei der Nibelungenbrücke; Ruder- und Tennisklub Schopperplatz 3; Golfplatz (18 Löcher SSS 70) am Jagdschloß Thiergarten bei Donaustauf.

Unterhaltung: Stadttheater, Bismarckplatz 7; Thon-Dittmer-Palais, Haidplatz 8, mit Studiotheater und Freilichtbühne (Juni/Juli) im Hof; Bauerntheater im Colosseum, Stadtamhof 5; Figurentheater im Stadtpark; Orgelkonzerte in der Minoritenkirche (Stadtmuseum).

Veranstaltungen: Maidult Anfang Mai und Herbstvolksfest Anfang September in Stadtamhof. Altstadtfest am letzten Juni-Wochenende. Christkindlmarkt in der Adventszeit auf dem Neupfarrplatz.

Führungen/Museen:

Auskunft über Öffnungszeiten durch Tourist-Information, Altes Rathaus.

Stadtführung Altstadt mit Patrizierburgen, Sanierungsgebiet, Dom (außen), Alte Kapelle, Steinerne Brücke, Porta Praetoria durch Tourist-Information.

Dom St. Peter mit Kreuzgang, Allerheiligenkapelle, Stephanskapelle, Karten beim Dommesner, Domgarten 2.

Domschatzmuseum: Krauterermarkt 3 (Eingang über Dom, Domgarten oder Bischofshof). Goldschmiedearbeiten und Paramente vom 11.-20. Jahrh. in den historischen Räumen der ehem. bischöflichen Residenz.

Diözesanmuseum: St.Ulrich, Domstr. 3 (in der ehem. Dompfarrkirche St.Ulrich). Skulpturen, Gemälde und Goldschmiedekunst geben Einblick in das religiöse Kunstschaffen der Diözese vom 11.-20. Jahrhundert.

Reichstagsmuseum im Alten Rathaus mit Kurfürstlichen Beratungszimmern und Fragstatt. Karten im Verkehrsamt.

Kepler-Gedächtnishaus, Keplerstr. 5.

Stadtmuseum am Dachauplatz. Kulturgeschichtliche Sammlungen in über 100 Räumen. Mit Egerlandmuseum und ehem. Minoritenkirche.

Staatsgalerie im „Leeren Beutel". Bertoldstraße 9 (Nähe Stadtmuseum). Siebengeschossiger, renovierter Getreidespeicher.

Basilika St. Emmeram mit Krypten. Führung auf Wunsch durch den Mesner (Wohnung beim Turm).

Fürstlich Thurn und Taxissches Schloß mit Marstallmuseum und Kreuzgang St. Emmeram, Emmeramsplatz 5.

Ostdeutsche Galerie im Stadtpark, Dr.-Johann-Maier-Str. 5. Werke bildender Künstler aus den ehemaligen deutschen Ostgebieten.

Naturkundemuseum im Herzogspalais, Prebrunntor 4. Naturobjekte aus Geologie, Mineralogie, Botanik, Zoologie.

Schiffahrts-Museum, Unterer Wöhrd, Werftstraße. Historischer Zugraddampfer.

Brauereimuseum „Weißbierbrauer Kuchlbauer", Schwanenplatz.

Reptilien-Zoo (Herpetarium) mit 200 Arten, Obertraublinger Str. 25.

Volkssternwarte: Ägidienplatz 2.

Historische Lokale:

Alte Münz, Oberpfälzer Schmankerlküche, Fischmarkt 8
Bischofshof-Gaststätten am Dom, Krauterermarkt 3
Dampfnudel-Uli, Watmarkt 4, im historischen Baumburger Turm.
Historisches Eck „Zur Stritzelbäckerein", Watmarkt 6
Historische Wurstküche, an der Steinernen Brücke
Kneitinger, altbayer. Brauereiausschank, Arnulfplatz 3
Leerer Beutel, Restaurant, Bertoldstr. 9
Ratskeller, Rathausplatz 1

Ausflüge

1. Über die Steinerne Brücke nach **Stadtamhof,** seit 1924 eingemeindet. Sehenswert die barocke **Stiftskirche St. Mang** (1697-1717) des ehem. Augustiner Chorherrenstifts (1138-1803) mit reichen Stukkaturen und schönem Chorgestühl. Beim Katharinenspital die spätromanische **Katharinenkapelle** (um 1230), ein sechseckiger Zentralbau mit Rippengewölbe, früher Friedhofskapelle (Anmeldung an der Spitalpforte).

2. Nördlich von Stadtamhof der **Dreifaltigkeitsberg** mit Wallfahrtskirche von 1715 (1934 erweitert) und schönem Blick auf die Silhouette von Regensburg. Westlich anschießend die **Winzerer Höhen,** im Mittelalter Weinbaugebiet.

3. Zur ehem. **Benediktinerabtei Prüfening,** 4 km südwestl. (Buslinie 1). In einem alten Park die frühromanische **Klosterkirche** (1109-1119), erster bedeutender Kirchenbau der Hirsauer Reformbewegung in Bayern. Im Inneren hervorragende romanische Wandmalereien um 1150; vor dem Chor das Erminold-Hochgrab mit der lebensgroßen Gestalt des ersten Prüfeninger Abtes Erminold (1121), Hauptwerk des unbekannten Meisters der Verkündigungsgruppe im Dom aus dem späten 13. Jahrh. Die Benediktinerabtei wurde 1109 gegründet und gelangte nach der Säkularisation in den Besitz der Fürsten von Thurn und Taxis, die eine Klosterneugründung ermöglichten. (Kirchenschlüssel an der Klosterpforte).

Wanderungen ab Prüfening: a) westlich 1/2 Std. über die 500 m lange Nürnberger Eisenbahnbrücke zur **Wallfahrtskirche Mariaort** (1774-1776) an der Einmündung der Naab in die Donau, oberhalb die barocke **Kalvarienkirche** (1724); b) in 1/2 Std. auf dem Max-Schultze-Steig an den Steilhängen des rechten Donauufers entlang (unter Naturschutz) zur grottenartigen Felskapelle **Schwalbennest.**

4. Südlich im Stadtteil **Karthaus-Prüll** nahe Kumpfmühl (Buslinie 5) die **Universität** (Grundsteinlegung 1965) und die **Karthäuserkirche** des ehem. Benediktiner- (997-1483) und späteren Karthäuserklosters (1484-1803). Die doppeltürmige romanische Hallenkirche (1105-1110) mit spätgotischem Chor (1513) besitzt eine bemerkenswerte Renaissance-Ausstattung und auf der Westempore noch spätromanische Wandmalereien (um 1200). Die Klostergebäude dienen seit 1852 als Heil- und Pflegeanstalt; die Kirche ist durch die Anstaltspforte zugänglich.

5. Nach **Donaustauf*** mit Burgruine und Walhalla, 10 km östlich.

6. Nach **Kelheim*** mit Befreiungshalle, 26 km südwestlich.

7. Auf der B 15 Richtung Landshut 12 km nach **Köfering** mit ehem. Wasserschloß des 18. Jahrh. Westlich in **Gebelkofen** ein Wasserschloß des 18. Jahrh. mit Arkadenhof und Schloßkapelle. Südlich **Schloß Alteglofsheim,** das auf eine Burg des 14. Jahrh. zurückgeht (Bergfried) und im 17./18. Jahrh. zu einem Schloß umgebaut wurde. Berühmte Künstler des Spätbarock schufen prunkvolle Räume. Großartig das Deckenfresko von C. D. Asam „Der Tag" im Ovalsaal. Das seit 1973 im Besitz der Regensburger Universität befindliche Schloß wurde restauriert.

Südwestlich **Schloß Neueglofsheim,** auch Schloß Haus genannt, aus dem 17. Jahrh. mit 22 m hohem Bergfried der mittelalterlichen Burg. Über Hagelstadt weiter nach **Eggmühl** (Schloß des 12.-18. Jahrh., 1809 Schlacht Napoleons gegen die Österreicher, Denkmal am Bahnhof). Nordöstlich über **Zaitzkofen** (ehem. Schloß) nach **Aufhausen** mit Stiftskirche Maria Schnee (1736-51) von Barockbaumeister Johann Michael Fischer; daneben die mittelalterliche Pfarrkirche.

Sehenswert auch in **Sünching** an der Großen Laber das Schloß der Grafen von Seinsheim, erbaut im 17./18. Jahrh. anstelle einer früheren Wasserburg, das als Oktogonanlage einen Innenhof umschließt. Im Inneren (beschränkt zugänglich) ein großartiger Rokokosaal mit Stuck von Joh. Michl. Feichtmayr und Deckenfresken von Matth. Günther, in der Rokokoschloßkapelle ein Altarrelief der Himmelfahrt Mariens von Ignaz Günther. - Zurück nach Regensburg über Traimering 50 km.

REGENSTAUF

(Kreis Regensburg, 344 m, 13 500 Einw.), Marktgemeinde am östlichen Ufer des Regen mit klassizist. Pfarrkirche von 1850. Eingemeindet wurden die Dörfer **Heiligenhausen, Hirschling, Karlstein, Marienthal** und **Ramspau.** Schöne Anlagen führen auf den **Schloßberg** (436 m) mit 80 m tiefem Schloßbrunnen und 25 m hohem Aussichtsturm. Die im 12. Jahrh. erbaute Burg der Grafen von Regenstauf ist seit dem 16. Jahrh. verfallen.

Auskunft: Marktgemeinde 8413 Regenstauf.

Verkehr: Autobahnanschluß (Regensburg - Weiden), Busverbindung nach Regensburg, Burglengenfeld, Nittenau; Bahnstation; Flugplatz.

Unterhaltung und Sport: Hallenbad, Freibad im Regen, Angeln, Paddeln.

Wanderungen

1. Über Maad nach **Kürn** mit Schloß des 12./19. Jahrh., 1 1/2 Std. östl.
2. Auf der Regentalstraße bis Stadel und über Burgstall **Forstenberg** und **Karlstein** mit mittelalterlichem Schloß nach **Marienthal** am Regenknie 3 1/2 Std. nordöstl.
3. Zum **Schloß Hauzenstein** (18. Jahrh.), 1 Std. südöstl.
4. Am westlichen Ufer des Regen über **Schloß Spindlhof** nach **Ramspau** mit viertürmigem Barockschloß, 1 Std. nördlich; auf dem Schloßberg Reste des romanischen Bergfrieds der mittelalterlichen Burg.
5. Nach **Regendorf** mit Schloß, Schloßkapelle und Park (heute Altersheim), 1 Std. südwestlich.

RIEDENBURG

(Kreis Kelheim, 353 m, 5000 Einw.), anerkannter Luftkurort und malerisch gelegenes Dreiburgenstädtchen an der Einmündung des Schambaches in die Altmühl. Eingemeindet wurden die Orte **Flügelsberg, Meihern, Prunn** und **Obereggersberg.**

Das reizvolle **Ortsbild** wird von typischen Altmühl-Bürgerhäusern mit Treppengiebeln geprägt. Die Befestigungsanlagen mit Mauern, Türmen und fünf Toren wurden im 19. Jahrh. abgetragen. Auf dem altertümlichen Marktplatz das freistehende **Rathaus** von 1731 mit Glockentürmchen. Die barocke **Stadtpfarrkirche St. Johannes** entstand 1739 unter Einbezug des gotischen Spitzturmes. In der Vorstadt St. Anna jenseits der Altmühl ein **Clarissinnenkloster** mit Mädcheninternat; die doppeltürmige gotische Klosterkirche wurde 1735 erweitert und barockisiert.

Die **Burguine Rabenstein** unterhalb der Rosenburg ist als älteste der drei Burgen schon karolingischen Ursprungs. Im Mittelalter war sie Sitz der Ritter von Ravenstein. Die **Rosenburg** mit Heimatmuseum und Burgschenke ist eine gut erhaltene Anlage mit Teilen des 13. Jahrh. Die heutigen Wohngebäude entstanden 1556/58. In romanischer Zeit als Sitz der Riedenburger Burggrafen erbaut, war sie zeitweise Domizil der bekannten Minnesänger Wolfram von Eschenbach und Walther von der Vogelweide sowie viele Jahrhunderte lang Pflegerburg der wittelsbachischen Herzöge. In der Rosenburg befindet sich der **Bayerische Landesjagdfalkenhof** (Flugvorführungen). Die **Burgruine Tachenstein** gegenüber auf felsiger Höhe stammt aus dem frühen 13. Jahrh. Erhalten sind Teile der Umfassungsmauern und der 15 m hohe Bergfried. Eine technische Sehenswürdigkeit ist die **Schleuse** des Rhein-Main-Donau-Kanals.

Auskunft: Verkehrsamt 8422 Riedenburg, Haus des Gastes.

Verkehr: Autobahnanschluß Denkendorf (Nürnberg-München); Busverbindung nach Kelheim, Dietfurt, Regensburg, Pondorf, Laimerstadt, Jachenhausen. Nächste Bahnstation Regensburg 30 km. - Großer Parkplatz an der Altmühlbrücke.

Unterhaltung und Sport: Kombiniertes Hallen- und Freibad, Angeln, Minigolf, Ruderbootverleih, Trimm-Dich-Pfad, Reitschule Schloß Eggersberg. Drachenfliegen.

Sammlungen: Heimat- und Naturkundliches Museum Unteres Altmühltal in Verbindung mit dem Historischen Falknereimuseum in der Rosenburg.

Wanderungen

1. Zum **Renaissance-Schloßhotel Eggersberg,** 1 Std.westlich.
2. Über den **Teufelsfelsen** und den Aussichtspunkt **Falkenhorst** nach **Gundlfing,** 1 1/2 Std. nordwestl. Zurück über Speckelsberg.
3. Am rechten Ufer auf Höhenweg zur **Klamm** mit Blick auf Schloß Prunn (unterhalb die **Klammerhöhle,** eine vorgeschichtliche Wallanlage), bei Einthal über die neue Brücke für den Rhein-Main-Donau-Kanal und über Nußhausen zum **Schloß Prunn** (Seite 52), 1 1/4 Std. südöstl. Zurück über Emmerthal.
4. Wie oben, aber an Einthal vorbei zur **Kastlhäng-** und **Klausenhöhle** und weiter nach **Altenessing,** 2 Std. südöstl. Zurück über **Neuessing** (Ruine Randeck). Nußhausen und Prunn.
5. Über Schneemühle im Schambachtal zum **Schloß Hexenagger,** 2 Std. südlich.

RIMBACH

(Kreis Cham, 500-700 m, 1800 Einw.), anerkannter Erholungsort im gleichnamigen Tal am Fuße des Hohen Bogen. Die 1719 erbaute barocke **Pfarrkirche St. Michael** besitzt ein schön geschnitztes Antependium (Altarbehang).

Auskunft: Verkehrsamt 8491 Rimbach.

Verkehr: Busverbindung nach Kötzting, Furth im Wald.

Unterhaltung und Sport: Beheiztes Freibad, Minigolf, Angeln.

Wanderungen

1. Zur **Burgruine Lichteneck,** 1/2 Std. nordwestl.
2. Nördlich auf dem Diensthüttenweg zum **Berggasthof Hohenbogen,** 1 1/4 Std. Anfahrt mit dem Wagen möglich. Rundwanderwege.
3. Über Kettersdorf zum **Haidstein** (743 m), 2 Std. westlich.

RODING

(Kreis Cham, 370 m, 10 000 Einw.), Städtchen an einem Berghang über dem Regen im Naturpark Oberer Bayerischer Wald, wurde schon 844 als karolingischer Königshof genannt, erhielt 1364 Marktrecht und wurde 1952 zur Stadt erhoben.

Am Marktplatz noch einige alte **Bürgerhäuser** mit schönen Giebelfronten und das barocke **Rathaus** von 1680 mit Glockenturm und steinernem Pranger. Von der alten barocken **Stadtpfarrkirche St. Pankratius** ist nur noch der freistehende Turm aus dem Jahre 1758 erhalten. Die heutige moderne Pfarrkirche wurde 1960/64 über einem achteckigen Grundriß errichtet (Haindl, München); sie besitzt eine bemalte frühgotische Steinmadonna aus dem Jahre 1320. Daneben die doppelgeschossige **St.-Josephs-Kapelle,** ein romanischer Karner (Beinhaus) des 12. Jahrh. mit spätromanischen Fresken; angebaut die **St.-Anna-Kapelle** von 1570. Von den **Befestigungsanlagen** des 15. Jahrh. sind noch einige Reste erhalten.

Auskunft: Stadtverwaltung 8495 Roding.

Verkehr: Busverbindung nach Regensburg, Neubäu, Nittenau, Bruck, Falkenstein, Stamsried; Bahnstation.

Unterhaltung und Sport: Beheiztes Freibad, Hallenbad, Minigolf, Angeln, Reitschule, Ponyreiten für Kinder. - Wassersport am Neubäuer Weiher.

Sammlungen: Feuerwehr-Museum

Wanderungen

1. Zur **Wallfahrtskirche Heilbrünnl** (1730/31) am nördlichen Regenufer am Fuß des Palmberges (468 m), 1/2 Std. westlich; inmitten des Kirchenschiffes ein marmornes Becken, in das Quellwasser fließt.
2. Zur **Wallfahrtskirche Sträucherröhren,** 3/4 Std. nordöstlich.
3. Zum **Neubäuer Weiher,** 8 km nordwestlich (Busverbindung).
4. Nach **Regenpeilstein** (Burg 13.-19. Jahrh.) über dem Regental, 1/2 Std. auf der Straße südwestl.

RÖTZ

(Kreis Cham, 410 m, 3300 Einw.), kleine Stadt im Schwarzachtal am Fuße vom Schwarzwihrberg mit der Schwarzenburgruine, wurde als „Retsitz“ 1017 erstmals urkundlich genannt und war im

12. Jahrh. Sitz der Edlen de Rehsce. 1495 wurde Rötz zur Stadt erhoben. Kriege und Brände haben den Ort mehrmals vernichtet, besonders der große Stadtbrand von 1840, so daß von dem historischen Stadtbild nicht viel übrig blieb.

Am breiten Marktplatz die **Stadtpfarrkirche** von 1855 mit gotischem Chor von 1401 und Turm von 1552; im Inneren ein prächtiger barocker Hochaltar und mehrere Grabsteine adeliger Familien. Auch die barocke **Friedhofskirche** von 1755 enthält einige gut erhaltene Grabdenkmäler. Im Osten die historische **Schergenkapelle,** im Westen das ehem. kurfürstliche **Pflegschloß,** heute Brauerei.

Das **Oberpfälzer Handwerksmuseum** in **Hillstett** 4 km westlich lohnt den Besuch: Sehenswert ist besonders der schon 1475 urkundlich erwähnte Seebarnhammer, der Anfang des 19. Jahrh. von einem Waffenhammer auf eine Hammerschmiede umgestellt wurde und nach der Errichtung des benachbarten Eixendorfer Stausees auf dem ehem. Hillstetter Bahnhofsgelände originalgetreu wieder aufgestellt wurde. In der „Museumsschenke im Salzfriedlhof" gibt es auch spezielle oberpfälzische Gerichte.

Der bewaldete **Schwarzwihrberg** (706 m) ist ringsum von schönen Wanderwegen umgeben und mit seiner ausgedehnten Burgruine ein beliebtes Ausflugsziel. Gründer der Burg waren im 11. Jahrh. die Ritter des im 14. Jahrh. ausgestorbenen Geschlechts der Schwarzenburger. Friedrich der Schwarzenburger avancierte sogar zum Erzbischof von Köln. 1433 sammelte Herzog Johann von Neunburg auf Schwarzenburg seine Truppen, um die Hussiten in der historisch bedeutsamen Schlacht von Hiltersried (8 km nordöstlich) vernichtend zu schlagen. 1506 gelangte die Burg in den Besitz des berüchtigten Raubritters Heinrich von Guttenstein, der besonders bei den nach Böhmen reisenden Kaufleuten aus Regensburg und Nürnberg gefürchtet war. Zur Erprobung ihrer Festigkeit ließ er sogar seine eigene Burg beschießen, und da sie nicht standhielt, verkaufte er sie 1509 schnell wieder an Kurfürst Ludwig V. von der Pfalz. Doch im 30jährigen Krieg machten die Schweden der Burgenherrlichkeit ein gewaltsames Ende. Mit der Burg ging auch Rötz 1634 in Flammen auf. Geblieben ist der herrliche Blick von dem zum Aussichtsturm ausgebauten Bergfried. Auf der seit 1892 bestehenden Freilichtbühne finden Aufführungen der Rötzer Laienspielgruppe statt.

Auskunft: Stadtverwaltung 8463 Rötz.

Verkehr: Busverbindung nach Cham, Waldmünchen, Neunburg, Weiden, Regensburg, München; Bahnstation Bodenwöhr und Cham.

Unterhaltung und Sport: Hallenbad, Angeln, Leseraum; Eisstockschießen. - Segeln und Surfen auf dem Eixendorfer See.

Wanderungen

1. Zur **Ruine Schwarzenburg** über Bauhof, 1 Std. nordwestlich.

2. Von der Burgruine nordwestl. über die Felspartie Steinerne Wand zur **Sattelhütte,** 20 Min. Von dort weiter nordwestl. 3/4 Std. zur **Burgruine Thanstein** oder westlich 2 1/2 Std. über Frankenschleife und Nefling nach **Neunburg vorm Wald*.**

3. Nach **Hillstett** zum **Oberpfälzer Handwerksmuseum** und zum **Eixendorfer See** 1 Std. westl. Zurück über Gasthof Wutzschleife.

RUNDING

(Kreis Cham, 550 m, 2000 Einw.), kleine Sommerfrische im Oberen Bayerischen Wald 10 km östlich von Cham.

Auf dem **Schloßberg** (545 m) thronte einst eine bedeutende, nie bezwungene Burg, die in enger Beziehung zur Reichsburg Cham stand: Die 1118 erstmals genannten Herren von Runding waren Ministeriale der Markgrafen von Cham-Vohburg. 1413 gelangte die Burg in den Besitz der Freiherren Nothafft von Weissenstein, die sie zur stärksten Burganlage des Bayerischen Waldes ausbauten. Sie widerstand den Hussiten und trotzte den Schweden im 30jährigen Krieg. 1829 kam sie an den bayerischen Staat, der sie auf Abbruch verkaufte. Heute sind nur noch geringe Mauerreste vorhanden.

Auskunft: Verkehrsamt 8491 Runding.

Verkehr: Busverbindung nach Cham, Kötzting; Bahnstation.

Unterhaltung und Sport: Siehe Cham.

Wanderungen

1. Zum **Blaubergsee** mit Badegelegenheit, 1/2 Std. nördlich. Der kleine See entstand durch einen augelassenen Granitbruch.

2. Auf dem **Haidstein** (743 m) mit Forstgasthaus und Wallfahrtskirche (17./18. Jahrh.), 1 Std. östlich. - Anstelle der Kirche erhob sich einst die 1486 zerstörte Burg der Markgrafen von Cham-Vohburg, auf der um 1200 oftmals der Minnesänger Wolfram von Eschenbach weilte. In seinem „Parzival" setzte er der schönen Burgherrin Elisabeth von Cham-Vohburg ein literarisches Denkmal. - Vom Haidstein über (1/2 Std.) Ried mit 800jähriger **Wolframslinde,** deren hohler Stamm 20 Menschen Platz bietet, nach **Kötzting*,** 1 1/2 Std. südöstl.

3. Zur zeitweise bewirtschafteten **Roßberghütte** (664 m) zwischen dem Kleinen Roßberg (646 m) und dem Roßbergriegel (630 m), wegen der schönen Aussicht auch „Böhmerwaldfensterl" genannt, 1 1/4 Std. südlich. Anfahrt bis unterhalb der Hütte.

SCHMIDMÜHLEN

(Kreis Amberg-Sulzbach, 355 m, 2300 Einw.), historischer Hammerschmiedeort und anerkannter Erholungsort am Zusammenfluß von Vils und Lauterach, ist Geburtsort des spätgotischen Bildhauers Erasmus Grasser (um 1450-1518). Als „Smidimulni" 1005 erstmals genannt, entwickelte sich der Ort durch das Zusammentreffen alter Handelsstraßen mit der einst schiffbaren Vils zu einem wohlhabenden Markt, dessen Bedeutung durch eines der ältesten oberpfälzischen Hammerwerke unterstrichen wurde.

Das **Obere Schloß** mit rundem Treppenturm, heute Rathaus, wurde um 1600 im Renaissancestil errichtet und war früher Mittelpunkt der Hofmark; neben Landshut birgt es die einzigen weltlichen Renaissancefresken Bayerns. Das barocke **Untere Schloß** (1700) ist ein ehem. Hammerschloß. Das kleine **Zieglerschloß** stammt von 1750. Ein **Grasser-Denkmal** befindet sich in der Parkanlage.

Auf dem **Kreuzberg** innerhalb eines Ringwalles die Dreifaltigkeitskirche von 1697.

Auskunft: Marktgemeinde 8456 Schmidmühlen.

Verkehr: Busverbindung nach Regensburg, Amberg, Burglengenfeld; Bahnstation Burglengenfeld.

Unterhaltung und Sport: Golfplatz, Angeln, Haus des Gastes im Oberen Schloß.

Wanderungen

1. Durch das Vilstal nach **Vilshofen** (Seite 60), 1 Std. nördlich. Zurück über Hammerberg.
2. Durch das Vilstal am westl. Vilsufer nach **Emhof** (Seite 60), 1 Std. südl. Zurück über Hirschberg.
3. Durch das Lauterbachtal über **Stettkirchen** (Wallfahrtskirche) nach **Hohenburg** (Seite 60), 2 1/2 Std. westlich.
4. über Windbuch (ehem. Schloß mit rom. Kapelle) in das Taubenbachtal zur **Burgruine Rostein** (15. Jahrh.) bei Spieshof, 1 Std. nordwestl. Weiter 2 Std. nordwestl. zum **Forsthaus Hirschwald** (ehem. Jagdschloß, Kapelle). Zurück über Kreuth (Wildgehege) und Hammerberg.

SCHÖNSEE

(Kreis Schwandorf, 658 m, 3000 Einw.), anerkannter Erholungsort im Tal der Ascha unweit der böhmischen Grenze, erhielt im 14. Jahrh. durch Kaiser Karl IV. Stadtrecht und war bis 1805 böhmisches Kronlehen. Seit rund 100 Jahren ist im „Schönseer Ländchen" das Spitzenklöppel-Handwerk heimisch: Nach altüberlieferten Mustern und modernen Dessins entstehen kunstvolle Arbeiten. Am Ortsrand bietet das Hotel und Feriendorf St. Hubertus mit Hallenbad angenehmen Aufenthalt.

Die **Pfarrkirche** wurde 1868 nach einem Brand auf gotischen Mauern neu errichtet. Die spätbarocke **Vierzehn-Nothelfer-Kapelle** (1799) besitzt einen prächtigen Choraltar mit 14 holzgeschnitzten Figuren der Nothelfer (um 1700). An der Straße nach Gaisthal erinnert die **Doppelstatue des Hl. Nepomuk** von 1791 als Grenzzeichen an die Zeit, als Schönsee noch zum böhmischen Kronlehen gehörte.

Auskunft: Verkehrsverein Schönseer Land, 8456 Schönsee.

Verkehr: Busverbindung nach Dietersdorf, Stadlern, Schwarzach; Bahnstation.

Unterhaltung und Sport: Freibad, Minigolf, Angeln; Eislaufplatz, Eisstockschiessen, Skigelände; beheiztes Freibad in Gaisthal 6 km. - Sommerrodelbahn in Stadlern mit Lift zur Bergstation.

Sammlungen: Dr. A.-Lindgens-Jagdmuseum neben dem Hotel St. Hubertus.

Wanderungen

1. Über den **Drechselberg** (836 m) nach **Stadlern,** 1 1/2 Std. östlich. Von dort 1/2 Std. nordöstl. zur **Burgruine Reichenstein.** Weiter über **Ebene** zum 30 m hohen **Böhmerwald-Aussichtsturm.**
2. Zum **Stückstein** (808 m) mit Aussichtsturm, 1 1/4 Std. nördl. Zurück über Laub und Schwand.
3. Zum **Signalberg** (890 m) mit Burgruine Frauenstein, 1 3/4 Std. südlich.
4. Über die **Dietersdorfer Hänge** und Dietersdorf zum **Eulenberg** (817 m) an der Grenze, 1 1/2 Std. nordöstlich.
5. Über Rosenhof im eingeschnittenen Aschatal nach **Gaisthal,** 1 1/2 Std. südwestl.

SCHWANDORF

(Kreis Schwandorf, 365 m, 30 000 Einw.) liegt landschaftlich reizvoll im Herzen der Oberpfalz an der Naab, wo sich schon in vorgeschichtlicher Zeit ein Flußübergang befand.

Nordöstlich der Stadt erstreckt sich ein ausgedehntes Weihergebiet. Traditionsreich sind Handwerk und Industrie mit bedeutenden Niederlassungen wie Bayernwerk AG Dachelhofen, Luitpoldhütte AG Fronberg und Triumph-Werke AG.

In der Nachbargemeinde **Wackersdorf** (4200 Einw.), bis 1982 Mittelpunkt der dann eingestellten heimischen Braunkohlen-Industrie, sollte im 110 Hektar großen Taxöldner Forst die erste deutsche Wiederaufbereitungsanlage für Kernbrennstoffe entstehen. Aufgrund erheblicher Widerstände von Umweltschützern, die auch eine radioaktive Verseuchung der Region befürchteten, wurde das bereits im Bau befindliche Projekt 1989 eingestellt. Auf dem Gelände entstand ein moderner Industriepark mit verschiedenartigen Betrieben (u.a. BMW).

Schwandorf wurde schon 985 als „Suanicondorf" erwähnt und erhielt um 1300 Markt- und 1466 Stadtrecht. Von 1505 bis 1777 gehörte es zum Fürstentum Pfalz-Neuburg und Sulzbach. Durch den Bau der Eisenbahn 1859 wurde Schwandorf zu einem wichtigen Verkehrsknotenpunkt. Am 17. April 1945 wurde die Stadt bei einem Luftangriff zu 57% zerstört. Seit der Gebietsreform 1972 ist Schwandorf Sitz des gleichnamigen Landkreises.

Am historischen **Marktplatz** ist noch das alte Schwandorf lebendig. Harmonisch angeordnet ziehen sich die stattlichen **Bürgerhäuser** mit ihren Treppen- und Schwunggiebeln hinauf zur kuppelgekrönten **Stadtpfarrkirche St. Jakob,** einem gotischen Hallenbau um 1400 mit Turm von 1483, im 17. Jahrh. barock verändert. An dieser Stelle erhob sich einst die mittelalterliche Burg der Nordgaugrafen. Bis 1808 stand auf dem Marktplatz noch das gotische Rathaus, heute dient der ehem. landesfürstliche **Pfleghof** von 1584 als Domizil der Stadtverwaltung. Am Naabufer das 1442 gegründete **Bürgerspital** mit der gotischen, im 18. Jahrh. barockisierten **Spitalkirche zum Hl. Geist.** Als Rest der alten Stadtbefestigung blieb der im 15. Jahrh. erbaute **Blasturm** erhalten; er ist Geburtsstätte des Komponisten der Bayernhymne Max Kunz (1812-1875).

Auf dem nahen **Kreuzberg** (408 m) das doppeltürmige **Marienmünster,** das aus den Trümmern der 1945 kriegszerstörten Rokoko-Wallfahrtskirche mit modern-barocker Innengestaltung von Professor Blasius Spreng 1950-1952 wiedererstand.

Auskunft: Stadtverwaltung 846 Schwandorf.

Verkehr: Autobahnanschluß (Regensburg – Weiden), Busverbindung nach Burglengenfeld, Regensburg, München, Amberg, Schwarzenfeld, Weiden, Nittenau, Bodenwöhr, Furth im Wald, Neunburg vorm Wald, Wackersdorf, Fischbach, Rötz, Waldmünchen; Bahnstation.

Unterhaltung und Sport: Beheiztes Freibad, Hallenbad, Angeln, Ruderbootverleih, Segeln und Surfen auf dem Klausensee Richtung Klardorf.

Sammlungen: Heimatmuseum, Rathausgasse 1.

Naherholungsgebiet: Stadtpark und Stettnergarten mit renovierten alten Mühlenrädern.

Wanderungen

1. Zum **Kreuzberg** (408 m) mit Marienmünster, 20 Min. südöstlich.
2. Vom Marktplatz auf den aussichtsreichen **Holzberg** (434 m), 10 Min. nordöstl.
3. Naabaufwärts nach **Fronberg** mit Renaissance-Schloß, 1/2 Std.
4. Nach **Ettmannsdorf** mit alten und neuem Schloß, 1/2 Std. westl.
5. Über die Schwefelquelle nach **Kronstetten** mit gotischer Kirche, 1 Std. östl.

Schwandorf:
Die Stadtpfarrkirche St. Jakob erhebt sich an der Stelle einer mittelalterlichen Burg der Nordgaugrafen.
(Foto: Gernot Messarius)

SCHWARZENFELD

(Kreis Schwandorf, 365 m, 6500 Einw.), alter Markt am rechten Ufer der Naab gegenüber der Schwarzach-Mündung mit bedeutender keramischer Industrie.

Die **Pfarrkirche St. Dionysius und St. Ägidius** wurde 1757 nach einem Brand unter Einbezug des gotischen Turmes wieder errichtet. Sie besitzt eine gute Rokokoausstattung mit feinen Stukkaturen, kunstvoller Kanzel und einem prächtigen Hochaltar sowie einige wappenverzierte Grabsteine.

Das **Neue Schloß** am Naabufer aus dem 19. Jahrh. mit Kuppel- und Altanenturm dient heute als Reiterpension; das alte Hofmarkschloß besteht nicht mehr. Auf dem Miesberg nördlich die **Dreifaltigkeitskirche** von 1720/21 mit einem von amerik. Passionisten 1934 gegründeten Kloster, der einzigen klösterlichen Niederlassung dieses Ordens in Deutschland.

Auskunft: Marktverwaltung 8472 Schwarzenfeld.

Verkehr: Autobahnanschluß (Regensburg – Weiden), Busverbindung nach Schwandorf, Amberg, Weiden; Bahnstation.

Unterhaltung und Sport: Freibad, Hallenbad, Angeln, Reiten, Golf (9-Loch-Platz in Oedengrub).

Sammlungen: Bergbau-Museum im Rathaus mit Gesteinssammlung. Flußspat-Besucherbergwerk in Freiung.

Wanderungen

1. Im Naabtal aufwärts nach **Nabburg*,** 1 1/2 Std. nördlich.
2. Nach **Schmidgaden** mit Flugplatz (Rundflüge), 1 1/4 Std. nordwestl.
3. Über Asbach in das Landschaftsschutzgebiet der **Thundorfer Weiher,** 1 Std. südöstlich.
4. Durch das Schwarzachtal nach **Schwarzach,** 2 Std.nordöstlich.

SULZBACH-ROSENBERG

(Kreis Amberg-Sulzbach, 428 m, 19 500 Einw.), 900jährige Berg- und Eisenstadt sowie ehem. Residenz der wittelsbachischen Herzöge, terrassenförmig angelegt und von einer Lindenallee umgrenzt, bekannt durch die 1853 gegründete Eisenwerk-Gesellschaft Maximilianshütte AG in Rosenberg-Hütte, das größte eisenschaffende Werk Süddeutschlands.

Seinen Namen verdankt Sulzbach den mächtigen Grafen von Sulzbach, die den Ort im frühen 11. Jahrh. gründeten, 1099 die Vogtei über alle bayerischen Güter des Bistums Bamberg erhielten und so zu einem führenden nordgauischen Adelsgeschlecht aufstiegen; um 1050 erbaute Graf Gebhard I. von Sulzbach die Burg. 1188 fiel das

Sulzbacher Erbe an die verwandten Grafen von Hirschberg, 1305 an die bayerischen Herzöge und 1329 an die wittelsbachischen Pfalzgrafen. Durch die Heirat der Tochter Anna des Pfalzgrafen Rudolf mit Kaiser Karl IV., König von Böhmen, wurde Sulzbach 1349 Hauptstadt von „Neuböhmen". 1354 erteilte Kaiser Karl IV. das Bergbau-Privileg für das Sulzbacher Gebiet und begründete damit den auf Eisen beruhenden Wohlstand. Ende des 14. Jahrh. fiel Sulzbach wieder an Bayern zurück und kam 1505 an das Haus Pfalz-Neuburg, von dem sich 1604 eine eigene Linie Sulzbach abgspaltete; mit dem Tode ihres letzten Nachkommen Karl Theodor 1799 erlosch das wittelsbachische Herzogtum Sulzbach. Vom 17.-19. Jahrh. hatte Sulzbach auch Bedeutung als Druck- und Verlagsort.

1934 wurde Sulzbach mit dem benachbarten Rosenberg vereinigt.

Die gotische **Pfarrkirche Mariae Himmelfahrt** stammt aus dem 14./15. Jahrh.: Kaiser Karl IV. ließ um 1350 über einem älteren Bau den schlanken, hohen Chor errichten, 1412-1431 erfolgte der Neubau des Langhauses, 1526 wurde die Westempore eingezogen. An der Außenwand des Chores die fast lebensgroße Steinfigur des kaiserlichen Stifters Karl IV. Unter dem Chor befindet sich die Fürstengruft. Am Hochaltar ein Altarblatt mit der Himmelfahrt Mariens von Hans Georg Asam, dem Vater der berühmten Künstlerbrüder, der 1711 in Sulzbach starb. Von 1652 bis 1958 diente die Kirche sowohl dem katholischen als auch dem evangelischen Gottesdienst. Nach Auflösung des Simultaneums wurde 1958 die evangelische **Christuskirche** eingeweiht, ein Saalbau mit sehenswerter moderner Inneneinrichtung.

Erwähnenswert sind ferner die **Spitalskirche St. Elisabeth** (18. Jahrh.), die **Friedhofskirche St. Georg** (16. Jahrh.), die **Klosterkirche St. Hedwig** (1765) und die **profanierte Spitalkirche** um 1350. Erhalten sind noch Reste der **Stadtbefestigung** aus dem 14. Jahrh. Am Fuße des Stadtberges entspringen mehrere **Karstquellen.**

Das spätgotische **Rathaus** aus der Zeit um 1400 gehört zu den bedeutendsten Rathäusern der Oberpfalz. Über dem Rundfenster der reich gegliederten Giebelfront prangt das pfalz-bayerische Wappen. Im Obergeschoß der 1968 restaurierte große Rathaussaal, im Untergeschoß der Ratskeller - einst Brotladen, Fleischbank, Salzladen und Stadtwaage. Östlich der Ratsstubenbau.

Das **Schloß** geht auf die mittelalterliche Gebhardsburg zurück, von der jedoch nichts mehr erhalten ist. Herzog Ottheinrich II. von Pfalz-Sulzbach ließ 1589 den Palast errichten; die übrigen Bauten stammen aus späterer Zeit. Von 1768 bis 1794 diente das Schloß als Witwensitz der Pfalzgräfin Franziska Dorothea von

Zweibrücken-Birkenfeld, der Mutter des ersten bayerischen Königs. Heute befindet sich hier das Heimatmuseum. Im Schloßhof der Schloßbrunnen (1701) mit dem pfälzischen Löwen; ein zweiter Löwenbrunnen steht auf dem Luitpoldplatz.

Die **Wallfahrtskirche St. Anna** auf dem Annaberg zwischen den Stadtteilen Sulzbach und Rosenberg ist ein einschiffiger Bau von 1676 mit halbrundem Chor; 1904 wurde die Kirche nach Westen verlängert. Am Hochaltar eine holzgeschnitzte Mutter Anna Selbdritt aus dem frühen 16. Jahrh. **Lorettokapelle** 18./19. Jahrh.

Im **Stadtteil Rosenberg** erhebt sich auf dem **Schloßberg** (444 m) das 1929 errichtete **Kriegerdenkmal;** in ihm ist der Turmstumpf der ehem. Burg eingemauert. Am Westhang steht das **Schlößl Franziskaruh,** erbaut 1788 von Pfalzgräfin Franziska Dorothea. Die **evang. Kirche** ist gotischen Ursprungs, die **kath. Kirche** ein Bau der Neugotik.

Auskunft: Stadtverwaltung 8458 Sulzbach-Rosenberg.

Verkehr: Autobahnanschluß Sulzbach-Rosenberg (Nürnberg-Amberg); Busverbindung nach Amberg, Auerbach, Schwend; Bahnstation.

Unterhaltung und Sport: Beheiztes Freibad, Hallenbad, Minigolf; Reiten, Eislauf.

Veranstaltungen: Frühlingsfest im Mai auf dem Dultplatz; Bergfest Ende Juli auf dem Annaberg; Sulzbacher Woizkirwa im August; Rosenberger Kirchweih im Sept.

Sammlungen: Heimatmuseum, Luitpoldplatz 14. - Erstes Bayerisches Schulmuseum, Schloßbergweg 10a, mit umfassender Dokumentation über die Entwicklung der Schule und des Schullebens. - Literaturarchiv, Rosenberger Str. 9, mit wichtigen Beständen deutscher Gegenwartsliteratur von Thomas Mann bis Günter Grass (z.B. die Urschrift der „Blechtrommel") im ehem. Amtsgerichtsgebäude, in dem auch Sonderausstellungen und Autorenlesungen veranstaltet werden.

Wanderungen

1. Zum **Frohnberg** (390 m), mit Wallfahrtskirche von 1725 und Ringwallanlage, 1 Std. nordöstlich. Abstieg nach **Hahnbach** (Seite 63), zurück mit dem Bus.
2. Über Frankenhof, den Kuh- und Rumpelfels zur **Burgruine Lichtenegg,** (10. Jahrh., Aussicht), 3 Std. westlich, weiter 1 Std. südl. nach **Fürnried** (Seite 62).
3. Über Sternstein (Felsenmassiv mit Höhlen und Wallanlagen) und Obermainhof zur **Osterhöhle,** 1 1/2 Std. nordwestl.
4. Über Turnerfelsen, Prohof, Pfaffenhof zum Berg **Hainsburg** (554 m, Wallanlage, Osterloch), 1 1/2 Std. südwestl.
5. Durch das Breitenbrunner Tal über Stifterslohe, Dietersberg ins Pürschläger Tal nach **Ammerthal** (Seite 109), 2 Std. südl.

TÄNNESBERG

(Kreis Neustadt/Waldnaab, 580 m, 1600 Einw.), anerkannter Erholungsort im Oberpfälzer Wald an der Ostmarkstraße am Südhang des aussichtsreichen **Schloßberges** (692 m), auf dem die im 30jährigen Krieg zerstörte und 1817 abgetragene Burg der Edlen von Paulstorf thronte. Die barocke **Pfarrkirche St. Michael** aus dem 18. Jahrh. wurde nach einem Brand 1828 erneuert. Südöstlich 20 Minuten die turmlose barocke **Wallfahrtskirche St. Jodok** von 1689 (im Volksmund „die Gost"); der linke Seitenaltar zeigt die Burgruine mit dem Markt Tännesberg um 1680.

Auskunft: Verkehrsamt 8481 Tännesberg.

Verkehr: Busverbindung nach Weiden, Vohenstrauß, Waldmünchen; Bahnstation Weiden.

Unterhaltung und Sport: Naturfreibad Burswinkel, Angeln, Haus des Gastes mit Leseraum und Bücherei, geologischer Waldlehrpfad, Eisstockschießen, Rodeln.

Wanderungen

1. Vorbei am **Naturbad Burswinkel** (1/2 Std.) nach **Etzgersrieth,** 1 1/2 Std. nordöstlich. Von dort nördlich über die **Moosbacher Hütte** des Oberpfälzer Waldvereins oberhalb Oedpielmannsberg nach **Moosbach** mit barocker Wieskirche, 1 1/4 Std.
2. Zur **Kainzmühlsperre,** 1 3/4 Std. nordwestlich.
3. Nach **Unterkaufnitz,** 1/4 Std. westlich. Von dort entweder nordwestl. 3/4 Std. zum **Hochspeicher Rabenleite** oder südwestlich 1 1/4 Std. am Trausnitzstausee entlang nach **Trausnitz.**
4. Über **St. Jodok** durch den Tännesberger Wald zur **Waldkapelle Rotes Kreuz,** 1 1/2 Std. östlich. Weiter südöstlich 3/4 Std. auf den aussichtsreichen zerklüfteten **Wildenstein** (744 m) mit Burgstall.

TIRSCHENREUTH

(Kreis Tirschenreuth, 503 m, 9500 Einw.), Kreisstadt an der Waldnaab sowie wirtschaftlicher und kultureller Mittelpunkt des Stiftlandes, dessen historische Bezeichnung nach dem Zisterzienserstift Waldsassen noch heute gebräuchlich ist. Eingemeindet wurden die Orte Großklenau, Hohenwald, Lengenfeld, Marchaney, Matzersreuth und Wondreb.

Tirschenreuth wurde 1134 als „Dursinrute" erstmals genannt, doch erfolgte die Gründung schon im 10. Jahrh. Der Name wird von dem gemanischen Stamm „Thurs" und von „Reuth" (Rodung) abgeleitet. Die Ansiedlung entstand auf einer Insel zwischen zwei großen Teichen, die 1808 abgelassen wurden. 1306 erhielt der Ort auf Veranlassung des Abtes Ulrich durch Kaiser Rudolf von Habsburg Markt-, 1364 durch Abt Johann V. Stadtrecht. Der verheerende Stadtbrand von 1814 vernichtete fast alle mittelalterliche Bauten, auch das burgähnliche Klosterschloß des Abtes Johann IV. aus dem 14. Jahrh., an dessen Stelle sich heute das Kloster der Armen Schulschwestern und das Benefizium befinden.

Durch das Vorkommen heimischer Bodenschätze (Kaolin, Ton) entstanden Porzellan- und Keramikwerke. Dazu traten Tuch-, Wäsche-, Knopf-, Kunststoff-, Maschinen- und Stilmöbelfabriken. Als Speziallität gilt der Tirschenreuther Schinken. In den vielen Weihern der Umgebung blüht die Karpfenzucht.

Mittelpunkt der Stadt ist der nach dem Brand von 1814 großzügig angelegte **Marktplatz** mit neugepflanzter Kastanienallee und dem **Schmellerdenkmal** (1891) zur Erinnerung an den berühmten Sohn der Stadt, den Sprach- und Mundartforscher Prof. Dr.

Johann Andreas Schmeller (1785-1852), Schöpfer des „Bayerischen Wörterbuchs“. Das **Rathaus** mit wappengeschmücktem Erker wurde 1582/83 im Renaissancestil erbaut und 1963/64 renoviert.

Die **Stadtpfarrkirche Mariae Himmelfahrt** stammt ursprünglich aus dem Jahr 1299. Nach mehreren Bränden mußte sie in den folgenden Jahrhunderten verschiedentlich erneuert werden. Heute zeigt nur noch der Chor gotischen Stil, das Schiff hat barocken Charakter. Als besondere kunsthistorische Sehenswürdigkeit enthält sie einen spätgotischen geschnitzten Flügelaltar (1510). An der Südseite die 1723 angebaute **Gnadenkapelle** der Schmerzhaften Muttergottes.

Die kleine **St. Peterskirche** im Norden der Stadt, 1720 größtenteils neu erbaut, kann ihre Entstehung bis ins 10. Jahrh. zurückführen. Bis gegen 1300 war sie Pfarrkirche von Tirschenreuth und des Gebietes bis Eger. Die **Friedhofskirche** von 1783 besitzt an der Empore ein modernes Totentanzfresko von G. Bauer (1938).

Der **Klettnersturm** am südlichen Stadteingang gilt als Wahrzeichen der Stadt: Der mächtige Wachtturm von 1330 mit seinen mehr als einen Meter dicken Viereckmauern ist ein Überbleibsel der alten Stadtbefestigung. 1579 wurde er um zwei Stockwerke erhöht und 1972 renoviert. Im oberen Stockwerk befindet sich eine historische Turmstube.

Der **Fischhof** östlich der Stadt, ein ehem. Zehnthof des Klosters Waldsassen aus dem 12. Jahrh. (heute Amtsgebäude), diente häufig als Sommerresidenz der Äbte. Der heutige Bau stammt aus dem Jahr 1689. Zu ihm führt eine zehnjochige, figurengeschmückte Steinbrücke, erbaut 1748/50 nach dem Vorbild der Steinernen Brücke in Regensburg durch Phillip Muttone.

Die **Dreifaltigkeitskirche** (1963) des Steyler Missionshauses St. Peter beeindruckt durch ihre gelungene harmonische Ausstattung. Der moderne Kirchenbau in Form eines Sechsecks wurde von dem Regensburger Architekten Beckers entworfen.

Die Stadtpfarrkirche Mariae Himmelfahrt in Tirschenreuth besitzt als kunsthistorische Sehenswürdigkeit einen geschnitzten spätgotischen Flügelaltar aus dem Jahr 1510.
(Foto: Gernot Messarius)

Auskunft: Stadtverwaltung 8593 Tirschenreuth.

Verkehr: Busverbindung nach allen Richtungen; Bahnstation.

Unterhaltung und Sport: Beheiztes Freibad, Waldstrandbad Rothenbürger Weiher 4 km, Stausee bei Liebenstein 8 km, Hallenbad, Minigolf, Angeln, Reiten, Segelflugplatz (Rundflüge); Eisstockschießen.

Veranstaltungen: Schützen- und Volksfest alljährlich im Juni/Juli.

Sammlungen: Plan-Weseritzer Heimatstube, Hochwartstr. 1 – Museum für Fischerei und Teichwirtschaft, Mitterteicher Straße.

Wanderungen

1. **Rundweg** durch schönes **Wald- und Weihergebiet** über Höfen, Ockllohe, Maria-Weiher-Holz, Paulusschwamm, Kornbühl, 2 Std.

2. Auf dem Fahrweg zum **Rothenbürger Weiher** mit Strandbad, 3/4 Std. südwestlich. Zurück über die Felsgruppe **Wolfenstein** (510 m) und die Sägmühle.

3. Vom Rothenbürger Weiher südlich 1/2 Std. zur **Teufelsküche** mit Granitblökken oder westlich 1 3/4 Std. zur **Burg Falkenberg.**

4. Über Lodermühl zur **Burgruine Liebenstein,** 2 Std. südlich. Weiter über **Stein** mit Barockpfarrkirche (1762 von Muttone) zum **Stausee Liebenstein,** 1/2 Std. südl.

5. Über Kleinklenau nach **Wondreb,** 1 1/2 Std. nordöstlich; in der Friedhofskapelle von 1639 getafelte Holzdecke mit 28 Totentanzdarstellungen. Weiter nordöstlich 1 1/2 Std. zur **Wegkapelle Alter Herrgott** (1686) mit barocker Holzfigur „Gott Vater auf dem Altärchen". Von dort westlich 3/4 Std. zum bewirtschafteten **Egerer Waldhäusl.** Zurück überRosall (Fernsicht) und Großklenau 2 3/4 Std.

6. Über Matzersreuth und **Marchaney** mit Barockkirchlein St. Jakobus mayor (1733 erbaut von Phillip Muttone) zum **Ahornberg** (797 m), 2 Std. südöstlich.

VELBURG

(Kreis Neumarkt, 500 m, 4100 Einw.), historisches Städtchen auf einem Plateau der Oberpfälzer Alb; in der näheren Umgebung romantische Schwemmhöhlen, bizarre Dolomitfelspartien und die berühmte König-Otto-Höhle bei St. Colomann. Der 1310 durch Ludwig den Bayern zur Stadt erhobene Ort schmiegt sich an den Westhang des aussichtsreichen Burgberges (621 m) mit Resten der im 17. Jahrh. verfallenen Burg der Velburger Grafen aus dem 12. Jahrh. Von den Befestigungsanlagen des 14. Jahrh. sind noch Teile der Stadtmauer und das Nordtor (Hintere Tor) mit einem angebauten Vortor des 16. Jahrh. erhalten.

Am breiten Marktplatz das **Rathaus** aus dem 17. Jahrh. mit zweigeschossigem, überkuppeltem Erker. Die barocke **Stadtpfarrkirche St. Johannes** stammt in ihren Fundamenten aus dem 13. Jahrh. Im Inneren ein stattlicher Barockhochaltar um 1710 sowie eine kunstvolle Kanzel aus gleicher Zeit, eine geschnitzte

Anna-Selbdritt-Gruppe um 1510 und an der Nordwand das marmorne Epitaph des Burgherren Georg von Wispeck (1518) in voller Rüstung. Die **Friedhofskirche St. Anna,** im frühen 17. Jahrh. unter Einbeziehung gotischer Chormauern errichtet, besitzt drei ausgezeichnete gotische Flügelaltäre. Die **Wallfahrtskirche Herz Jesu** westlich auf dem Kreuzberg entstand aus der 1730 erbauten kleinen Rundkapelle zum Hl. Grab, die 1770 durch einen einschiffigen Anbau und 1791/92 gegen Westen durch einen Zentralbau erweitert wurde. Sie birgt eine Anzahl interessanter Votivtafeln. Die Spitalkirche **St. Leonhard** (17. Jahrh.) gehört mit den anderen genannten Kirchen zu dem Kapellenkranz rings um den früheren Wallfahrtsmittelpunkt Velburg.

Die **König-Otto-Höhle** nördlich bei St. Colomann ist vom 1.4. bis 31.10. ganztägig geöffnet. Mit dem Wagen fahren Sie von Velburg durch das Nordtor über Richterhof und St. Colomann bis zum Parkplatz der Höhle; von dort kommen Sie über Stufen durch den Wald in wenigen Minuten zum Höhleneingang. Die großartige, 186 m lange und bis zu 150 m tiefe, elektrisch beleuchtete Höhle gehört mit ihren vielen tausend Tropfsteingebilden zu den schönsten Höhlen der Oberpfalz. 1895 wurde sie durch den Schäfer Peter Federl entdeckt und nach dem bayerischen König Otto I. benannt; in jüngster Zeit wurde sie um die Adventhalle erweitert.

Auskunft: Fremdenverkehrsverein 8436 Velburg.

Verkehr: Autobahnanschluß Velburg (Nürnberg-Regensburg); Busverbindung nach Parsberg, Neumarkt; Bahnstation Parsberg.

Unterhaltung und Sport: Naturbad in Altenveldorf, Angeln, Tennis, Skilauf (Lift), Eissport. Hallenbad und Wellen-Freibad in Parsberg 10 km.

Wanderungen

1. Zur **König-Otto-Höhle,** 3/4 Std. nördlich. Zurück über **St. Wolfgang** mit ehem. Wallfahrtskirche (1467). Im Inneren drei bedeutende spätgotische Flügelaltäre; die vier Flügelbilder des Hochaltars zeigen die Einrichtung einer mittelalterlichen Klosterschreibstube.

2. Über **Eichelberg** (592 m) und Schwaighof auf den **Helfenberg** (613 m) mit der **Schloßruine Helfenberg,** 3/4 Std. nordwestl. Die Burg Helfenberg wurde im 12. Jahrh. von den Velburger Grafen gegründet und um 1700 im Besitz der Familie von Tilly durch einen großen Schloßbau abgelöst, der 1807 auf Abbruch verkauft wurde. Weiter 1/4 Std. westlich nach **Lengenfeld** jenseits der Autobahn mit befestigter romanisch-barocker Kirche (Asam-Gemälde am Hochaltar) und traditionsreichem Brauerei-Gasthof Winkler (Oberpfälzer Spezialitäten).

3. Über **Altenveldorf** (Kirche 18. Jh.) zur **Ruine Adelburg,** 1 1/2 Std. südlich.

VILSECK

(Kreis Amberg-Sulzbach, 400 m, 6100 Einw.), malerisches ehemals fürstbischöflich-bambergisches Städtchen mit 1000jähriger Vergangenheit im Talkessel der Vils, umgeben von einer reizvollen Weiherlandschaft. Mit der Erhebung zur Stadt 1330 durch den Bischof von Bamberg erfolgte die Anlage eines fünfeckigen Berings, von dem noch Mauerreste mit Türmen und Toren erhalten sind. An seiner Nordostspitze am Stadtweiher das ehem. **Schloß** aus dem 15. Jahrh., früher fürstbischöfliche Wasserburg, mit Erweiterungsbauten von 1732 und Bergfried aus dem 14. Jahrh.. Im Vorort **Axtheid** spätgotisches ehem. Schlößchen.

Die **Stadtpfarrkirche St. Ägidius** mit spätgotischem Chor und barockem Langhaus von 1751/53 besitzt einen prunkvollen Hochaltar von 1720, eine mit dekorativem Arkanthusschmuck verzierte Orgel sowie sechs geschnitzte Relieftafeln nach Dürerart mit Darstellungen aus dem Marienleben um 1500. In der Sakristei bemerkenswerte Kreuzigungsgruppe aus Nymphenburger Porzellan von F. A. Bustelli (um 1760).

Die gotische **Leonhardkapelle** auf dem Friedhof an der Straße nach Schlicht stammt aus der zweiten Hälfte des 16. Jahrh. Sie enthält die Statuetten der Vierzehn Nothelfer und ein Anna-Selbdritt-Relief aus der Gründungszeit.

Auskunft: Stadtverwaltung 8453 Vilseck.
Verkehr: Busverbindung nach Amberg; Bahnstation.
Unterhaltung und Sport: Beheiztes Freibad, Angeln.

Wanderungen

1. Zum **Zantberg** (493 m), 1 Std. südwestlich.

2. Über **Schlicht** (mittelalterliche Pfarrkiche St. Georg mit Barockausstattung und Nepomukkapelle von 1732) zum **Kreuzberg** (519 m) mit Teufelsstein (Quarzblock) und Heilig-Kreuz-Kirche von 1725 im gleichnamigen Weiler, 1 1/2 Std. südl.

3. Durch Weiher- und Forstgebiete nach **Freihung,** ehem. Bleibergwerksort mit Kirche von 1764 (ehem. Schloßkapelle), 2 Std. östl. Weiter östl. der **Röthenbacher Weiher** (Moorsee).

VOHENSTRAUSS

(Kreis Neustadt/Waldnaab, 581 m, 4000 Einw.), kleine Stadt im Oberpfälzer Wald in schöner Hanglage an der Lerau. Im Jahre 1124 weihte der Bischof Otto von Bamberg in „Vohendreze“eine

Kirche im heutigen Altenstadt. Vohenstrauß erhielt 1378 Stadtrecht, verlor dieses Privileg jedoch wieder in späteren Kriegswirren, bis es ihm 1912 durch königliche Verordnung endgültig erteilt wurde. Eingemeindet wurden Altenstadt, Braunetsried, Böhmischbruck, Kaimling, Roggenstein, Oberlind und Waldau.

Am baumbestandenen Marktplatz das **Rathaus** mit dem Heimatmuseum und die spitztürmige **evang. Pfarrkirche,** errichtet 1840 auf den Fundamenten der Vorläuferin. Die **kath. Pfarrkirche** entstand 1928 in neubarockem Stil nach Plänen des Regensburger Architekten Hauberrisser. Im Ortsteil **Altenstadt** steht innerhalb eines befestigten Friedhofes die um 1350 erbaute Nachfolgekirche **St. Johann Baptist** (Grabsteine).

Die **Friedrichsburg** ist das Wahrzeichen der Stadt. Das von sechs Rundtürmen flankierte rechteckige dreigeschossige Renaissance-Schloß mit Satteldach, Staffelgiebeln, wappengeschmücktem Hauptportal und ummauertem Schloßhof wurde 1586-93 von Leonhard Greineisen aus Burglengenfeld erbaut. Es diente als Residenz des wittelsbachischen Pfalzgrafen Friedrich von Zweibrücken-Veldenz, der schon 1597 mit 40 Jahren starb und in der Fürstengruft zu Lauingen an der Donau beigesetzt wurde. Seine beiden Zwillingskinder waren schon 1590 im frühen Alter verstorben; (Renaissance-Epitaph in der Sebastianskirche zu Weiden). Nach dem Tode seiner Gemahlin, der Herzogin Katharina Sophia von Liegnitz, Brieg und Goldberg 1608 diente das Schloß zeitweise als Landpflegersitz. Seit 1809 beherbergt es verschiedene Ämter. Neben dem Schloß das Kavaliershaus im gleichen Baustil, in dem einst Knappen, Pferde und Wagen ihren Platz hatten.

Auskunft: Verkehrsamt 8483 Vohenstrauß.

Verkehr: Busverbindung nach Weiden, Wernberg, Georgenberg, Tännesberg, Moosbach; Nächste Bahnstation Weiden 14 km.

Unterhaltung und Sport: Freibad, Hallenbad, Angeln, Skikurse; Kristallglasfabrik mit Führung.

Sammlungen: Heimatmuseum im alten Rathaus.

Wanderungen

1. Über die **Platte** (672 m) nach **Pleystein*,** 1 3/4 Std. nordöstl.
2. Über Fiedlbühl zum **Fahrenberg** (801 m), 2 1/2 Std.nördlich.
3. Über **Kalvarienberg** mit Kapelle von 1755 und **Oberlind** (alte Dorfkirche, Handkreuze) zum **Kalten Baum,** (600jährige Linde mit hohlem Stamm) 1 1/2 Std. südwestl.
4. Über Lerau zur **Ruine Leuchtenberg*,** 1 3/4 Std. südwestlich.

5. Über Neuwirtshaus, **Goldbachtal** zur **Goldbachschleife** am Stausee der Pfreimd, 2 Std. südl. Am Stausee entlang zur **Kainzmühlsperre** und am Südufer über Linglmühle zur Goldbachschleife zurück und über **Kößing** (alte Kirche) oder **Böhmischbruck** (roman.-gotische Kirche) und das Käsbachtal.

6. Nach **Waldau** mit Burg und sehenswerter Kirche (Seite 88), 3/4 Std. nordwestlich.

7. Über Neumühle nach **Kaimling,** schon 1270 genannt, mit Schloß (war vom Kaiser einst dem Wallenstein-Mörder Butler zugesprochen), 1 Std. westl.

8. Über Grundloser Weiher vorbei an Grenzsteinen, Bildstöcken und Gedächtniskreuzen nach **Braunetsried,** 3/4 Std. östl. Zurück auf dem Weg südl. der B 14.

9. In das Michlbachtal durch die „Hölle" nach **Altentreswitz** (roman. doppelgeschossige Kapelle), 1 3/4 Std. südöstl. Weiter 1/4 Std. südöstl. die **Moosbacher Hütte** des OWV. Zurück über **Burgtreswitz** (Seite 94).

WAIDHAUS

(Kreis Neustadt/Waldnaab, 525 m, 2200 Einw.), Marktgemeinde im Oberpfälzer Wald in waldreicher Umgebung mit Grenzübergang der „Diplomatenstraße" zur Tschechoslowakei.

Der Name des Ortes wird von einem Waidmannshaus abgeleitet, das Kaiser Heinrich I. der Finkler gegründet haben soll. Durch seine Grenzlage hatte der Ort unter den Hussitenstürmen und dem 30jährigen Krieg besonders zu leiden. Mehrfach wurde der Ort zerstört und durch Brände vernichtet.

Die **Pfarrkirche St. Emmeram** ist von 1875/1953; an der Aussenfassade Grabsteine des 16./18. Jahrh. Auf dem Marktplatz lebensgroße barocke **Nepomuk-Granitfigur** von 1754. In der Hagendorfer Straße der renovierte **Floriansbrunnen** von 1822.

Auskunft: Gemeindeverwaltung 8481 Waidhaus.
Verkehr: Busverbindung nach Weiden, Eslarn; Bahnstation.
Unterhaltung und Sport: Badeweiher, Angeln; Freibad in Pleystein.

Wanderungen

1. Zum **Pleysteiner Sulzberg** (755 m), mit Burgstall „Altes Schloß", 1 Std. nördl.
2. Über **Frankenreuth** (schon 1487 eine Glashütte bezeugt, die erste der Oberpfalz) mit Schloß des 17. Jahrh. zum Grenzdorf **Reichenau,** 1 Std. nordöstlich.
3. Über Kühmühle zum **Feldspatwerk Hagendorf,** 3/4 Std. nordwestl.
4. Zum **Ulrichsberg** (591 m) mit Kapelle von 1689, 1 Std. südwestl.
5. Über **Staatsgut Pfrentsch** zum **Gasthaus Torfhäusl** inmitten eines Urwaldgebietes, 1 Std. südöstlich.

WALDMÜNCHEN

(Kreis Cham, 512 m, 7000 Einw.), anerkannter Luftkurort im Südlichen Oberpfälzer Wald in schöner Hanglage über dem Tal der Böhmischen Schwarzach und dem Ulrichsgrüner Tal.

Das 1000jährige Städtchen verdankt seine Entstehung der Überlieferung nach Benediktinermönchen aus Chammünster, die sich hierher im 10. Jahrh. vor dem Hunnensturm retteten und eine Mönchsklause gründeten. Nach der Erhebung zur Stadt um 1256 erfolgte die Anlage der Stadtbefestigung, von der nur noch geringe Reste erhalten sind. Wiederholte Kriegszerstörungen und mehrfache Stadtbrände haben das historische Stadtbild stark beeinträchtigt. An die Schrecken des Österreichischen Erbfolgekrieges erinnert alljährlich im Juli und August das nächtliche Freilichtspiel „Trenck der Pandur vor Waldmünchen 1742“.

Auf dem Marktplatz das barocke **Nepomuk-Standbild** (1769) und zwei steinerne **Brunnen** (1776 und 1790). Die zwiebelgekrönte **Stadtpfarrkirche St. Stepahn,** 1660 anstelle einer älteren Vorgängerin errichtet, wurde mehrfach umgebaut und modernisiert; im Inneren einige interessante alte Grabsteine. Am **Pfarramt,** dem ehem. Postgasthof, eine Gedenktafel (1958) für den französischen Schriftsteller und Politiker Chateaubriand, der 1833 auf einer Reise nach Prag wegen eines fehlenden Einreisevisums unfreiwilligen Grenzaufenthalt hatte und die Gastlichkeit der Stadt rühmte. Die **Spitalkirche** stammt von 1767, die **Friedhofskapelle** mit gotischen Figuren von 1712. Von der **Ölbergkapelle** (529 m) schöner Blick auf die Stadt. Das **ehem. Pflegamtsschloß** steht auf einem Gneishügel. Der dreigeschossige Bau stammt aus dem 15. Jahrh. und dient heute als Jugendherberge und Jugendtagungsstätte; östlich der Festspielplatz.

Auskunft: Städt. Verkehrsamt 8494 Waldmünchen, Rathaus.

Verkehr: Busverbindung nach Regensburg, Cham, Rötz, Tiefenbach, Unterhütte, Gibacht; Bahnstation. – Grenzübergang in die ČSFR.

Unterhaltung und Sport: Freibad, Hallenbad, Angeln, Reiten, Reitschule, Leseraum, Sommer-Eisstockschießen; Strandbad am Perlsee mit Minigolf, Bootsverleih, Segeln; Wintersportgelände.

Veranstaltungen: Im Juli und August nächtliches Freilichtspiel „Trenck der Pandur vor Waldmünchen“ vor dem alten Pflegerschloß mit rund 250 Mitwirkenden; in der 2. Juliwoche Heimatfest mit Volksfesttreiben, Festzug und Stadtillumination.

Wanderungen

1. Zum **Perlsee,** aufgestaut von der Schwarzach, 1/2 Std. nördlich.
2. Zum **Galgenberg** (742 m) mit Waldcafe 1 Std. nordöstlich.
3. Über **Herzogau** mit Rokokokirche von 1787 zum aussichtsreichen **Klammerfels** (848 m) mit Gipfelkreuz, 1 1/4 Std. südöstlich.
4. Durch das **Ulrichsgrüner Tal** über Unterhütte, Althütte und Gasthaus Gibacht (bis hier auch Busverbindung) zum **Gibacht** (938 m), 3 Std. südöstlich. Von dort 1/4 Std. zum **Dreiwappenfelsen** (917 m) an der Landesgrenze mit eingemeißelten Hoheitswappen. ÜberVoithenberg nach **Furth im Wald*,** 2 Std. südöstlich.
5. Über Prosdorf und Machtesberg nach **Roßhof** am aussichtsreichen **Hinteren Hiener** (768 m), 2 Std. südlich. Zurück über Lengau.
6. Über die **Wallfahrtskapelle Marienruh** zur **Wallfahrtskirche Ast,** 1 Std. westl.

WALDSASSEN

(Kreis Tirschenreuth, 491 m, 8500 Einw.), Stadt im Wondrebtal mit ehemals bedeutendem Zisterzienserstift und historisches Zentrum des nach diesem benannten Stiftlandes. Zur Gemeinde gehört auch **Kondrau** mit seinem weitbekannten Mineral- und Heilwasser gegen Leber- und Gallenleiden.

Das Zisterzienserkloster wurde 1133 durch Markgraf Diepold III. von Vohburg gegründet und erlangte 1147 die Reichsfreiheit; jahrhundertelang gehörten die Waldsassener Äbte zum deutschen Fürstenkollegium. Weite Gebiete des bis nach Böhmen reichenden Nordgaues wurden von hier aus kolonisiert. Während der Hussitenkriege erlitt das Kloster 1430 und 1433 schwere Zerstörungen, ebenso im Landshuter Erbfolgekrieg 1504. Im Zuge der Reformation unter den pfälzischen Kurfürsten mußte das Koster 1562 aufgelöst werden.

Nach der Schlacht am Weißen Berge 1620 erfolgte die Gegenreformation unter Kurfürst Maximilian I. Ein Jahr zuvor war der böhmische „Winterkönig" Friedrich V. von der Pfalz in Waldsassen gekrönt worden. Daran erinnert eine Gedenktafel an dem Haus gegenüber der Stiftskirche. 1669 zogen wieder Zisterziensermönche in das Kloster ein, das nun eine neue Blütezeit erlebte, die im Bau der barocken Stiftskirche ihren Ausdruck fand.

1803 verfiel das Stift der Säkularisation; unschätzbare Werte an Kunstgegenständen und Büchern gingen verloren. 1864 wurde es von Zisterzienserinnen neu besetzt. Neben der Landwirtschaft (Klostergut Mitterhof) betätigen sie sich besonders im Schulwesen (Mädchenrealschule mit Internat).

Mit der Niederlassung von Tuchmachern im Jahre 1614 begann die Anlage einer größeren Siedlung, die 1683 Markt- und 1896 Stadtrecht erhielt. Durch die drei grossen Brände 1870, 1871 und 1880 urden fast alle alten Bürgerbauten vernichtet. Heute ist in Waldsassen vor allem die Porzellan-, Hohlglas-, Schamotte- und Ziegelindustrie heimisch.

Die **Stiftskirche St. Johannes** gilt mit ihren beiden 60 m hohen Türmen als bedeutendster Barockbau der Oberpfalz. Sie wurde anstelle des 1179 geweihten Marienmünsters nach 20jähriger Bauzeit 1704 vollendet. Baumeister war Abraham Leuthner aus Prag unter Mitwirkung von Georg und Christoph Dientzenhofer; die abschließenden Arbeiten mit der Fassade wurden von den Brüdern Jakob und Bernhard Schiesser vollendet. 1969 wurde die Kirche zur päpstlichen Basilika erhoben.

Die Stiftskirche St. Johannes in Waldsassen gilt mit ihren beiden 60 m hohen Türmen als bedeutendster Barockbau der Oberpfalz. Im Flügel des Konventgebäudes befindet sich der berühmte Bibliothekssaal.
(Foto: Gernot Messarius)

Der Innenraum ist 82 m lang bei nur 13,5 m Breite, die Höhe des Hauptgesimses unter den Flachkuppeln beträgt 24 m. G.B. Carlone schuf die prunkvollen Stukkaturen, Martin Hirsch aus Waldsassen das reichgeschnitzte Chorgestühl. Die farbenfrohen Fresken stammen von Jakob Steinfels aus Prag: Im Chorgewölbe ist die Legende des Einsiedlers Gerwig dargestellt, dessen Begegnung mit Diepold von Vohburg die Klostergürndung veranlaßt haben soll. Beeindruckend der mächtige Hochaltar (1696) von G.B. Carlone mit der Verkündigungsgruppe aus weißem Marmor und dem vergoldeten Kugeltabernakel (1690) von Karl Stilp. Die große Barockorgel mit drei einzeln oder zusammen bespielbaren Orgeln (rund 7000 Pfeifen) spendet eine gewaltige Klangfülle. Eindrucksvoll sind auch die Glassärge an den Seiten des Langschiffes mit den „Heiligen Leibern" in reichbestickten Gewändern. Diese Reliquien stammen aus den Katakomben in Rom. – Unter der gesamten Basilika befindet sich als ältester Kirchenteil die größte Gruft Deutschlands mit Grabmälern der Äbte, darunter eine Rotmarmorplatte mit einer Figur aus dem 14. Jahrhundert.

Der berühmte **Bibliothekssaal** im Flügel des Konventgebäudes wurde 1724/25 unter Leitung des Abtes Eugen Schmid im Übergangsstil vom Hochbarock zum Rokoko geschaffen. Die eindrucksvollen Schnitzarbeiten des Waldsasseners Karl Stilp, die Stukkaturen des Italieners Peter Appiani und Malereien Karl Hofreiters befassen sich in vollendeter Weise mit dem Thema Buch. Zehn kunstvoll geschnitzte lebensgroße Holzfiguren von Karl Stilp tragen die schmale, den größten Teil des Saales umlaufende Galerie: Lumpensammler, Getreidemeister, Papiermüller, Schweineschlachter, Schweinehirt, Buchdrucker, Dichter, Buchhändler, Kritiker und Leser (Selbstbildnis Stilps) symbolisieren nicht ohne Humor den Werdegang des Buches. Die dargestellten Motive sind Sebastian Brants Satire „Das Narrenschiff" entnommen.

Auskunft: Stadtverwaltung 8595 Waldsassen.

Verkehr: Busverbindung nach Konnersreuth, Neualbenreuth, Tirschenreuth, Selb; Bahnstation. - Die Grenze zur ČSFR ist seit 1945 geschlossen, nächster Übergang in Schirnding 8 km.

Unterhaltung und Sport: Beheiztes Freibad, Hallenbad, Angeln, Sommer- Skilauf, Waldlehrpfad; Eislaufplatz.

Veranstaltungen: Orgel- und Kirchenkonzerte in der Basilika; Konzerte des Waldsassener Kammermusikkreises.

Sammlungen: Stiftlandmuseum im Alten Rathaus.

Köllergrün: An der Gründungsstätte des Klosters Waldsassen wurde 1974 auf den Grundmauern einer Klause ein Gedenkstein aus Flossenbürger Granit errichtet. Das Doppelbalkenkreuz erinnert an den Zisterzienserorden.

(Foto: Gernot Messarius)

UM DAS JAHR 1127
SIEDELTE HIER IN KÖLLERGRÜN
DER EDLE GERWIG MIT SEINEN GEFÄHRTEN·
1133 FOLGTE DIE GRÜNDUNG
DER ZISTERZE WALDSASSEN
DURCH MARKGRAF DIEPOLD III·

Wanderungen

1. Ausgangspunkt der 130 km langen **Hauptwanderlinie** des Oberpfälzer Waldvereins entlang der böhmischen Grenze nach **Waldmünchen***.

2. Über **Kondrau** (1/4 Std.) mit Parkanlagen, Quellfassungen des „Kondrauer Mineral- und Heilwassers" und Gartenrestaurant zum aussichtsreichen **Gommelberg** (583 m), einem Basaltkegel mit Kratersee und Pestkapelle von 1838, 1 Std. südwestlich.

3. Über das Klostergut **Mitterhof** zur **Lourdesgrotte,** 1/2 Std. nordöstlich.

4. Über **Köllergrün** mit Gründungsstätte des Klosters Waldsassen zum **Waldgasthaus Panzen-Neusorg,** 3/4 Std. nördl. Weiter 3/4 Std. über Münchenreuth zur **Dreifaltigkeitskirche Kappel** (siehe Route 5) auf den **Glasberg** (628 m). Zurück südlich 1 Std.

5. Durch den **Jesuitenforst** über Motzersreuth nach **Neualbenreuth*** mit Grenzlandturm, 3 Std. südöstlich.

6. Durch den **Jesuitenforst** über **Wernersreuth** (Pfarrkirche 17. Jahrh.; in der Nähe die Wallfahrtskirche Allerheiligen, 18. Jahrh.) und den **Heidelberg** (731 m) mit dem Ringelfelsen zum **Egerer Waldhäusl,** 3 Std. südöstlich.

WEIDEN

(kreisfreie Stadt, 396 m, 43 000 Einw.), im Tal der Waldnaab ist wirtschaftlicher und kultureller Mittelpunkt der nördlichen Oberpfalz sowie Eingangstor zum Oberpfälzer Wald und Steinwald.

Weiden entstand vor dem 10. Jahrh. Unter der Herrschaft der Sulzbacher und Hohenstaufen wurde die Siedlung durch eine Burg geschützt. An eine Beurkundung durch Stauferkönig Konrad IV. in Weiden erinnert das farbige Mosaik am Rathausgiebel. Das ganze Umland war bis ins 15. Jahrh. Reichsland; Weiden selbst wurde im 14. Jahrh. als Reichsstadt bezeichnet.

Von 1421/27 bis 1714 war es innherhalb des Gemeinschaftsamtes Parkstein-Weiden gleichzeitiger Besitz von mehreren Landesfürsten. 1714 fiel Weiden an den Sulzbacher Pfalzgrafen Karl IV. Theodor. Unter ihm kam das Amt Parkstein-Weiden schließlich 1777 an Bayern.

Unter dem in Prag residierenden König Johann und seinem Sohn Kaiser Karl IV. entwickelte sich Weiden im 14. Jahrh. zu einem blühenden Wirtschaftszentrum an der von Regensburg über Leipzig nach Magdeburg führenden alten Handelsstraße; durch ein Gebot Karls IV. wurde auch der Handelsverkehr der „Goldenen Straße" zwischen Nürnberg und Prag über Weiden (-Bärnau-Tachau) geleitet. Im 15./16. Jahrh. erlebten die Gewerbezweige der Lederer, Tuchmacher, Färber und Weber einen großen Aufschwung.

Doch wiederholte Feuerbrünste, die Zerstörungen im 30jährigen Krieg und die verheerende Pest führten zu einem totalen wirtschaftlichen Niedergang. Erst die durch den Eisenbahnanschluß 1863 einsetzende Industrialisierung bewirkte eine neue Aufwärtsentwicklung mit einem ungewöhnlich hohen Bevölkerungszuwachs: Die Einwohnerzahl stieg von 2350 im Jahre 1850 über 12 350 im Jahre 1905 auf 27 900 im Jahre 1939 und beträgt jetzt 43 000.

Heute verfügt Weiden über eine vielseitige Industrie mit der Deutschen Tafelglas AG., den Porzellanfabriken Seltmann und Bauscher sowie dem Textilwaren-Versandhaus Witt. Von großer Bedeutung ist auch das seit 1895 bestehende Eisenbahnausbesserungswerk.

Als **„Max-Reger-Stadt“** pflegt Weiden das Andenken an den bedeutenden Komponisten Max Reger. Als Sohn eines Lehrers wurde er am 19. März 1873 im oberpfälzischen Dorf Brand geboren, verbrachte aber seine Jugend vom 2. bis 16. Lebensjahr in Weiden, gefördert durch seinen Musiklehrer Adalbert Lindner. Nach weiterer Ausbildung bei Hugo Riemann in Sondershausen und Wiesbaden kehrte er 1896 nach Weiden zurück, um in einer dreijährigen Schaffensperiode seine stilistische Vollendung zu finden. In dieser Zeit entstand auch seine Orgelphantasie op. 27 „Ein feste Burg“. Sein weiterer Weg führte ihn nach München, Meiningen, Weimar, und Leipzig, wo er am 11. Mai 1916 starb.

Sehenswürdigkeiten

Neben den in den letzten Jahrzehnten entstandenen modernen Wohnvierteln und Fabrikanlagen überrascht das Bild der noch gut erhaltenen Altstadt mit dem Oberen und Unteren Tor, dem von malerischen Giebelhäusern des 16.-18. Jahrhunderts umsäumten langgestreckten Marktplatz und den Resten mittelalterlicher Befestigungsmauern und hölzerner Wehrgänge.

In der Mitte des Marktplatzes nach oberpfälzischer Art das freistehende **Alte Rathaus,** 1539-45 im Renaissancestil auf den Resten des abgebrannten Vorgängers errichtet, mit achteckigem Uhrenturm, Storchennest und zwei tunnelartigen Durchgängen im Erdgeschoß, in denen sich seit dem Umbau 1981 hübsche Läden befinden. Früher wurde wegen der ständigen Brandgefahr der Stadtbach durch den Rathaustunnel geleitet. Am Hauptgiebel über der Freitreppe erinnert ein Mosaik (1937) an die Beurkundung König Konrads IV. in Weiden im Jahre 1241. Darunter befindet sich ein 1983 geschaffenes Glockenspiel. Heute dient das in der Nähe gelegene moderne *Neue Rathaus* als Verwaltungsgebäude der Stadt.

Beim **Oberen Tor** (Umbau 1911) das **Feste Haus** von 1493, ein ehem. Verwaltungssitz, der nach einem Brand 1543 wieder erneuert wurde; links neben dem Portal eine Gedenktafel. Daneben der zwiebelgekrönte, fünfgeschossige Turm der evang. **St. Michaelskirche,** ein ursprünglich gotischer Hallenbau mit Rundpfeilern aus dem 15. Jahrh., im 18. Jahrh. barock verändert. Im Inneren eine kunstvolle Kanzel (1787), ein spätbarocker Hochaltar (1791) sowie viele Grabsteine. Die Orgel stammt im Kern noch aus dem Jahr 1565 und erlebte den jungen Max Reger. Daneben das **Alte Schulhaus,** ein siebengeschossiger Bau von 1566; die vier Geschosse des Dachstuhls dienten einst als Kornspeicher. Jetzt beherbergt es das Kulturzentrum mit Stadtmuseum, Max-Reger-Zimmer und Stadtbücherei.

In der Bürgermeister-Precht-Straße die doppeltürmige kath. **St. Josefskirche** (1899/1900). Sie gehört zu den wenigen geglückten neuromanischen Kirchenschöpfungen: Großartig die harmonische, sehr seltene Innenausstattung im reinen Jugendstil. Im **Max-Reger-Haus** (Bgm.-Prechtl-Str. 31) verlebte Max Reger seine Jugendjahre und schuf 1898-1901 seine berühmtesten Orgelwerke (Gedenktafel). In der Grabenanlage bei der Josefskirche der schlichte Weimarer Grabstein des Künstlers.

In der parallel verlaufenden Luitpoldstr. 25 der **Waldsassener Getreidekasten,** 1739-42 errichtet vom Waldsassener Laienbruder Philipp Muttone. Anschließend in der Scheibenstraße der runde **Flurerturm** mit Kegeldach als Rest der Vorstadtbefestigung von 1575.

Der Untere Markt beeindruckt mit schönen **Renaissance-Bürgerhäusern,** die nach den Städtbränden 1536 und 1540 entstanden und mit ihren Treppengiebeln ein Bild seltener Geschlossenheit zeigen wie kaum sonst in der Oberpfalz. Den Abschluß bildet das **Untere Tor** aus dem 16. Jahrhh., Teil der alten **Stadtbefestigung,** nach Zerstörung im 17. Jahrh. mit einem Barockdach erneuert. Erhalten ist ein Teil des Vortores. Beliebtes Fotomotiv ist das freigelegte **Torwärter-Häusl** (1540/1975) mit seinem schmucken Fachwerk. Reste des einst doppelten Mauerringes mit Innenmauer, Vormauer und Zwinger finden sich noch in dem Gäßchen „Hinterm Zwinger“.

Jenseits des Unteren Tores der Gedenkstein des letzten bayerischen Handelsministers Gustav von Schlör (1820-1883), dem Weiden den Anschluß an das Eisenbahnnetz verdankt. Daneben die **Jubiläumseiche** (1825) zur Erinnerung an das 25jährige Regierungsjubiläum König Max I. und die **Friedenseiche** (1871).

Das Alte Rathaus von Weiden erhebt sich freistehend inmitten des langgestreckten Marktplatzes. Am Hauptgiebel erinnert ein Mosaik an die Beurkundung König Konrads IV. in Weiden 1241.
(Foto: Fremdenverkehrsamt Weiden)

In der nahen Sebastianstraße die 1697 erneuerte **Sebastianskirche** aus dem 15. Jahrh.; im Chorbogen links das Renaissanceepitaph der Zwillingskinder des Pfalzgrafen Friedrich von Vohenstrauß (1590). Neben weiteren Grabsteinen verdienen ein barockes Gnadenbild „Maria Hilf" und ein Kruzifixus von Heinz Schiestl Beachtung.

In den Arkaden bei der Stadtsparkasse in der **Bahnhofstraße** wurden mehrere wertvolle Grabsteine aus dem 1534 - 1879 dort befindlichen Friedhof angebracht. – Die **Max-Reger-Straße** zieht sich auf der Krone des mittelalterlichen Siechenweiherdammes entlang. Im früheren Weihergelände reihen sich die Gebäudetrakte des Versandhauses Witt; hier ist der im Stil der Kontorbauten der 20er Jahre errichtete Altbau von Bedeutung. – Die **Kurt-Schuhmacher-Allee** mit Storchenbrunnen und Blumenbeeten bietet Erholung in Zentrum der Stadt. – Sehenswert ist der **Gläserne Brunnen** vor dem Nachtmann-Bleikristallwerk, eingeweiht 1987 aus Anlaß des 150jährigen Firmenjubiläums: Das Spiel von Licht und Wasser läßt die drei Reliefs aus feinem Bleikristall als harmonische Einheit erscheinen.

In den Parkanlagen an der Waldnaab steht eine Barockkapelle mit der Nepomukgruppe von 1738 und das von dem Weidener Bildhauer Josef Gollwitzer 1957 geschaffene **Max-Reger-Denkmal** in Form einer stilisierten Orgel aus Granit. Nahe der ehem. Stadtmühle wurde der 1908 im Jugendstil geschaffene **Stadtbrunnen** wiederaufgestellt.

Von den moderneren Kirchen unserer Zeit beeindrucken **Herz-Jesu** (1933/34) und **St. Johann** (1955).

Auskunft: Fremdenverkehrsamt 8480 Weiden, Altes Rathaus.

Verkehr: Autobahnanschluß (Regensburg - Windischeschenbach). Busverbindungen nach allen Richtungen; Schnellzugstation der Strecke München - Regensburg - Hof - Leipzig - Berlin, direkte Bahnverbindungen nach Nürnberg, Bayreuth und Stuttgart; Flugplatz in Weiden-Latsch.

Unterhaltung und Sport: Freibäder Friedrich-Ebert-Straße und Mooslohstraße (Schätzlerbad); Hallenbad Raiffeisenstr. 7; Reithallen, Angeln, Minigolf, Rundflüge, Eissportplatz am Wasserwerk, Skigelände am Fischerberg, Skischule.

Sammlungen: Stadtmuseum, Max-Reger-Sammlung und Tachauer Heimatstube im Kulturzentrum Hans Bauer, Pfarrplatz 4 (Altes Schulhaus).

Veranstaltungen: Gastspiele des Städtebundtheaters Hof und des Stadttheaters Regensburg; Konzerte des Fränkischen Landesorchesters Nürnberg und des Symphonieorchesters der Stadt Hof; Sommerserenaden im Max-Reger-Park. Weidener Literaturtage im Mai. Starkbierfest im März.

Wanderungen

1. Über die Waldnaabbrücke vorbei an der Ziegelei Almesbach und oberhalb vom sagenumwobenen Teufelsstein zum **Waldgasthaus Blockhütte** am nördlichen Fischerberg, 1 1/2 Std. nordöstlich. Von dort entweder zurück entlang am Almesbach oder 1/2 Std. zum 27 m hohen **Vierlingturm** (633 m) mit zeitweise bewirtschafteter Stro-

belhütte auf dem südlichen Fischerberg; auf der **Geisleite** nordöstlich ein 100 m hoher Fernmeldeturm. - Vom Vierlingturm über **Tröglersricht** (Burgstall) oder **Zollhaus** in 1 1/2 Std. zurück oder weiter über Oberhöll und Matzlesrieth nach **Roggenstein** über dem Luhetal (ehem. Schloß, 2 Burgställe), 1 Std. südöstlich.

2. Über die Waldnaabbrücke und vorbei an der Ziegelei Almesbach über den Nordhang des **nördlichen Fischerberges** oder über **Edelhof** durch den Paintgraben und über Theisseil nach **Floß***, 2 Std. nordöstl.

3. Über die Waldnaabbrücke und über Edeldorf nach **Wilchenreuth** mit romanischen Wandmalereien in der Pfarrkirche St. Ulrich, 1 3/4 Std. nordöstlich. Weiter östlich nach Welsenhof und bald nordwestlich durch das vom Girnitzbach durchflossene **Felsental Dost** über **Diepolsreuth** nach **Neustadt/Waldnaab***, 1 1/2 Std.

4. Durch den Stadtteil Rehbühl an der Schweinenaab entlang über Schwedeneiche und Scharlmühle nach **Parkstein*** mit großartigem Basalkegel, 2 3/4 Std. nordwestlich. Zurück über Meerbodenreuth.

5. Zur **Mooslohe,** einem Hochmoorgebiet mit reicher Pflanzenwelt, das allerdings durch den Bau der Autobahn beeinträchtigt wurde, 1/2 Std. nordwestlich.

6. Durch den Stadtteil Lerchenfeld über **Ermersricht** und Trippach nach **Weiherhammer** im Heidenaabtal mit Naturschutzweiher und großem Hüttenwerk, 2 1/2 Std. südwestlich. Zurück mit der Bahn.

7. Über Frauenricht, **Neunkirchen** (roman. jetzt evang. Kirche St. Dionysius innerhalb eines ehemals befestigten Friedhofs, neubarocke kath. Kirche von 1923), **Rupprechtsreuth** (ehem. Schloß von 1723 mit Kapelle) nach **Mantel** mit evang. Pfarrkirche von 1614 und Moritzkirche von 1734, 2 1/2 Std. südwestlich. In **Untermantel** ehem. Hammerschloß (16. Jahrh.).

8. Durch das Bahnhofsviertel und 3/4 Std. südöstlich über Leihstadtmühle nach **Schirmitz** (ehem. Schloß und Kirche von 1753 mit mittelalterlichem Turm). Zurück über den Postkellerberg (Aussicht) oder östlich und nach Überquerung der Ostmarkstraße durch das reizvolle Hölltal in 2 Std. aufwärts zum **Vierlingturm.**

WIESAU

(Kreis Tirschenreuth, 506 m, 4700 Einw.), Markt und Ferienort am östlichen Rand des Naturparks Hoher Steinwald mit Porzellan-, Basalt- und Tonwarenindustrie. Nordwestlich 1 km das **König-Otto-Bad** mit Schwefel- und Stahlquellen. Der 2. Weltkrieg beendete zwar den Badebetrieb, doch können Sie die heilkräftigen Wasser direkt an der Quelle im ehem. Kurpark probieren. „König-Otto-Sprudel“ und „Kobalimonade“ werden heute in Flaschen verschickt.

Die **Pfarrkirche,** nach Zerstörungen im 30jährigen Krieg 1661-63 neu errichtet und 1935 erweitert, enthält zahlreiche Grabdenkmäler. Neben dem Eingang eine granitene Mariensäule von 1697. Die **Kreuzbergkirche** von 1657 enthält ein Rokoko-Dekkenfresko (1740). Der aussichtsreiche **Kreuzberg** (627 m) ist von schönen Anlagen umgeben.

Auskunft: Marktverwaltung 8591 Wiesau.

Verkehr: Busverbindung nach Tirschenreuth, Falkenberg, Friedenfels, Marktredwitz; Schnellzugstation München-Hof-Berlin.

Unterhaltung und Sport: Beheiztes Freibad in Tirschenreuth, Hallenbad in Mitterteich, Ponyreiten in Schönhaid, Angeln. Südwestlich von Schönhaid befinden sich die idyllisch gelegenen Waldseen mit Bademöglichkeit, Sportpfad und Kinderspielplatz.

Wanderungen

1. Über **Triebendorf** (Steinbruch mit Basaltsäulen) zum **Großen Teichelberg** (685 m), 1 1/2 Std. nördlich.
2. Nach **Fuchsmühl***, 3/4 Std. nordwestlich.
3. Über Schönhaid nach **Falkenberg,** 2 Std. südöstlich.
4. Durch die Wiesauer Techpfanne nach **Tannenlohe** (Jugenherberge), 1 3/4 Std. südlich. Von dort in das romantische **Waldnaabtal.** Zurück über **Falkenberg.**
5. Über Leugas durch schönes Wald- und Weihergebiet nach **Tirschenreuth*,** 3 1/4 Std. östlich.

WINDISCHESCHENBACH

(Kreis Neustadt/Waldnaab, 428 m, 6200 Einw.), kleine Stadt am Zusammenfluß von Waldnaab und Fichtelnaab mit Porzellan- und Kristallglasindustrie am Südeingang des unter Naturschutz stehenden Waldnaabtals. Zwischen Windischeschenbach und Erbendorf entsteht in der Nähe von Naabdemenreuth „das tiefste Loch der Welt“ mit einer Tiefe von 14 000 Metern (Seite 74).

Windischeschenbach wurde um 950 vermutlich vom Benediktinerkloster St. Emmeram in Regensburg gegründet und 1605 zum Markt erhoben. 1810 fiel die Wasserburg der Grafen von Leuchtenberg einem Feuer zum Opfer. 1848 wurde der Ort durch einen verheerenden Brand zerstört. Seit 1952 ist Windischeschenbach Stadt.

Die Pfarrkirche **St. Emmeram** wurde 1848 auf den Mauerresten der abgebrannten Vorgängerin errichtet. Nahe nordöstlich das **Diözesan-Exerzitienhaus Johannisthal,** östlich über dem gleichnamigen Markt die im 14. Jahrh. durch die Landgrafen von Leuchtenberg gegründete **Burg Neuhaus** mit viergeschossigem Wohnbau und 23 m hohem rundem Bergfried, wegen seiner originellen Form „Butterfaß“ genannt.

Auskunft: Stadtverwaltung 8486 Windischeschenbach.

Verkehr: Autobahnanschluß (Regensburg - Windischeschenbach). Busverbindung nach Weiden, Friedenfels, Neustadt/W.; Bahnstation.

Unterhaltung und Sport: Beheiztes Freibad, Hallenbad, Angeln, Naturlehrpfad.

Sammlungen: Waldnaabtalmuseum auf Burg Neuhaus.

Wanderungen

1. Über **Oberbaumühle** und durch das Heiligenholz zur zeitweise bewirtschafteten **Blockhütte** im Waldnaabtal, 1 1/2 Std. nördlich. Zurück durch das wildromantische **Waldnaabtal** (siehe Falkenberg, Route 4) über Johannisthal und Neuhaus.

2. Über **Gleißenthal** mit Rokokokirche von 1770 und **Püllersreuth** (Kirche 17. Jahrh.) am Hammerberg (569 m) über die **Lenkermühle** im Sauerbachtal nach **Wildenreuth** mit Schloß und Kirche des 19. Jahrh., 2 Std. westlich. Zurück über Gössenreuth, Bach und Dornmühle.

3. Über Naabdementreuth zur **Burgruine Trautenberg** (13. Jahrh.) über dem Fichtelnaabtal (geringe Mauerreste), 1 1/4 Std. nordwestlich. Weiter 3/4 Std. über **Lehen** nach **Reuth** (Renaissanceschloß, Kapelle mit Akanthusaltären).

4. Über **Neuhaus,** Kotzenbach, Denkenreuth und **Mühlberg** mit Wallfahrtskirche nach **Neustadt/Waldnaab*,** 3 Std. südlich.

5. Im **Fichtelnaabtal** über Papiermühle zur **Schweinmühle,** dann nordöstl. nach **Bernstein** (ehem. Burgkirche) und über **Premenreuth** (Wallfahrtskirche von 1799) nach **Reuth,** 2 Std.

WÖRTH/DONAU

(Kreis Regensburg, 360 m, 3400 Einw.), kleine Stadt am Nordufer der Donau mit ausgedehnter Schloßanlage auf beherrschender Anhöhe am Rande des Vorwaldes.

Wörth wurde 768 urkundlich erstmals genannt und gehört bis 1803 zum Hochstift Regensburg. 1806 unterzeichnete Fürstprimas von Dalberg auf Schloß Wörth die Rheinbundakte. Aus dem Dalbergschen Fürstentum Regensburg fiel es 1810 an Bayern und ist seit 1954 Stadt. Albrecht Altdorfer malte 1520 die Donaulandschaft mit Schloß Wörth; das Gemälde befindet sich heute in der Alten Pinakothek München und gilt als früheste Landschaftsdarstellung in der europäischen Malerei.

Das ehem. fürstbischöfliche **Schloß** wurde im 12. Jahrh. als Burg gegründet. Die heutige, von dicken Rundtürmen an den Ecken flankierte Anlage stammt überwiegend aus dem 16. Jahrh. Nur der einst als Wohnturm dienende mächtige sechsgeschossige Bergfried gehört noch dem 13. Jahrh. an. Von den Wohngemächern interessiert besonders das fürstliche Rondellzimmer mit Gewölbemalereien von Jakob Heubel (1676), üppigen Stukkaturen und einem prächtigen Kachelofen. Die Schloßkapelle St. Martin ist ein einschiffiger Bau von 1616. In der Mitte des Schloßhofes der Schloßbrunnen von 1636.

Die **Pfarrkirche St. Peter,** eine dreischiffige gotische Basilika, geht in ihren Fundamenten auf das 13. Jahrh. zurück. Sie wurde mehrfach verändert und enthält zahlreiche alte Grabsteine.

In der **Hauskapelle des Krankenhauses** befindet sich ein gotischer Schnitzaltar um 1480 mit Szenen aus der Martinslegende.

Auskunft: Verkehrsverein 8404 Wörth/Donau.

Verkehr: Autobahnanschluß (Regensburg-Passau), Busverbindung nach Regensburg, Cham, Straubing; Bahnstation Regensburg und Straubing.

Unterhaltung und Sport: Freibad, Hallenbad, Angeln. In Hofdorf Bayerwaldakademie mit Mal- und Zeichenkursen.

Wanderungen

1. Durch das Perlbachtal zur **Bierschneidermühle,** 3/4 Std. nördl. Weiterin 1 Std. über Elend nach **Aumbach.** Von dort nordöstl. 2 Std. über die aussichtsreiche **Käsplatte** (670 m) nach **Rettenbach** mit Stausee und über die idyllische **Waldkapelle Tannerl** nach **Falkenstein*.**

2. Über das Hungersbachtal auf den **Bankelberg** (547 m), 1 1/4 Std. nordöstlich. Zurück über **Tiefenthal** (roman. Kirche).

3. Durch die Donau-Auen nach **Kiefenholz,** 3/4 Std. westlich und stromabwärts zurück.

4. Mit dem Bus westlich nach **Bach** und von dort nördlich in den **Wildpark der Fürsten von Thurn und Taxis.**

5. Nach **Wiesent** (Schloß von 1695), 1/2 Std. westl. Von dort a) nach **Frauenzell** mit berühmter Asam-Rokokokirche, 1 1/2 Std. nordwestl.; b) vorbei an der Burgruine Heilsberg (geringe Reste) nach **Brennberg** mit Burgruine Ober- und Unterbrennberg, 2 Std nördl.

6. Nach **Pfatter** (jenseits Autobahn und Donau) an einem Donau-Altwasser mit Pfarrkirche des 19. Jahrh. und Nikolauskirche von 1600, 1 1/2 Std. südl.

ZANDT

(Kreis Cham, 483 m, 1440 Einw.), ruhige Sommerfrische zwischen Cham und Miltach mit Schloß des 16./18. Jahrh., im 13. Jahrh. Sitz der Edlen von Zandt, heute Altersheim. Neu entstanden ist das „Feriendorf Zandt“ mit modernen Ferienbungalows.

Auskunft: Verkehrsamt 8491 Zandt.

Verkehr: Busverbindung nach Cham, Kötzting; Bahnstation Cham und Miltach.

Unterhaltung und Sport: Freibad, Angeln, Leseraum, Trimm-Dich-Pfad.

Sammlungen: Galerie Bayerischer Wald.

Wanderungen

1. Nach **Altrandsberg** im Perlenbachtal in der Nähe des Pfahldurchbruchs mit Schloß des 12./16. Jahrh., 1 1/4 Std. südöstlich. Weiter 1/2 Std. südlich zur **Burgruine Neurandsberg** aus dem 14. Jahrhundert.

2. Über Auhof, Loch, Eichberg und Boden nach **Sattelpeilnstein** mit Schloß des 16./17. Jahrh., 2 Std. südwestlich. Am Schloßberg (unter Naturschutz) schöner Buchenbestand. Westlich die **Burgruine Neuhaus** (13. Jahrh.) und die **Wallfahrtskapelle Rosenöd,** südwestlich **Sattelbogen** mit Familienferiendorf; von der im 30jährigen Krieg zerstörten Ministerialenburg der Sattelbogner ist nichts mehr erhalten.

3. Nach **Schönferchen** mit Wallfahrtskirche von 1749, 3/4 Std. nordöstlich.

D

PRAKTISCHE HINWEISE

1. Auskunft

Informationen und Prospektmaterial können Sie vom Fremdenverkehrsverband Ostbayern, 8400 Regensburg, Landshuter Str. 13 einholen. Auch die in den Ortsbeschreibungen genannten Verkehrsvereine halten ausführliche Prospekte bereit. Spezielle Auskünfte über Wandern erteilt der Oberpfälzer Waldverein, 848 Weiden, Bürgermeister-Prechtl-Straße 31.

2. Unterkunft

In den Feriengebieten der Oberpfalz überwiegt der bodenständige, gediegene Landgasthof, in dem Sie sich bei angemessenen Preisen wohlfühlen können. Außerdem gibt es noch Pensionen, Privatzimmer, Ferienwohnungen, Ferienhäuser und Quartiere auf Bauernhöfen. Campingfreunde können sich über schön gelegene Campingplätze freuen. Neben Jugendherbergen bieten die Unterkunftshäuser des Oberpfälzer Waldvereins und private Berghäuser vor allem dem Wanderer einfache, preiswere Unterkunft.

Gasthöfe, Pensionen, Hotels. Ein Unterkunftsverzeichnis aller Ferienorte der Oberpfalz erhalten Sie vom Fremdenverkehrsverband Ostbayern in Regensburg. Detaillierte Gastgeberverzeichnisse auch über Privatquartiere und Ferienwohnungen gibt es bei den in den Ortsbeschreibungen genannten Verkehrsvereinen.

Ferienhäuser. Wer im Urlaub unabhängig sein möchte, hat die Wahl zwischen verschiedenen landschaftlich riezvoll gelegenen Feriendörfern. Besonders Familien mit Kindern schätzen diese Ferienart, da viele Feriendörfer mit modernen Freizeitanlagen ausgestattet sind.

ADAC-Ferienzentrum, 8461 Neubäu.
Auch Nichtmitglieder werden für die Dauer von 3 Wochen aufgenommen. Auskunft durch die ADAC-Geschäftsstellen im Bundesgebiet oder durch ADAC-Gau Südbayern, 8 München 2, Sendlinger-Tor-Platz 9.
Ferienhäuser Fleischmann, 8451 Rieden bei Amberg.
Feriendorf Jägerwies, 8494 Waldmünchen.
Feriendorf Pfifferlingstiel, 8481 Pleystein-Neuenhammer.

Feriensiedlung Pinapfel, 8461 Bruck.
Familienferiendorf Sattelbogen, 8491 Sattelbogen über Cham.
Ferienzentrum 8481 Böhmischbruck/Vohenstauß.
Ferienzenturm Hubertus, 8461 Bruck.
Feriendorf St. Hubertus, 8476 Schönsee.
Steigenberger Hotel Sonnenhof mit Ferienwohnungen, 8496 Lam.
Feriendorf Zandt, 8491 Zandt.

Ferien auf dem Bauernhof. Sie eignen sich ebenfalls besonders für Familien mit Kindern. In vielen Ferienorten stehen ausgewählte Quartiere zur Verfügung, teils mit Voll- oder Halbpension oder auch Selbstverpflegung. Auskünfte mit Prospekt durch den Fremdenverkehrsverband Ostbayern in Regensburg.

Jugendherbergen. Für die Aufnahme in Bayern gilt eine Altersgrenze von 27 Jahren, jedoch nicht für Eltern, die mit ihren Kindern unterwegs sind sowie für Führer von Jugendgruppen. Voraussetzung für die Aufnahme ist ein gültiger Jugendherbergsausweis. Auskünfte durch das Deutsche Jugendherbergswerk, 493 Detmold, Bülowstr. 36, oder das Jugenherbergswerk Bayern, 8 München 86, Postfach 860309. Über alle Jugendherbergen unterrichtet das im Buchhandel erhältliche, jährlich erscheinende Jugendherbergsverzeichnis.

Jugendherbergen befinden sich in:

Amberg	Lam	Regensburg	Trausnitz
Eschenbach	Leuchtenberg	Schwandorf	Waldmünchen
Furth im Wald	Neualbenreuth	Tannenlohe	Weiden
Kelheim-Ihlerstein			

Unterkunftshäuser des Oberpfälzer Waldvereins. Die folgenden Unterkunftshäuser sind bewirtschaftet und bieten teils einfache, preiswerte Unterkunft vor allem für den Wanderer:

Fahrenberg-Schutzhaus, 8481 Waldthurn
Moosbacher Hütte, 8481 Moosbach-Ödpielmannsberg
Pfreimdtalhütte, 8481 Tännesberg, Tanzmühle 2
Rödlaser Berghütte, 8451 Massenricht über Amberg (keine Übernachtung)
Schutzhaus Silberhütte, 8591 Bärnau

Berghäuser. Folgende teils in privatem Besitz befindlichen Berghäuser bieten sich als Wanderstützpunkt an:

Berggasthof Eck, 8491 Arrach
Kötztinger Hütte auf dem Kaitersberg, 8491 Hohenwarth
Berggasthof Hohenbogen, 8491 Rimbach (auch Diensthütte genannt)
Marktredwitzer Haus, 8591 Poppenreuth-Hohenhard
Naturfreundehaus Hammertal, 8420 Kelheim-Hammertal

Osserschutzhaus, 8496 Lam
Steinwaldhaus, 8481 Erbendorf-Pfaben (inzwischen ein komfortables Hotel).
Bei allen Häusern empfiehlt sich rechtzeitige Anmeldung, um vor unangenehmen Überraschungen gesichert zu sein!

Campingplätze. Die folgenden Campingplätze sind vorschriftsmäßig mit den erforderlichen technischen und sanitären Einrichtungen versehen. Nähere Auskünfte mit Broschüre beim Fremdenverkehrsamt Ostbayern, Regensburg.

Beilngries	Laaber	Rieden/Amberg
Blaibach	Kunstdorf/Burglengenfeld	Riedenburg
Bodenwöhr (4)	Lam	Schnaittenbach (2)
Breitenbrunn	Nabburg	Sengenthal/Neumarkt
Cham	Neubäu	Sippelmühle/Deining
Eschenbach	Nittenau	Süssenlohe/Altenstadt
Essing	Pielenhofen	Tännesberg-Pfreimdtalhütte
Floß	Plößberg	Thumsenreuth
Flossenburg	Ramsried/Kötzting	Velburg
Furth im Wald (2)	Regensburg	Waldmünchen
	Hirschau	Windischeschenbach

3. Anreise und Verkehrswege

Nach Regensburg von	Berlin 500 km	Kassel 430 km
	Bielefeld 550 km	Köln 520 km
	Dortmund 590 km	München 120 km
	Frankfurt/M. 330 km	Nürnberg 110 km
	Hamburg 720 km	Saarbrücken 500 km
	Hannover 580 km	Stuttgart 290 km

Straßenverkehr

Die Oberpfalz ist durch Autobahnen gut erschlossen und verfügt darüber hinaus über ein ausgezeichnetes Straßennetz. Als Panoramastraße von großer landschaftlicher Schönheit führt die zwischen Erbendorf, Weiden, Oberviechtach und Cham gut ausgebaute „Ostmarkstraße" quer durch den Oberpfälzer Wald. Über Cham verläuft sie weiter durch den anschließenden Bayerischen Wald nach Passau.

Wichtige Autobahnen:
Berlin - Hof - Bayreuth - Nürnberg - München
Frankfurt - Nürnberg - Regensburg - Passau - Suben
Nürnberg - Amberg (Weiterführung nach Waidhaus geplant)
Nürnberg - Altmühltal - Ingolstadt - München
(München-) Holledau - Regensburg - Weiden - Windischeschenbach (Weiterführung nach Hof geplant).

Bahnverkehr

Durchgehende Fernverbindungen bestehen nach Regensburg. Von den einst zahlreichen Nebenbahnen wurden viele Strecken stillgelegt und auf Bahnbusverkehr umgestellt. Ein besonderer Dienst der Bundesbahn ist der Haus-Gepäck-Service: Auf Wunsch werden die Koffer zu Hause abgeholt und zum Ferienquartier befördert. In Zusammenarbeit mit Vertragsspediteuren bedient die Bahn jeden Ferienort. Nähere Auskünfte erhalten Sie an den Fahrkartenschaltern.

Wichtige Eisenbahnstrecken:
Frankfurt - Nürnberg - Regensburg - Straubing - Passau
Nürnberg - Schwandorf - Bodenwöhr - Cham - Furth im Wald
München - Landshut - Regensburg - Weiden - Hof (-Berlin)
Augsburg - Ulm - Ingoldstadt - Regensburg
Nürnberg - Neukirchen - Weiden
Weiden - Bayreuth

Schiffsverkehr

Wenn Sie es irgendwie einrichten können: Eine Fahrt auf der Donau ist immer wieder eine willkommene Abwechslung. Für die längeren Strecken gibt es kombinierte Bahn- und Schiffsfahrkarten, so daß Sie schneller an Ihren Ausgangspunkt zurückgelangen können. Prospekte mit Fahrplan durch das Städt. Verkehrsamt, 8400 Regensburg, Altes Rathaus.

Schiffahrtslinien:
Regensburg - Straubing - Bogen - Deggendorf - Niederalteich - Vilshofen - Passau
Regensburg - Walhalla
Regensburg - Kelheim
Kelheim - Donaudurchbruch - Weltenburg

Flugverkehr

Sollten Sie per Motorflugzeug, Segelflugzeug oder Hubschrauber einreisen wollen, so finden Sie auch die entsprechenden Landeplätze vor. An manchen Flugplätzen werden Rundflüge veranstaltet. Nähere Auskünfte durch den Fremdenverkehrsverband Ostbayern in Regensburg.

Flugplätze:
Arnbruck
Beilngries
Bruck
Cham
Donaustauf
Erbendorf
Kelheim
Neumarkt
Nittenau
Regenstauf
Schwandorf
Schwarzenfeld
Sulzbach-Rosenberg
Tirschenreuth
Vilseck
Weiden

4. Grenzverkehr

Die Oberpfalz grenzt im Osten an die Tschechoslowakei (ČSFR), die bis zum Ende des Ersten Weltkrieges 1918 zur Donaumonarchie Österreich - Ungarn gehörte. Für die Einreise genügen Reisepaß oder Personalausweis. Seit der „sanften Revolution“ im November 1989 sind auch Visum und Pflichtumtausch von DM in tschechische Kronen (Kcs) nicht mehr erforderlich, jedoch ist die Ein- und Ausfuhr von Kcs nicht gestattet. Viele Reiseunternehmen in Grenznähe veranstalten Ausflugsfahrten nach Eger, Karlsbad, Marienbad und Prag.

Grenzübergänge in die ČSFR: Für Kraftfahrzeuge Schirnding/Oberfranken (Cheb-Pomezi), Waidhaus (Rozvadov), Waldmünchen (Lisková), Furth im Wald (Folmava). – Für Bahnreisende Schirnding/Oberfranken (Cheb), Furth im Wald (Ceska Kubice).

5. Luftkur- und Erholungsorte

Der „Bayerische Fachausschuß für Kurorte, Erholungsorte und Heilbrunnen“ hat in Zusammenhang mit Ärzten und Meteorologen klimatische Begriffsbestimmungen für Luftkur- und Erholungsorte entwickelt. Dabei wird das Zusammenwirken von Sonnenstrahlung, Luftfeuchtigkeit, Niederschlägen, Wind, Luftdruck und Luftreinheit in Verbindung mit geographischer Lage, Vegetation und umgebender Landschaft berücksichtigt. Nach eingehender Prüfung aller Klimafaktoren werden die jeweiligen Orte dann mit dem entsprechenden Prädikat ausgezeichnet.

Staatlich anerkannte Luftkurorte:
Falkenstein, Kötzting, Lam, Riedenburg, Waldmünchen.

Staatlich anerkannte Erholungsorte:

Altmannstein
Beilngries
Beratzhausen
Berching
Brand
Breitenbrunn
Dietfurt
Erbendorf
Eslarn
Flossenburg
Friedenfels
Furth im Wald
Gaisthal
Gleißenberg
Kastl
Königstein
Lohberg
Moosbach
Mühlbach
Neunburg vorm Wald
Oberviechtach
Pleystein
Plößberg
Prunn
Rimbach
Schmidmühlen
Schönsee
Tännesberg
Windischbergerdorf

6. Museen und Sammlungen

Abensberg: Aventinus-Museum, Karmeliterplatz 5. Volkskunde; Erinnerungen an Joh. Thurmair-Aventinus.

Altmannstein: Heimatmuseum im Schulhaus. Gesteinskunde und Erinnerungen an den Rokoko-Bildhauer Ignaz Günther. – Wasser- und Hammerschmiede im Ortsteil Hexenagger.

Amberg: Heimatmuseum, Eichenforstgasse. Stadtgeschichtliche Sammlungen; Amberger Liedertisch.

Bärnau: Knopfmuseum, Tachauer Str. 45. Erinnerungen an die seit 1894 hier ansässige Perlmutterknopfindustrie.

Beilngries: Brauereimuseum. Felsenkeller-Labyrinth, 350 m lange Gänge mit Brauereigeräten und Maschinen.

Berching: Heimatmuseum, Johannesbrücke 2. Volkskunst der westlichen Oberpfalz.

Brand: Max-Reger-Gedächtniszimmer im Rathaus gegenüber dem Max-Reger-Geburtshaus.

Bruck: Heimat- und Bauernmuseum in Mappach mit bäuerlichen Einrichtungen und landwirtschaftlichen Geräten.

Burglengenfeld: Oberpfälzer Volkskundemuseum, Wölland Nr. 1. Handwerk und sakrale Kunst in der Oberpfalz.

Cham: Heimatmuseum und Galerie, Propsteistr. 46. Heimatgeschichte, religiöses und bürgerliches Brauchtum.

Falkenstein: Jagdmuseum in der Burganlage.

Freiung bei Nabburg: Besucherbergwerk Reichart-Schacht. Kleinbergwerk im Oberpfälzer Flußspatrevier.

Furth im Wald: Landestormuseum, Schloßplatz 4. – Waldmuseum in Sengenbühl. – Hammerschmiede, Voithenberghütte 17.

Grafenwöhr: Heimatmuseum, Martin-Posser-Straße. Handwerkliche und landwirtschaftliche Geräte; Mineralien.

Hohenburg: Friedrich-Spörer-Sammlung im Rathaus. Kulturgeschichtliche Objekte; Raritäten, Kuriositäten.

Kelheim: Archäologisches Museum im spätgotischen Herzogkasten, Lederergasse 11. Funde aus der Vor- und Frühgeschichte.

Nabburg: Jagdmuseum, Altes Rathaus. – Oberpfälzer Freilichtmuseum in Neusath-Perschen.

Neualbenreuth: Grenzlandheimatstuben des Heimatkreises Marienbad, Waldsassener Str. 7. Volkstümliche Sammlungen.

Neumarkt: Heimatmuseum im Kolpinghaus. Kulturgeschichtliche Sammlungen.

Neunburg vorm Wald: Heimatmuseum im Neuen Schloß. Historische Sammlungen.

Neustadt/Waldnaab: Heimatmuseum im Alten Schloß. Historische Sammlungen; Hinterglasmalereien.

Nittenau: Stadtmuseum, Kirchplatz. In der Sammlung befindet sich ein präparierter Waller von 2,20 m Länge.

Oberviechtach: Heimatmuseum, Marktplatz. Handwerkliche Geräte; Möbel; Erinnerungen an Doktor J. A. Eisenbarth.

Pleystein: Mineralien- und Heimatmuseum, Marktplatz 25.

Pressath: Museum im Haus der Heimat. Handwerkliche und bäuerliche Geräte; Religiöse Volkskunst.

Plößberg: Krippen- und Heimatstube, Jahnstraße 1. Handgefertigte Krippen; geschichtliche Dokumente.

Regensburg: Stadtmuseum, Dachauplatz 2-4. – Schiffahrtsmuseum, Unter Wöhrd. Weitere Sammlungen Seite 193.

Riedenburg: Heimatmuseum, Rosenburg. Stadtgeschichte; Zinngießerei; Handwerk; Trachten. – Falkenhof (Raubvögel).

Roding: Feuerwehr-Museum.

Rötz-Hillstett: Oberpfälzer Handwerksmuseum mit dem schon 1475 urkundlich erwähnten Seebarnhammer.

Schwandorf: Heimatmuseum, Rathausstraße 1. Bauernstube von 1828; religiöse Volkskunst, handwerkliche Erzeugnisse.

Schönsee: Jagdmuseum, Am Lauber Berg 1. Erinnerungen an den Waidmann und Schriftsteller Dr. Artur Lindgens.

Sulzbach-Rosenberg: Heimatmuseum, Luitpoldplatz 14. – 1. Bayerisches Schulmuseum, Schloßbergweg 10. - Literaturarchiv, Rosenberger Str. 3.

Sulzbürg: Landl-Museum in der ehem. evang. Volksschule. Geologie; Prähistorik; Funde aus der Jungsteinzeit.

Theuern: Bergbau- und Industriemuseum im spätbarocken Hammerschloß von 1781; in der Nähe Schachtanlagen.

Tirschenreuth: Plan-Weseritzer Heimatstube, Hochwartstr. 1. Erinnerungen an den früheren Egerländer Heimatkreis. - Museum für Fischerei und Teichwirtschaft, Mitterteicher Straße.

Vohenstrauß: Heimatmuseum im Rathaus. Historische Einrichtungs- und Gebrauchsgegenstände; Volkskunst.

Walderbach: Heimatmuseum in ehem. Zisterzienserkloster. Bauerntum und Handwerk; Deckengemälde von C. D. Asam.

Waldsassen: Stiftlandmuseum im Alten Rathaus. Kulturgeschichte; Mineralogie; Bergbau.

Waldthurn: Flachs- und Webergerätesammlung, Am Rathaus 5. Oberpfälzer Weberstube mit den dazugehörigen Geräten.

Weiden: Stadtmuseum, Pfarrplatz 4. Mit Max-Reger-Sammlung und Tachauer Heimatstube.

Windischeschenbach: Waldnaabtalmuseum auf Burg Neuhaus.

7. Für den Wanderer

Der 1916 aus dem Zusammenschluß örtlicher Verschönerungsvereine entstandene Oberpfälzer Waldverein mit Hauptsitz in Weiden hat im gesamten Oberpfälzer Wald zusammen mit den über 50 örtlichen Zweigvereinen ein engmaschiges Netz markierter Wanderwege angelegt, das sich in Hauptlinien, Nebenlinien und örtliche Wege gliedert. Eine Auswahl der schönsten Wanderwege finden Sie bei den Ortsbeschreibungen. Auf weitere Wege verweisen die in vielen Orten aufgestellten Informationstafeln sowie die örtlichen Verkehrsämter.

Die Hauptwanderlinien des Oberpfälzer Waldvereins

1. Grenzweg (Nurtschweg). *Länge 130 km. Markierung: Gelb - rot - gelb*
Teil des Europäischen Fernwanderweges Ostsee – Wachau – Adria
Waldsassen – Kollermühle – Poxdorf – Schachten – Neualbenreuth – Altmugl – St.Nikolaus – Mähring – Schachten – Hermannsreuth – Bärnau – Naab – Waldnaabquelle – Schutzhaus Silberhütte – Ruine Schellenberg – Neukirchen-St.Christoph – Waldheim – Leßlohe – Waidhaus – Torfhäusl – Eslarn – Kreuth – Eulenberg – Stadlern – Charlottenthal – Steinlohe – Waldmünchen.
Anschluß an die 180 km lange Nördliche Hauptwanderlinie des Bayerischen Waldvereins nach Passau.

2. Burgenweg. *Länge 140 km. Markierung: Gelb - blau - gelb*
Waldershof (südlich von Marktredwitz) – Hard – Ruine Weißenstein – Friedenfels – Voithenthan – Muckenthal – Seidlersreuth – Falkenberg – Waldnaabtal – Windischeschenbach – Neuhaus – Kotzendorf – Hutzlmühle – Denkenreuth – Rabenhölzer – Mühlberg – Neustadt/Waldnaab – Wiedenhof – Fichtlmühle – Wilchenreuth – Theisseil – Vierlingturm – Mitterhöll – Matzlesried – Roggenstein – Elm – Leuchtenberg – Wittschau – Döllnitz – Pfreimdtalhütte – Weinrieth – Reisach – Trausnitz – Pfreimdtal – Kaufnitz – Tännesberg – St.Jodok – Wildstein – Kühried – Fuchsberg – Teunz – Brücklinghof – Dietersdorf – Murach – Schwaighof – Sallach – Weichelau – Dieterskirchen – Prackenhof – Thanstein – Schwarzwihrberg – Rötz.

3. Grün-Weiß-Linie. *Länge 150 km. Markierung: Grün-weiß*
Teil des östlichen Main-Donau-Weges Ochsenkopf – Passau. Neusorg (südwestlich von Marktredwitz) – Armesberg - Waldeck – Atzmannsberg – Hessenreuth – Herzogspitz – Glasern – Parkstein – Parkstein-Hütten – Steinfels – Dürnast – Massenricht – Rödlaser Berghütte – Kohlberg – Schnaittenbach Ost – Trichenricht – Kulm – Nabburg – Diendorf (Waldrand) – Willhof – Schwarzeneck – Neunburg vorm Wald – Thanstein – Schwarzwihrberg – Rötz.

Der Glasschleifererweg

Auf den Spuren alter Glas-, Schleif- und Polierwerke im Nördlichen Oberpfälzer Wald. Rundwanderweg, Länge 78 km. Auskünfte bei den örtlichen Verkehrsämtern.
Gehenhammer – Georgenberg – Neuenhammer – Hagenmühle – Pleystein – Lohma – Moosbach – Burgtreswitz (Abstecher nach Böhmischbruck/Vohenstrauß) – Niederland – Tröbes – Wirtsschleif – Eslarn – Waidhaus – Frankenreuth (1487 erste Glashütte der Oberpfalz) – Gehenhammer.

Für die Tageswanderung empfiehlt sich das kleine Handgepäck: Wanderkarte und Reiseführer, Fotoapparat, Fernglas, Verbandszeug, Taschenmesser, Regenschutz; als „eiserne Ration" etwas Schokolade, Taubenzucker oder Dürrobst.

Die mehrtägige Wanderung erfordert gründlichere Vorbereitung: Rucksack (weiche Gegenstände an die Rückenseite), Schlafanzug, Schlafsack (für Jugendherbergen aus weißem Leinen), Wasch-, Schuhputz- und Nähzeug, Turn- oder Hausschuhe, Badezeug, Ersatzstrümpfe (aus Wolle). Denken Sie auch an feste, bequeme Schuhe! Für größere Wanderungen empfehlen sich hohe Wanderstiefel. Besonders wichtig ist eine übersichtliche Wanderkarte, die im Buchhandel erhältlich ist.

Wanderkarten: Fritsch Wanderkarten 1:100 000 Blatt Oberpfälzer Wald und Blatt Unteres Altmühltal/Regensburg sowie Teilgebiete 1:50 000 Blatt Steinwald/ Stiftland, Blatt Nördl. Oberpfälzer Wald, Blatt Oberer Bayerischer Wald, Blatt Vorderer Bayerischer Wald, Blatt Regensburg. - Kompaß-Wanderkarten 1:50 000 Nördlicher, Mittlerer und Südlicher Oberpfälzer Wald.

8. Kleiner Sportspiegel

Die Oberpfalz ist nicht nur ein ideales Wandergebiet, sondern auch ein gutes „Badeland". Herrlich sind die zahlreichen, sich als **Badeseen** anbietenden Weiher, manchmal ganz im Wald versteckt und nur am Ort selbst bekannt, oft aber auch von beachtlicher Größe und teils künstlich aufgestaut, wie der Rußweiher bei Eschenbach, der Rothenburger Weiher bei Tirschenreuth, der Große Weiher bei Plößberg, der Süßenloher Weiher bei Neustadt/Waldnaab, der Gaisweiher bei Flossenbürg, der Silbersee bei Treffelstein, der Perlsee bei Waldmünchen, der Hammerweiher in Bodenwöhr oder der Neubäuer Weiher beim ADAC-Feriendorf Neubäu.

Wenn Sie lieber moderne **Freibäder** vorziehen – auch die gibt es in stattlicher Zahl; viele haben beheiztes Wasser und damit mehr sommerliche Badetage. Und wenn das Wetter gar zu schlecht sein sollte: Ein **Hallenbad** wird auch in Ihrer Nähe sein.

Zum **Paddeln** eignen sich besonders Naab, Regen und Altmühl. An den größeren Seen werden **Ruderboote** verliehen. Die vielen Bäche, Flüsse und Weiher sind sehr fischreich und eignen sich vorzüglich zum **Angeln.** Nähere Auskünfte erteilen die Verkehrsämter. Allerdings muß auch der Urlaubsangler im Besitz eines Jahresfischereischeines seiner Heimatbehörde sein. Gleiches gilt für das **Waidwerk:** Ein Jagdschein ist unumgänglich.

Reiten können Sie in vielen Orten, so in Amberg, Beilngries, Beratzhausen, Berching, Bruck, Cham, Furth im Wald, Grafenwiesen, Hohenthan, Hohenwarth, Kelheim, Lam, Moosbach, Nittenau, Oberviechtach, Regensburg, Riedenburg, Roding, Schwarzenfeld, Tirschenreuth, Waldmünchen und Weiden. Über die verschiedenen örtlichen Gegebenheiten informieren die Verkehrsämter.

Darüber hinaus läßt sich fast jeder Feriensportwunsch verwirklichen, natürlich auch **Tennis, Minigolf, Boccia** und **Kegeln.** Einen **Golfplatz** finden Sie bei Donaustauf im Thiergarten der Fürsten von Thurn und Taxis, in Furth im Wald - Voithenberg, in Fuhrn bei Neunburg vorm Wald, in Schmidmühlen, in Schwarzenfeld-Oedengrub und in Neualbenreuth. Sie können in einer **Ferienfahrschule** Ihren Führerschein erwerben und an mehreren Orten das **Segelfliegen** erlernen. Auskünfte auch über **Motorflugsport** beim Fremdenverkehrsverband Ostbayern in Regensburg.

Mit einer außergewöhnlichen Attraktion wartet das Städtchen Hirschau auf: Sein von den Kaolinwerken aufgeschütteter Monte Kaolino ermöglicht **sommerlichen Skisport** auch bei 30 Grad im Schatten – zum Training oder Vergnügen!

Vielseitig sind die **Wintersportmöglichkeiten.** Hier bieten sich besonders der Oberpfälzer Wald und der Steinwald mit ihren Skibergen an; beliebt ist auch das schon im Bayerischen Wald liegende Skigebiet Hoher Bogen in knapp 1000 m Höhe mit einer 1358 m langen Doppelsesselbahn. Zahlreiche **Skilifte** teils mit Flutlichtanlagen erleichtern Anfängern und Könnern den Aufstieg, und natürlich kommen auch die **Rodelfreuden** nicht zu kurz. Fast unbegrenzte Möglichkeiten findet der Skiwanderer: Gerade der Skilanglauf wird von Sportmedizinern immer wieder als gesündester Wintersport empfohlen. Eine Art Nationalsport im Grenzgebirge ist das **Eisstockschießen,** dessen Regeln dem Bocciaspiel ähneln.

Die 1974 in Naturpark Steinwald errichtete Dreifaltigkeitskapelle dient als Unterstellhütte für den vom Regen überraschten Wanderer Sie liegt zwischen der Platte und der Burgruine Weißenstein.
(Foto: Gernot Messarius)

Interessenten erhalten vom Fremdenverkehrsverband Ostbayern in Regensburg einen speziellen Wintersportprospekt mit Angabe aller Skiliftanlagen.

Doch auch Wintergäste ohne sportliche Ambitionen kommen durchaus zu ihrem Recht: Gerade beschauliche Spaziergänge durch den tiefverschneiten Winterwald lassen das Ursprüngliche dieser Landschaft zu einem besonderen Erlebnis werden.

Die Wintersportgebiete der Oberpfalz

Steinwald mit den Orten Erbendorf, Pfaben, Immenreuth, Krummennaab. Das bizarre Felsengebiet am Südrand des Fichtelgebirges verlockt vor allem zu Skiwanderungen. In Pfaben werden Skikurse der Skischule Nordbayern veranstaltet.

Altglashütte-Silberhütte-Fahrenberg mit den Orten Hohenthan, Altglashütte, Flossenbürg, Waldthurn, Pleystein, Vohenstrauß. Beliebte Stützpunkte sind die beiden Unterkunftshäuser des Oberpfälzer Waldvereins Silberhütte und Fahrenberg. Unmittelbares Eingangstor ist Weiden mit Skigelände am Fischerberg und im Hölltal.

Schönseer Ländchen mit den Orten Eslarn, Schönsee, Stadlern. Gute Wintersportmöglichkeiten finden sich am Lindauer Berg.

Gibacht-Voithenberg mit den Orten Waldmünchen, Gleissenberg, Furth im Wald.

Hoher Bogen. Hauptort ist Neukirchen b. Hl. Blut, in dessen Nähe eine Doppelsesselbahn auf den Gebirgszug des Hohen Bogen führt.

Oberpfälzer Alb mit den Orten Altmannstein, Etzelwang, Neumarkt, Sulzbürg, Vilseck.

Westlicher Oberpfälzer Wald mit den Orten Freudenberg, Kemnath am Buchberg, Schnaittenbach, Hirschau.

9. Souvenirs

Als Souvenirs empfehlen sich die **Glas-** und **Porzellanerzeugnisse** aus der Gegend um Weiden und Mitterteich. Hoch im Kurs stehen auch **Holzschnitzereien** aller Art. **Oberpfälzer Spitzen** aus dem Schönseer Ländchen sind wegen ihrer vorzüglichen Qualität geschätzt. Beliebt sind auch **handgewebte Fleckerlteppiche** und

Läufer. Im Schloßladen von Miltach können Sie sehr schöne **Leinen-Bauernhanddrucke** erwerben. Originell ist ein **Regensburger Gewürzsträußchen.** In Nabburg empfiehlt sich ein Besuch der kunstgewerblichen Werkstätten Schreiner, in denen **Zinn-** und **Töpferwaren** hergestellt werden. Vielleicht befreunden Sie sich auch mit einem **Schnupftabakfläschchen,** wohlgefüllt mit bayerischem Schnupftabak? In vielen Fotogeschäften gibt es großformatige **Fotos** mit Motiven aus der Oberpfalz - auf Holz gezogen ein hübscher Wandschmuck. Und auch zu Hause werden Sie sich noch über eine Flasche **Oberpfälzer Schwoazbeer-Bitter** aus Heidelbeeren und Kräutern freuen. Ein besonderer Tip: **Steine.** Vor allem der Steinwald ist eine wahre Fundgrube für den Mineraliensammler, da hier fast alle Perioden unserer Erdgeschichte deutlich zu erkennen sind.

10. Für den Bücherfreund

Emmi Böck, Sagen aus der Oberpfalz. Eine umfassende Sammlung von über 600 Sagen, geordnet nach den oberpfälzischen Landkreisen und durchgehend illustriert mit alter Grafik. Verlag Friedrich Pustet, Regensburg.

Erika Eichenseer, Oberpfälzer Mundart Lesebuch. Mundart-Texte von 68 Autoren aus der ganzen Oberpfalz. Buchverlag der Mittelbayerischen Zeitung, Regensburg.

Erika Eichenseer/Adolf J. Eichenseer, Oberpfälzer Weihnacht. Ein Hausbuch mit Geschichten, Gedichten, Liedern, Noten, Bildern und Rezepten. Buchverlag der Mittelbayerischen Zeitung, Regensburg.

Erika Eichenseer/Erna Horn, Oberpfälzer Kost. Heimische Rezepte aus Bauer-, Bürger -und Pfarrhäusern. Verlag Friedrich Pustet, Regensburg.

Peter Hausbeck/Robert Schuster, Gefährdete Natur. Seltene Pflanzen und Tiere in der nördlichen Oberpfalz. Verlag Friedrich Pustet, Regensburg.

Barbara Heinrich, Stiftlanda Gschichtla. Heiteres und Besinnliches aus dem Stiftland. Verlag Michael Laßleben, Kallmünz.

Friedrich Herrmann, Jurahöhlen der Oberpfalz. Dreißig besonders wichtige und interessante Höhlen in Bild und Wort. Verlag Friedrich Pustet, Regensburg.

Gernot Messarius, Fichtelgebirge (Goldstadt-Reiseführer Band 2318). Bayerischer Wald (Goldstadt-Reiseführer Band 2309), Fränkische Schweiz (Goldstadt-Reiseführer Band 2319). Drei kenntnisreiche Führer über benachbarte Regionen.

Gustl Motyka, Alte Oberpfälzer Bräuche. Vergessenes, Vergangenes, Lebendiges von Neujahr bis Sylvester. Buchverlag der Mittelbayerischen Zeitung, Regensburg.

Ursula Pfistermeister, Oberpfalz. Ein farbiger Bildband mit bestechend schönen großformatigen Landschaft- und Ortsaufnahmen. Verlag Friedrich Pustet, Regensburg.

Ursula Pfistermeister, Burgen der Oberpfalz. Mit zahlreichen Fotos und einem Verzeichnis der 100 wichtigsten Ruinen und Burgställe. Verlag Friedrich Pustet, Regensburg.

Ursula Pfistermeister, Schlösser in der Oberpfalz. Von Hammerhaus bis zum Landschloß werden alle bedeutenden Schlösser vorgestellt. Verlag Friedrich Pustet, Regensburg.

11. Historische Gaststätten

Adlersberg: Prößlbräu, Dominikanerinnenstr. 1-3. Bei Regensburg gelegener Brauereigasthof mit bayerischen Spezialitäten.

Amberg: Brauereigasthof Schießl, Untere Nabburger Str. 8. Ehem. Bauernhof mit Atriumgarten und Schwemme. Außerdem Altdeutsche Stube in gotischen Chor der ehem. Franziskanerkirche, Schrannenplatz.

Auerbach: Hotel-Restaurant Goldener Löwe, Unterer Markt 9. Traditionsreiches Haus mit Lokalkolorit.

Bärnau-Altglashütte: Gasthof Blei, Haus Nr. 4. Wildspezialitäten und Karpfen aus eigener Zucht

Beilngries: Hotel-Gasthof Gams, Hauptstr. 16. Traditionsreiches Haus und Mitglied der „Bayerischen Schmankerlküche“.

Berching: Winkler-Bräustüberl, Reichenauplatz 22; Brauereigasthof mit einheimischer Küche.

Falkenberg: Historische Trinkstube auf der Burg.

Friedenfels: Schloßschenke, Schloßbergstr. 31. Gasthof mit eigener Brauerei.

Berching, Musterbeispiel mittelalterlicher Städteromantik, verfügt auch über eine gute Gastronomie.
(Foto: Gernot Messarius)

Fuchsmühl: Schloßhotel mit Gaststätte und Café in einem schon 1510 genannten Rittergut.

Lengenfeld/Velburg: Winkler Bräustüberl, Haus Nr. 22. Traditionsreicher Brauereigasthof mit Oberpfalz-Spezialitäten.

Marienthal/Regenstauf: Gasthaus Wittmann, Ausflugsgasthof am Regenfluß mit Biergarten.

Neualbenreuth: Schloßhotel Ernestgrün. Komfortables Haus mit guter Küche und vielen Sportmöglichkeiten (u.a. Golf, Tennis, Reiten, Angeln).

Perschen/Nabburg: Gaststube im Edelmannhof des Oberpfälzer Freilichtmuseums.

Pleystein: Zottbachhaus, Gut Peugenhammer. Traditionsreiche Ausflugsgaststätte mit Hotel.

Plößberg: Gasthaus zur Post - Historischer Gasthof mit über 300jähriger Tradition.

Regensburg:
Bischofshof am Dom mit schattigem Biergarten
Historische Wurstküche, an der Steinernen Brücke
Kneitinger, Brauereiausschank, Arnulfplatz 3
Kneitinger Biergarten, Müllerstr. 1 (jenseits der Donau)
Neue Wurstkuchl. Fröhliche-Türken-Str. 14
Obermünster-Stifts-Gaststätten, Obermünsterplatz 7
Ratskeller, Rathausplatz 1
Spitalgarten, Katharinenplatz 1 (jenseits der Donau)
Zur Stritzelbäckerin, Warmarkt 6 (Abendrestaurant)

Riedenburg-Obereggersberg: Burghotel Schloß Eggersberg. Renaissance-Gebäude aus dem 17. Jahrhundert.

Treffelstein: Katharinenhof im Ortsteil Kritzenthal. Gepflegtes Haus mit guter Küche.

Weiden: Zum Heindlwirt, Pfarrplatz 2. Traditionsreiches Gasthaus aus dem Jahre 1480 mit einheimischen und internationalen Gerichten.

Weltenburg/Donau: Klosterschenke mit gemütlichem Asam-Stüberl und zünftigem Biergarten. Spezialität ist das dunkle Weltenburger Asam-Bock-Bier; dazu gibt es hausgemachte altbayerische Gerichte. Die schon 1050 gegründete Brauerei ist nach Weihenstephan die zweitälteste noch in Betrieb befindliche Bayerns und der Welt sowie die älteste Klosterbrauerei des Erdkreises.

ORTSREGISTER

Die angegebene Seitenzahl bezieht sich jeweils auf das Hauptstichwort

SACHREGISTER

Fotografieren,
damit Ihre schönsten Urlaubserinnerungen
nicht verblassen!

Die Mehrheit der fotografierenden Weltenbummler bevorzugt für die Aufzeichnung ihrer Urlaubserinnerungen das farbige Papierbild, während für andere das Farbdia in der großflächigen Projektion das Nonplusultra bedeutet. Wofür Sie sich auch entscheiden, möglicherweise für beides und zwei Kameras: die Qualität Ihrer Bilder wird durch die Qualität des verwendeten Filmmaterials entscheidend mitbestimmt. Deshalb verwenden wir Filme, die auch von Profis gekauft werden.

Kodak beispielsweise, auf dem Filmsektor weltweit führend, bietet Filme für jede Kamera und jede Aufnahmesituation an. Die gebräuchlichsten Filme auf Reisen und auch sonst: Kodacolor Gold Filme für Papierbilder in satten, natürlich wirkenden Farben, und Ektachrome oder Kodachrome Filme für brillante Farbdias. Es gibt diese Filme in verschiedenen Lichtempfindlichkeiten: Mit dem Kodacolor Gold 200 Film (24°) werden Sie die meisten Tageslichtverhältnisse meistern, ebenso – falls Sie Dias bevorzugen – mit dem Ektachrome 200 oder dem Kodachrome 200 Film. Ein farblich überaus interessantes Material ist auch der neue Ektachrome 100 HC Film (21°). Für Aufnahmen bei wenig Licht und für Aufnahmen mit langbrennweitigen Teleobjektiven stehen auch Filme mit 400 und 1000 ISO (27° und 31°) zur Verfügung. So z.B. der neue Kodak Ektar 1000 Film, das in dieser Empfindlichkeitsklasse schärfste Material für Papierbilder mit exzellenter Farbwiedergabe.

Eine grundsätzliche Anmerkung noch zum Filmkauf: decken Sie den Filmbedarf für Ihre Reise bei Ihrem Fotohändler. Er wird Ihnen einwandfreies Material zu vernünftigen Preisen anbieten. Im Ausland müssen Sie fast überall mehr dafür bezahlen und oft auch für Material, dessen Qualität z.B. durch Hitzeeinwirkung gelitten hat. Wichtig ist auch, daß Ihre belichteten Filme möglichst bald in ein Fotolabor gegeben werden, damit Sie die Farben auf Ihren Bildern so wiederfinden, wie Sie sie gesehen haben.

Wie beim Filmmaterial sollten Sie auf Qualität und Ausrüstung der Kamera Wert legen – handlich in der Bedienung, vielseitig in der Aufnahmetechnik und trotzdem klein im Gepäck. Besonders das Objektiv ist entscheidend für die Qualität Ihrer Aufnahmen. Deshalb sind lichtstarke Zoomobjektive eine empfehlenswerte Ausrüstung. Bei Leica z.B. die Vario-R-Objektive 1:3,5/35-70 mm und Vario R 1:4/70-210 mm mit unerreichten Zeichnungseigenschaften in der Kleinbildfotografie.

Die heute viel verwendeten Kompaktkameras sind natürlich die einfachste Ausrüstung, um seine Urlaubserinnerungen festzuhalten. Auch in diesem Markt hat Leica mit ihren Qualitätsobjektiven ein Angebot: Leica AF-C1 ist mit allen Automatikfunktionen und einem Bifokal-Objektiv ausgestattet, das sich von der Weitwinkelposition 1:2,8/40 mm auf Knopfdruck in die Telestellung 1:5,6/80 mm umschalten läßt. Mit beiden Brennweiten sind auch Nahaufnahmen bis 70 cm möglich.

Und nun – viel Erfolg für ein „farbiges Reiseerlebnis“.

REISE-NOTIZEN

REISE-NOTIZEN

REISE-NOTIZEN

REISE-NOTIZEN

REISE-NOTIZEN

Goldstadt-Reiseführer

(0190)

EUROPA

Deutschland
Bayerischer Wald (2309)
Bodensee und Umgebung (2303)
Fichtelgebirge (2318)
Fränkische Schweiz (2319)
Harz (2305)
Oberpfalz (2310)
Odenwald (2313)
Schwäbische Alb, Donautal (2304)
Schwarzwald Nord (2302)
Schwarzwald Süd (2301)

Frankreich
Franz. Atlantikküste (2076)
Bretagne (4077)
Burgund (4072)
Cote d'Azur (2070)
Cote Languedoc - Roussillon (2071)
Korsika (2015)
Das Tal der Loire (4078)
Provence u. Camargue (2032)
Vogesen, Straßbg., Colmar (2023)

Griechenland (4218)
Kreta (2055)
Korfu (2054)
Rhodos (2022)

Großbritannien
Mittelengland -
East Anglia (4082)
Nordengland (4083)
Schottland (4059)
Südengland (2058)

Irland (4042)

Island (4043)

Italien
Apulien u. Kalabrien (31)
Elba (2044)
Gardasee und Iseosee (2012)
Florenz (66)
Friaul - Julisch Venetien (2028)
Italienische Riviera (4)
Meran mit Ausflügen (2009)
Golf von Neapel (2025)
Rom (2026)
Sizilien (2024)
Südtirol (2010)
Toskana (2041)

Jugoslawien
Jugoslawische Adria (2027)

Malta Gozo, Comino (2046)

Niederlande (4216)

Österreich
Burgenland (2062)
Kärnten (2060)
Salzburger Land (2061)
Steiermark (2063)
Wien (2064)

Portugal (211)
Algarve (2011)
Azoren (6201)
Lissabon (2081)
Madeira (2045)

Schweiz
Berner Oberland (50)
Tessin (2051)
Zentralschweiz (49)

Skandinavien
Dänemark (4016)
Finnland (4040)
Lappland (29)
Norwegen (4039)
Schweden (4033)

Spanien
Costa Blanca (20)
Costa Brava (2002)
Costa del Sol,
Costa de la Luz (2019)
Gran Canaria (2036)
Lanzarote, Fuerteventura
Mallorca (2003)
Nordwestspanien (18)
Südspanien (4200)
Teneriffa (2035)
La Palma, Gomera, Hierro

Tschechoslowakei (2013)

Ungarn (2037)

UDSSR
Leningrad (4214)
Moskau (4213)

Zypern (Republik, 4017)

AFRIKA

Algerien mit Sahara (4212)
Marokko (30)
Mauritius (6234)
Namibia -
Südwestafrika (6265)
Nigeria (204)
Seychellen (6229)
Südafrika (6215)
Tunesien (4021)

AMERIKA

Bolivien (6219)
Brasilien (245)
Chile (241)
mit Feuerland u. Osterinsel
Cuba (246)
Ecuador mit Galapagos (6243)
Kolumbien (6242)
Peru (220)
USA - Gesamt (4207)
USA - Der Südwesten (6255)
New York (4038)
Venezuela (6244)

ASIEN
INDISCHER OZEAN
PAZIFISCHER OZEAN
Birma (235)
China (236)
Hawaii (6233)
Hong Kong (4222)
Israel (6251)
Japan (6224)
Tokyo, Nara, Kyoto
Malaysia (6226)
Malediven (6228)
Nordindien und Nepal (6209)
Seoul (6237)
Südindien (6208)
Sri Lanka (6227)
Thailand (206)
Türkei (4217)

AUSTRALIEN (6231)
Neuseeland (6232)

Sprachführer

Die einfache Hörsprache –
lesen und sofort richtig sprechen

1401 Französisch
1402 Englisch
1403 Spanisch
1404 Griechisch
1405 Serbokroatisch
1406 Portugiesisch
1407 Italienisch
1408 Türkisch
1409 Russisch

Wanderführer

Spaziergänge u. Wanderungen vom halbstündigen Küstenspaziergang bis ganztägigen alpinen Bergtouren, Fahrpläne und kleiner Sprachführer, Übersichts- und Routenskizzen, Fotos sw und Farbe, 96 Seiten.

Elba (453)
Gomera (452)
Ischia (454)
Korsika (455)
Samos (456)
Teneriffa (451)

Reisebücher

DER GROSSE GOLDSTADT

Bermuda (8702)
Reiseführer für Urlaubs- und Business-Travellers. Impressionen und Informationen in Texten, Farbbildern und Karten.

Bermuda englisch (8705)

Heilige Stätten (8704)
Pilgerziel Jerusalem – allen jüdischen, christlichen und moslemischen heiligen Stätten widmet sich dieser Pilger-, Reise- und Kunstführer.

Kenia
Safari- und Reiseführer (8706)
Marianne Mengier aus Erlangen schreibt: „Wir sind viel in der Welt unterwegs, aber kaum ein Reiseführer hat uns so gute Dienste geleistet. . . "
FAZ: „... brillante Fotos ..., man hat das Gefühl, daß man sich auf den Text verlassen kann..."